파이썬으로 구현하는 웹 3.0

파이썬으로 블록체인 네트워크 만들기

파이썬으로 공부하는 블록체인

일등박사 지음

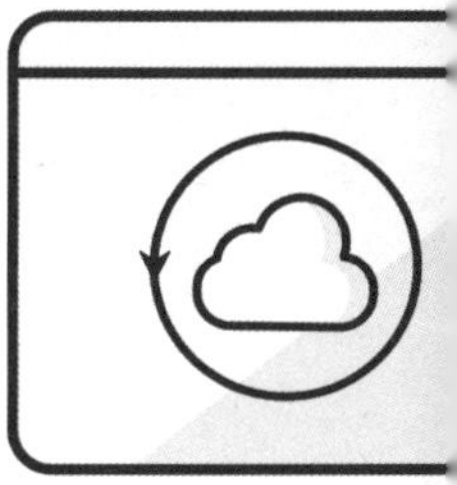

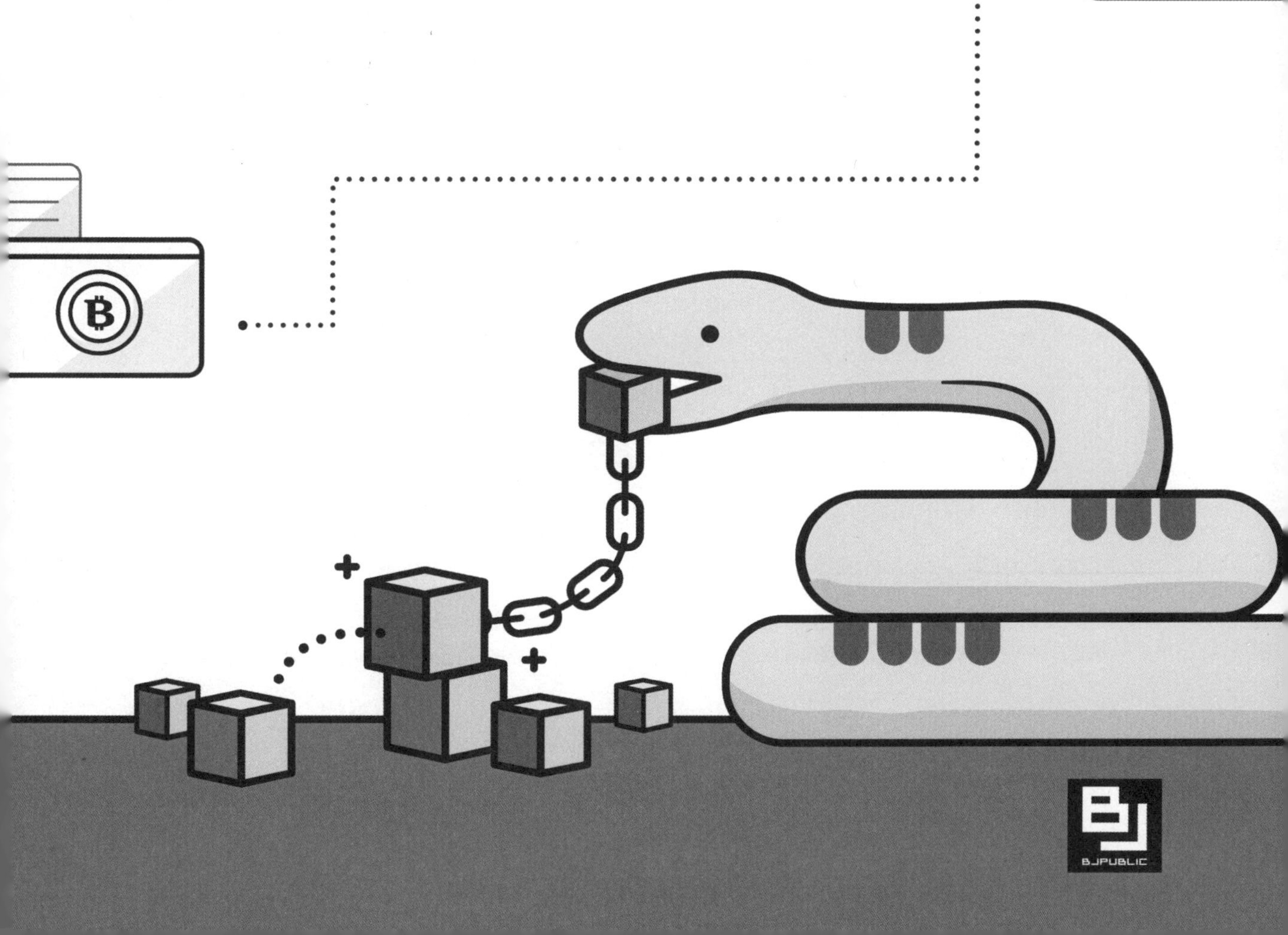

파이썬으로 블록체인 네트워크 만들기

파이썬으로 공부하는 블록체인

 **머리말**

바야흐로 블록체인의 시대다. 비트코인, 이더리움 등 가상자산들의 급등/급락은 매일 경제 관련 뉴스의 한 페이지를 차지하고 있으며 블록체인 네트워크의 위기가 전 세계 금융 시스템에 영향을 미치기도 한다. NFT, DeFi, DAO 등 생소한 관련 용어들이 계속해서 등장하고 있고 블록체인과 관련된 스타트업들의 여러 성공 스토리가 들려온다. 여러 전문가는 다양한 매체에서 블록체인의 혁신성과 발전 가능성에 대해 이야기한다. 사토시 나카모토와 비트코인의 역사, 스마트 컨트랙트를 활용한 탈중앙화 거래소 등 이론적 이야기는 이제 귀에 딱지가 앉을 정도다.

블록체인의 발전 가능성과 미래에 공감한 사람들은 블록체인 거래소에서 다양한 비전을 제시하는 생소한 이름의 여러 코인들에 투자를 시작한다. 그들은 블록체인 기술을 공부하는 것이 아니라 '골든크로스', '데드크로스', '음봉과 양봉'과 같이 차트 분석 방법을 공부하고, 블록체인계에 잘나간다는 사람들의 SNS를 팔로우 하며 시류를 쫓는다. 몇몇은 이를 통해 1,000%, 10,000% 이익의 성공 신화를 이루고 주변에 희망과 꿈을 전달한 뒤 그들만의 새로운 삶을 시작하기도 한다. 하지만 대부분의 사람들은 가상자산 투자로 좋지 않은 경험을 한 뒤 "블록체인은 사기다!"라고 생각하며 더 이상 블록체인에 관심 갖지 않는다. 그렇다면 과연 이런 돈 넣고 돈 먹기 게임이, 소수는 돈을 벌고 대부분은 손해를 보는 것이 블록체인의 본질일까?

사실, 가상자산, 일명 코인은 블록체인 기술을 활용한 하나의 마중물에 불과하다. 세계 점유율 1위의 가상자산 거래소 바이낸스의 CEO 자오창펑 또한 코인 발행은 초기 자금 모집 수단이 아니며 블록체인 네트워크의 목적에 맞게 발행되어야 한다고 주장했다. 이처럼 블록체인의 핵심은 코인으로 대표되는 가상자산이 아니라 탈중앙화를 가능하게 하는 '기술'이다. 이 기술은 농축산물의 안전한 유통, 의약품의 관리 및 추적, 탈중앙화된 디지털 ID 등 다양한 분야에 활용할 수 있다. 그렇기에 블록체인의 미래에 관심이 있다면 가상자산에 투자하기보다는 블록체인 기술을 직접 배우는 것이 더 확실한 투자라고 할 수 있다.

이 책은 블록체인의 미래에 관심을 가지고 있는 여러분에게 블록체인 기술을 쉽고 간단하게 소개한다. 사용하기 쉬우며 2019년 이후 지속적으로 PYPL의 most popular programming language로 선정된 파이썬을 기반으로 블록체인 네트워크를 직접 구축해 보고 스마트 컨트랙트 구현을 실습하며 블록체인 기술에 대하여 함께 알아보자.

이 책에서 배우는 것

[그림 1]과 같이 파이썬 코드 기반으로 블록체인을 만들고 내부 구조를 분석한다. 이후 [그림 2], [그림 3]과 같이 파이썬 기반의 블록체인 노드를 구축한 후 지갑 사이트와 블록 스캔 사이트를 구축한다. 그리고 이 블록체인 네트워크를 활용하여 [그림 3]과 같이 스마트 컨트랙트 기반의 NFT 서비스, DApp 제작을 실습할 것이다. 이 과정에서 PoW, PoS 그리고 스마트 컨트랙트의 개념을 파이썬 코드 기반으로 학습해 나갈 예정이다.

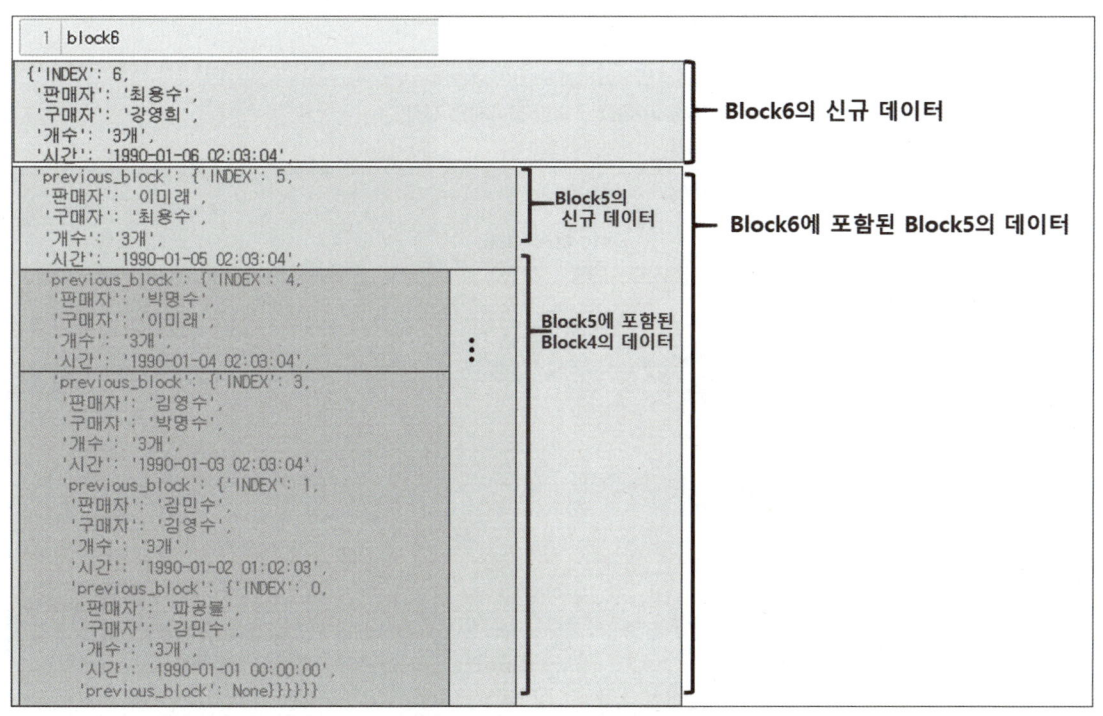

[그림 1] 파이썬 코드로 알아보는 블록체인의 구조

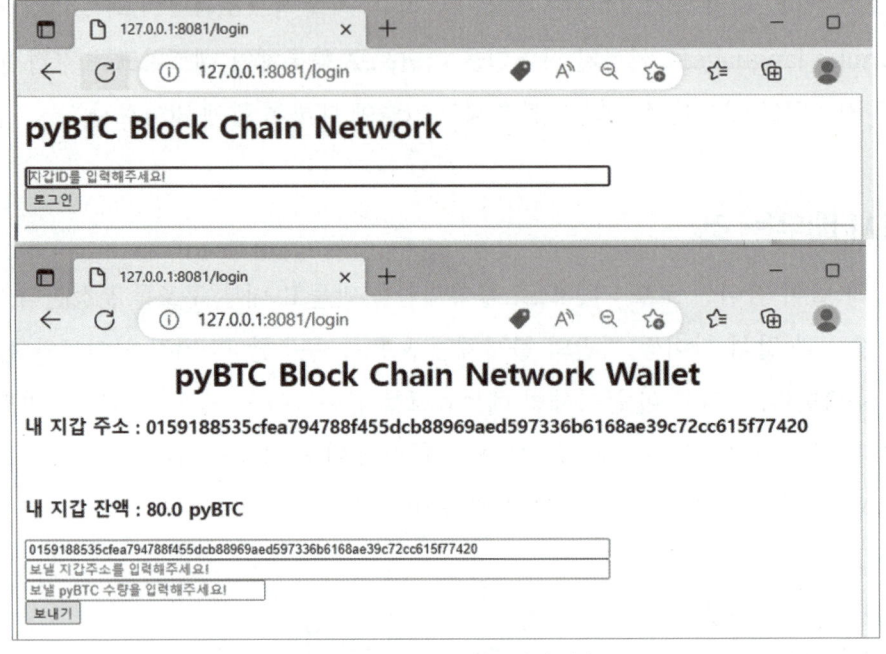

[그림 2] 직접 구축한 블록체인 지갑

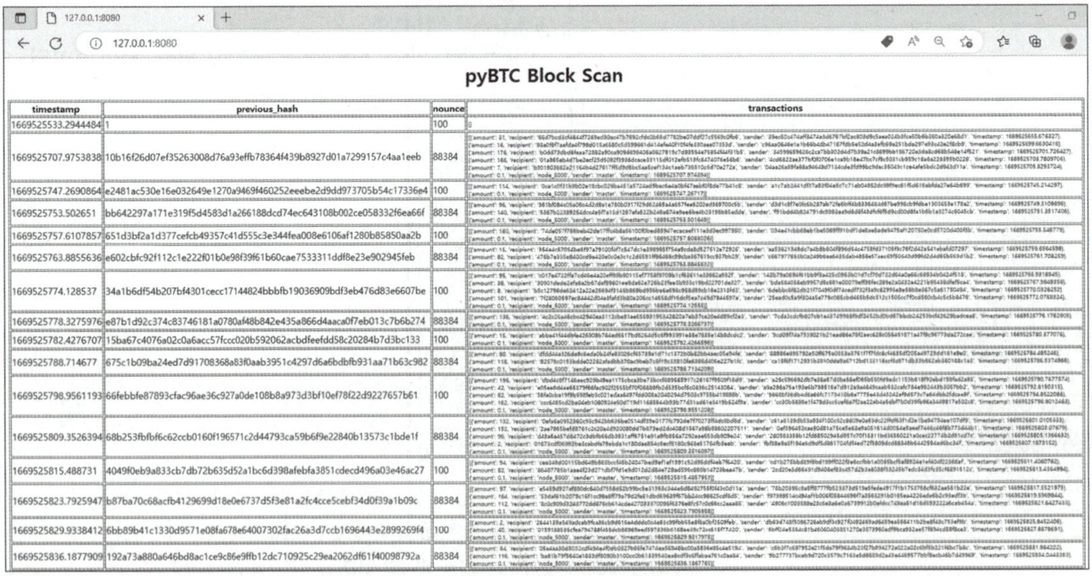

[그림 3] pyBTC의 블록스캔 사이트

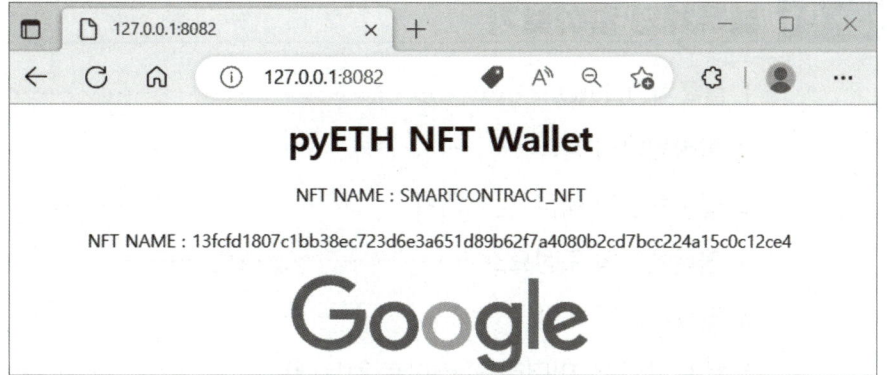

[그림 4] 파이썬 블록체인의 NFT

 **목차**

Chapter 01 블록체인 알아보기 12

1. 블록체인, FAQ 14
2. 블록체인의 정의 17
3. 블록체인의 핵심: 암호해시 23
4. 블록체인의 구성요소 30
5. 블록체인의 채굴 36
6. 비트코인 vs 이더리움: 스마트 컨트랙트 43
7. 블록체인과 가상자산 그리고 DApp 50
   1) LAYER1 코인 52
   2) 토큰(LAYER2 이상) 55
8. 블록체인 관련 개발자는 어떻게 구분될까? 58

Chapter 02 파이썬 for Block Chain 62

1. 파이썬 소개 및 실습 환경 구성 64
2. 함수(function) 67
3. 객체(Object) 71
4. Database(SQLite3) 77
5. 홈페이지 만들기(Flask) 80
6. 홈페이지 꾸미기(JavaScript) 90
7. 브라우저와 데이터 주고받기(API) 94

Chapter 03 　 파이썬으로 만드는 비트코인(PoW) 　 102

1. 블록체인 노드 구축(one_node.ipynb) ······ 104
1) 파이썬 패키지 호출(import) ······ 106
2) 블록체인 객체 만들기 ······ 107
3) 블록체인 객체 기반으로 노드 만들기 ······ 113

2. 운영 중인 노드에 실행 명령하기(one_node_command.ipynb) ······ 118

3. 블록 스캔 사이트 만들기(one_node_chainScan.ipynb) ······ 128
1) 블록 스캔 사이트 Back-end 구축하기 ······ 128
2) 블록 스캔 사이트 Front-end 만들기 ······ 130

4. Block Wallet 사이트 만들기(one_node_Wallet.ipynb) ······ 134
1) Block Wallet Back-end 구축하기 ······ 134
2) Block Wallet Front-end 만들기 ······ 142

5. 여러 개의 노드 연결하기 ······ 149
1) 여러 노드 운영을 위한 추가 사항(node_network_1.ipynb) ······ 150
2) 3개의 노드 운영하기(node_network_2.ipynb, node_network_3.ipynb) ······ 159

 **목차**

Chapter 04 파이썬으로 만드는 이더리움(스마트 컨트랙트)   174

1. 스마트 컨트랙트로 블록체인 노드 구축 ·································· 176
　1) 블록체인 객체 만들기(node.ipynb) ································· 177
　2) 블록체인 기반의 노드 만들기(node.ipynb) ····················· 182
　3) 스마트 컨트랙트를 위한 파이썬 함수(exec) 및 블록 스캔 사이트 ······ 188

2. 스마트 컨트랙트와 함께하는 다양한 기능 ································ 190
　　(node_command_SmartContract.ipynb)
　1) 'Hello Smart-Contract' 프린트 ································· 190
　2) NFT 제작하기 ·· 192
　3) 토큰(Layer2 코인) 만들기 ··· 198
　4) 거래 가능한 토큰 만들기 ··· 199

3. 스마트 컨트랙트 기반 DApp 만들기(node_command_DApp.ipynb) ······ 208
　1) 계산기 ·· 208
　2) 복권 ··· 210
　3) DeFi ·· 213

Chapter 05 파이썬으로 만드는 이더리움 2(PoS)   222

1. 이더리움의 발전 ··· 224

2. PoW vs PoS ··· 227
    1) 사라진 nonce, 추가된 Validator ································· 227
    2) Proof of Work의 정확도를 검증하는 Valid_proof의 제거 ············ 228
    3) PoS의 핵심, 채굴 담당자 선정(pick_winner) ······················ 229
    4) 제거되는 PoW, 그리고 추가되는 PoS ···························· 229
    5) 노드 운영 함수의 변화 ··· 230

3. 파이썬으로 만드는 PoS 블록체인 노드 ································· 233
    1) 블록체인 노드 만들기 ··· 233
    2) 노드 연결시키기(node_network_N.ipynb) ························ 247
    3) PoS 네트워크에서의 스마트 컨트랙트 ···························· 278

Chapter 06 블록체인 기술의 미래   290

    블록체인 기술의 미래 ··· 292

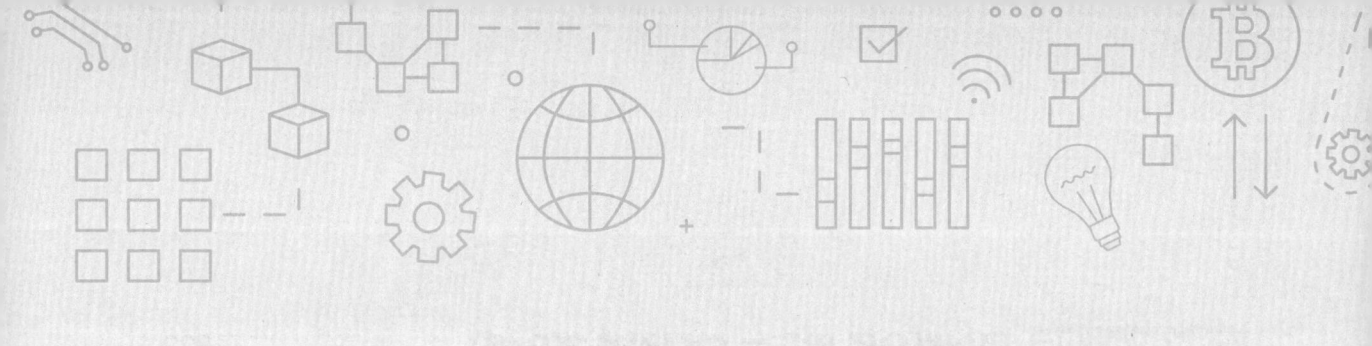

chapter

01

블록체인 알아보기

1. 블록체인, FAQ
2. 블록체인의 정의
3. 블록체인의 핵심: 암호해시
4. 블록체인의 구성요소
5. 블록체인의 채굴
6. 비트코인 vs 이더리움: 스마트 컨트랙트
7. 블록체인과 가상자산 그리고 DApp
8. 블록체인 관련 개발자는 어떻게 구분될까?

1. 블록체인, FAQ

- ☑ 블록체인 기술에 대한 아이디어는 1991년 초, 과학자 스튜어트 하버(Stuart Haber)와 스캇 스토네타(W. Scott Stornetta)에 의해 제시되었다. 이후 2008년 말, 사토시 나카모토라는 익명의 개인 혹은 그룹에 의해 '비트코인'이라 불리는 탈중앙화된 개인 간 전자 지불 시스템이 소개되고……

- ☑ 중앙 집중형 시스템은 데이터베이스를 유지, 관리하기 위해 많은 보안 유지 비용을 지출한다. 한편 분산원장기술은 중앙원장기술과 반대로 중앙 서버나 중앙 관리자의 제어 없이 분산화된 네트워크의 각 노드(개인)들이 데이터베이스를 공유하고 계속 동기화하는 기술로……

- ☑ 51% 공격이란 블록체인의 전체 노드 중 50%를 초과하는 해시 연산력을 확보한 뒤, 거래 정보를 조작함으로써 이익을 얻으려는 해킹 공격을 말한다. 즉, 51% 공격이란 악의적인 공격자가 전체 네트워크의 50%를 초과하는 막강한 해시 연산 능력을……

- ☑ 스마트 컨트랙트는 블록체인이 1세대에서 2세대로 넘어가게 되는 가장 중요한 계기 중 하나로 블록체인 기술을 활용해 제3의 인증기관 없이 개인 간 계약이 이루어질 수 있도록 하며……

- ☑ 이더리움을 PoW와 PoS의 두 블록체인으로 하드포크해야 하는지도 암호화폐 업계에서의 화두다. 컴퓨팅 자원을 많이 소모하는 PoW 합의 메커니즘에 기반하다 보니 에너지를 많

> 이 소모한다는 것은 그동안 이더리움을 둘러싼 주요 비판들 중 하나였다. 탄소 배출 외에도 PoS로의 전환을 통해 이더리움은 초당 처리할 수 있는 트랜잭션 규모도 지금보다 확대할 수 있으며……

이 책을 읽는 독자라면 위에서 나온 블록체인의 출현, 탈중앙화 시스템의 장점, 51% 공격, 스마트 컨트랙트, PoS와 PoW의 차이 등에 관한 이론적 이야기를 다양한 매체를 통해서 수없이 들어 왔을 것이다. 그렇지 않더라도 신문기사, 간단한 구글링을 통하여 위와 관련된 내용들을 쉽게 찾아볼 수 있다.

이 책에서는 위와 같은 이론적 내용보다는 기술적인 내용에 집중하고자 한다. 시작하기에 앞서, 블록체인 기술에 관해 자주 묻는 질문들을 참고하여 앞으로 공부할 내용을 알아보자.

Q1. 조선왕조실록도 블록체인일까?

조선왕조실록은 유네스코 세계기록유산이자 국보 제151호다. 조선의 태조부터 철종까지 472년간 조선의 정치, 경제, 사회, 문화 등의 자료를 담은 종합 사료다. 왕실의 중요 이야기가 기록되어 있기에 조선왕조실록은 충주/전주/성주 등 지방의 중심지에 동일한 내용을 분산하여 저장되었다. 덕분에 임진왜란, 6.25 전쟁 등의 전란 속에서도 온전히 보전되어 지금까지도 우리에게 조선의 이야기를 들려주고 있다. 분산원장의 원조라고 할 수 있는 조선왕조실록도 블록체인의 한 종류로 볼 수 있을까?

Q2. 내 코인도 채굴이 가능할까?(채굴 가능한 코인과 불가능한 코인의 차이점은 무엇일까?)

미국의 반도체 회사 엔비디아(NVDA)의 주가가 끝없이 오르고 있다. 2019년 1월 1일 $35 수준이던 주가는 2023년 5월 기준 $395수준으로 1000% 이상 상승했다. 엔비디아의 주요 제품인 그래픽카드는 가상자산 채굴에 활용되어 그 가격이 계속 올랐다고 한다. 왜 CPU가 아닌 GPU가 채굴에 사용될까? 한편 국내 최대 코인거래소 업비트에는 150종류 이상의 가상자산이 상장되어 거래되고 있다. 그럼 업비트에 상장된 코인들은 모두 채굴이 가능할까? 그렇지 않다면 채굴 가능한 코인과 채굴이 불가능한 코인과의 차이점은 무엇일까? 또 이더리움이 PoW에서 PoS로 전환되며 기존의 채굴 방식이 작동하지 않는다고 하는데, 그 이유는 무엇일까?

Q3. 비트코인/이더리움의 거래 내역을 모두 볼 수 있을까?

블록체인의 최대 장점은 '투명성'이다. 모든 거래 내역이 공개되며 분산원장에 저장되어 수정이 불가능하고 모두가 그 거래 내역을 볼 수 있다. 그렇다면 정말 누구나 비트코인/이더리움의 실시간 거래 내역을 확인할 수 있을까? 그렇다면 거래소에서 거래한 내역도 모두 투명하게 공개될까?

Q4. 비트코인이 디지털 금이고 이더리움은 디지털 원유인 이유는?

비트코인은 디지털 금으로서 가치 저장 수단으로 활용된다. 반면 이더리움은 가치 저장 수단보다는 DApp 등에 활용되는 디지털 원유라고 하는데 그 차이가 무엇일까? NFT, DeFi 등에 이더리움이 활용된다고 하는데, 비트코인을 사용할 수는 없을까?

Q5. 블록체인 엔지니어는 어떤 일을 할까?

블록체인의 발전 가능성은 무궁무진하다. 많은 사람이 블록체인 엔지니어를 꿈꾼다. 그렇다면 블록체인 엔지니어에는 어떤 종류가 있으며 그들은 어떤 일을 할까?

이상 블록체인 강의에서 많이 나오는 다섯 가지 질문을 소개했다. 대략적으로 이해하는 부분도 있고 그렇지 못한 부분도 있을 것이다. 이번 장에서는 파이썬 코드를 기반으로 블록체인에 대해 구체적으로 알아보자.

2. 블록체인의 정의

블록체인은 데이터가 저장된 '블록'이 '체인'으로 연결되어 있는 것이다. 데이터가 계속 생성되기에 블록도 계속해서 생성된다. 그리고 그런 블록들의 연속성을 위하여 체인들이 각 블록을 연결한다.

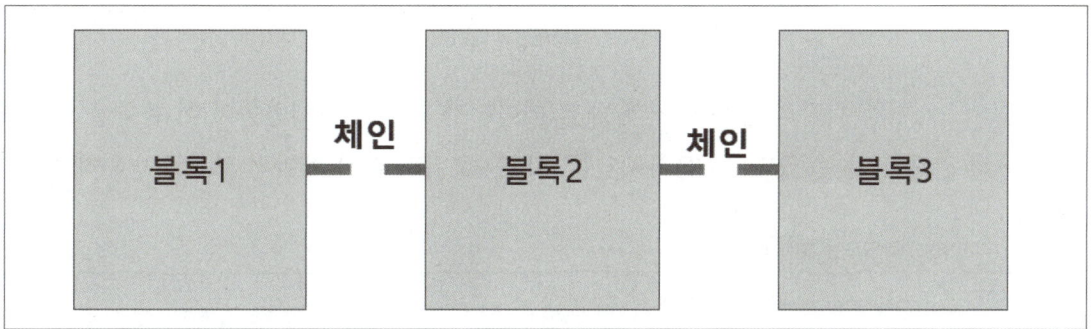

[그림 1-2-1] 블록체인의 정의

우선 기존에 많이 사용되는 데이터 저장 방식(RDB, Relational Database)으로 데이터를 확인해 본 뒤 블록체인 방식으로 변환해 보자.

INDEX	판매자	구매자	개수	시간
0	파공블	김민수	3개	1990년 1월 1일 00시 00분 00초
1	김민수	김영수	3개	1990년 1월 2일 01시 02분 03초
2	김영수	박명수	3개	1990년 1월 3일 02시 03분 04초
3	박명수	이미래	3개	1990년 1월 4일 02시 03분 04초
4	이미래	최용수	3개	1990년 1월 5일 02시 03분 04초
5	최용수	강영희	3개	1990년 1월 6일 02시 03분 04초

[그림 1-2-2] 기존 데이터의 구조: 거래 내역 데이터

[그림 1-2-2]에서는 사탕을 3개 구매한 기록을 저장하고 있다. 이 데이터를 블록체인 방식으로 저장하면 어떻게 될까?

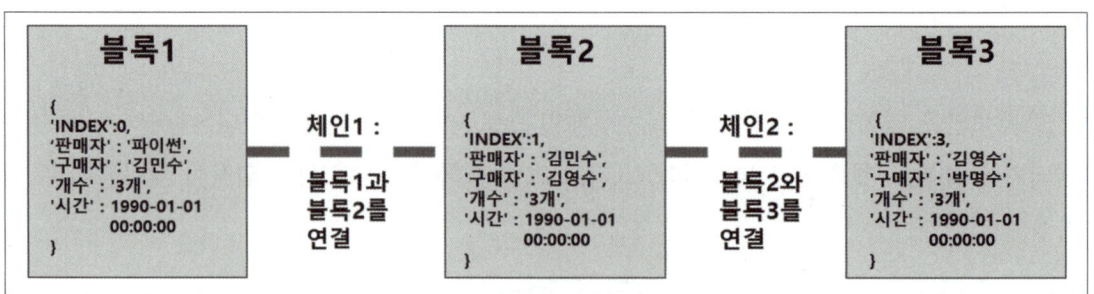

[그림 1-2-3] 블록체인의 데이터 구조

[그림 1-2-3]처럼 각각의 블록에 거래 내역 데이터가 저장되며 체인들이 이 블록을 연결하여 블록의 관계를 알 수 있다. 이 블록체인을 [코드 1-2-1]과 같이 파이썬 코드로 변환해 보자.

[코드 1-2-1] 파이썬으로 만드는 블록체인

```
## 블록1
block1 = {'INDEX':0,
          '판매자' : '파이썬',
          '구매자' : '김민수',
          '개수' : '3개',
          '시간' : '1990-01-01 00:00:00',
          'previous_block' : None   # previous_block이 chain 역할을 한다
         }
```

```
## 블록2
block2 = {'INDEX':1,
         '판매자' : '김민수',
         '구매자' : '김영수',
         '개수' : '3개',
         '시간' : '1990-01-02 01:02:03',
         'previous_block' : block1     # [그림 1-2-3]의 체인1
        }

## 블록3
block3 = {'INDEX':3,
         '판매자' : '김영수',
         '구매자' : '박명수',
         '개수' : '3개',
         '시간' : '1990-01-03 02:03:04',
         'previous_block' : block2     # [그림 1-2-3]의 체인2
        }
```

이를 통해 파이썬 블록체인을 만드는 데 성공했다.

6개의 거래 내역을 모두 포함한 파이썬 블록체인을 만들면 어떻게 될까?

[코드 1-2-2] 파이썬의 블록체인에 저장된 거래 내역

```
## 블록1
block1 = {'INDEX':0,
         '판매자' : '파이썬',
         '구매자' : '김민수',
         '개수' : '3개',
         '시간' : '1990-01-01 00:00:00',
         'previous_block' : None
        }
```

```
## 블록2
block2 = {'INDEX':1,
          '판매자' : '김민수',
          '구매자' : '김영수',
          '개수' : '3개',
          '시간' : '1990-01-02 01:02:03',
          'previous_block' : block1
         }

## 블록3
block3 = {'INDEX':3,
          '판매자' : '김영수',
          '구매자' : '박명수',
          '개수' : '3개',
          '시간' : '1990-01-03 02:03:04',
          'previous_block' : block2
         }

## 블록4
block4 = {'INDEX':4,
          '판매자' : '박명수',
          '구매자' : '이미래',
          '개수' : '3개',
          '시간' : '1990-01-04 02:03:04',
          'previous_block' : block3
         }

## 블록5
block5 = {'INDEX':5,
          '판매자' : '이미래',
          '구매자' : '최용수',
          '개수' : '3개',
          '시간' : '1990-01-05 02:03:04',
```

```
              'previous_block' : block4
             }

## 블록6
block6 = {'INDEX':6,
          '판매자' : '최용수',
          '구매자' : '강영희',
          '개수' : '3개',
          '시간' : '1990-01-06 02:03:04',
          'previous_block' : block5
         }
```

[코드 1-2-2]와 같이 긴 코드가 나오고, 파이썬에서 해당 코드를 실행시키면 그림[1-2-4]와 같이 모든 거래 내역이 포함되며 previous_block이라는 체인으로 연결된 블록체인으로 데이터를 저장할 수 있다.

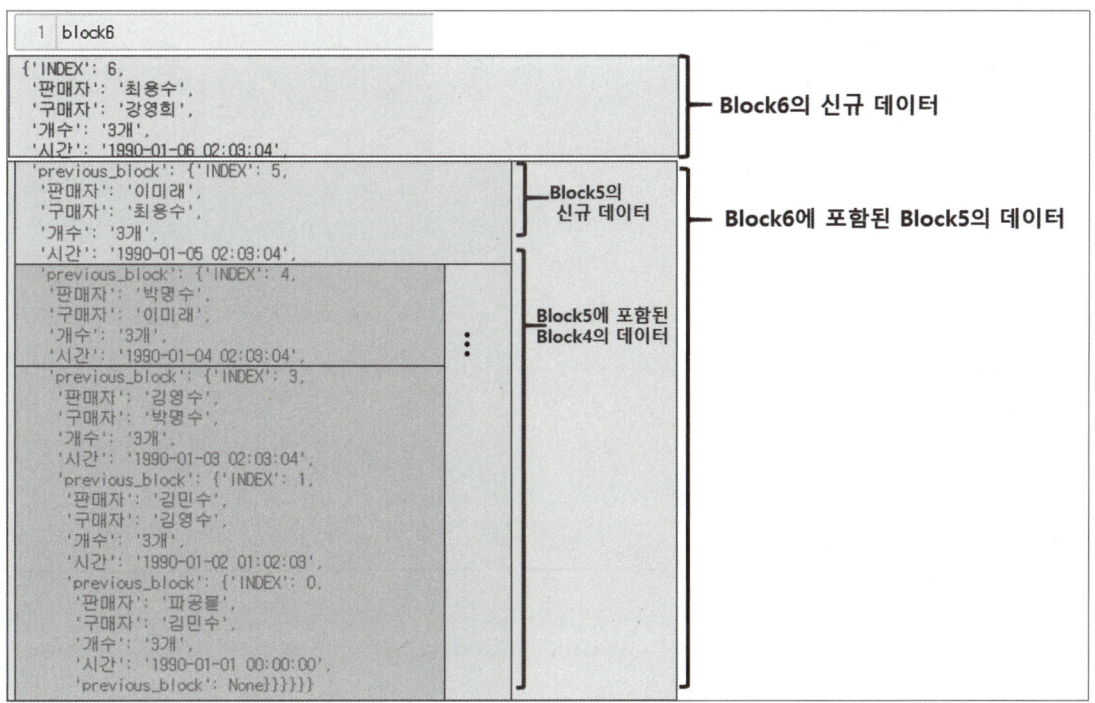

[그림 1-2-4] 6개의 거래 내역을 포함한 Block6

이렇게 블록이 체인으로 연결되며 거래가 계속되면 어떻게 될까? [그림 1-2-4]의 경우 단 6개의 블록이 생성되었는데도 벌써 데이터의 길이가 상당하다. 비트코인은 75만 개의 블록이 생성되었으며 실시간으로 약 10분당 1개씩 블록이 생성되고 있다. 이더리움은 150만 개 이상의 블록이 생성되었으며 약 12초에 1개씩 블록이 생성되고 있다. [그림 1-2-4]와 같은 방식으로 블록이 이어진다면 최후 블록의 길이는 너무나 길어서 아무도 이 블록체인 기술을 활용할 수 없을 것이다. 이를 해결하기 위해 새로운 기술이 활용된다.

3.
블록체인의 핵심: 암호해시

맥도날드에서는 햄버거, 치킨, 커피 등 다양한 메뉴를 판매한다. 햄버거 한 개로는 양이 부족할 때 자주 찾는 사이드 메뉴로 '해시브라운'이 있다. 이 해시브라운의 조리 과정을 알아보자.

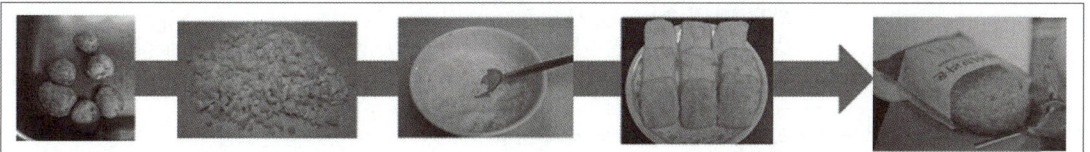

[그림 1-3-1] 해시브라운 조리 과정

해시브라운을 만들기 위해 신선한 감자를 잘게 썬은 뒤 반죽으로 만든다. 반죽이 완성되면 고객의 수요에 알맞은 크기로 빚은 다음 기름에 튀겨 완성한다. 이때 원료인 감자의 모양은 각양각색이다. 도깨비의 축구공 마냥 큰 감자도 있고 메추리알처럼 작고 귀여운 감자도 있다. 하지만 조리 과정을 거쳐 동일한 모양의 해시 브라운이 만들어진다. 즉, 감자의 모양과 무관하게 동일한 모양의 해시브라운을 만들 수 있으며, 해시브라운 모양으로 감자의 원래 모양을 알아낼 수가 없다.

해시브라운이 우리가 공부하는 블록체인과 무슨 관계일까? 공교롭게도 블록체인 기술에서는 맥도날드의 '해시'브라운과 이름이 유사한 '암호해시' 알고리즘이 핵심적인 역할을 한다. 블록체인의 기본 정의를 배우며 우리는 블록체인의 블록이 증가할 때 그 길이가 계속 증가한다는 문제를 발견했다. 이 문제를 바로 암호'해시' 알고리즘이 해결해 준다. 암호해시 알고리즘을 간단히 알아보자.

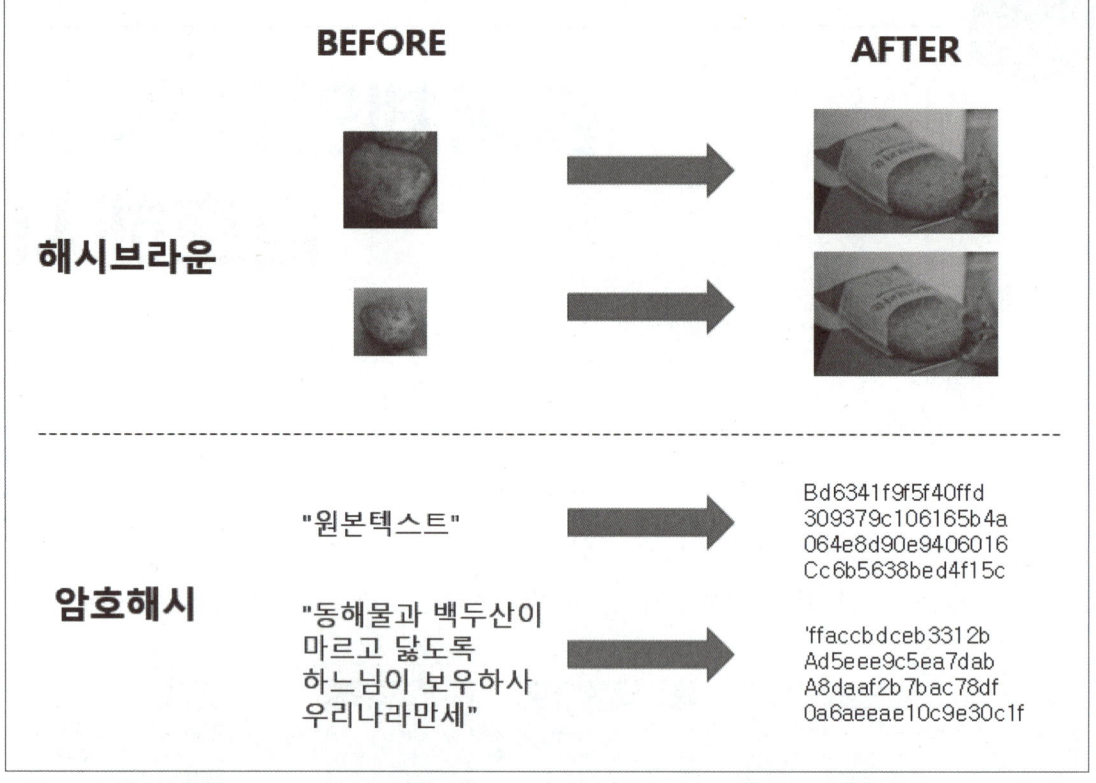

[그림 1-3-2] 해시브라운 조리 과정과 암호해시: 두 '해시' 모두 BEFORE와 무관하게 같은 모양의 AFTER 생성

[코드1-3-1] 파이썬에서의 해시암호

```
import hashlib
hashlib.sha256(str("원본 텍스트").encode()).hexdigest()
>> 'bd6341f9f5f40ffd309379c106165b4a064e8d90e9406016cc6b5638bed4f15c'

import hashlib
hashlib.sha256(str("원본 텍스트").encode()).hexdigest()
>> '94a6771df8c6866a45d404598f230766a8faae53e7bd579eff9e5bdbe20b170a'

import hashlib
hashlib.sha256(str("1234").encode()).hexdigest()
>> '03ac674216f3e15c761ee1a5e255f067953623c8b388b4459e13f978d7c846f4'
```

```
import hashlib
hashlib.sha256(str("""동해 물과 백두산이 마르고 닳도록
                    하느님이 보우하사 우리나라 만세.
                    무궁화 삼천리 화려 강산
                    대한 사람, 대한으로 길이 보전하세.""").encode()).
hexdigest()
>> 'ffaccbdceb3312bad5eee9c5ea7daba8daaf2b7bac78df0a6aeeae10c9e30c1f'

import hashlib
hashlib.sha256(str("원본 텍스트").encode()).hexdigest()
>> 'bd6341f9f5f40ffd309379c106165b4a064e8d90e9406016cc6b5638bed4f15c'
```

파이썬에서 hashlib 라이브러리를 import한 뒤 [코드 1-3-1]과 같은 방식으로 실행시켜 보면 암호해시의 기능을 알 수 있다.

특징 1. 모두 똑같은 양식의 결과값을 리턴한다

위의 다섯 가지 케이스 모두 숫자, 알파벳 대/소문자가 섞인 64개의 글자를 리턴한다. Input 값이 텍스트이든 숫자이든, 텍스트의 길이가 길든 짧든 무관하게 모두 64개의 문자가 조합된 결과값이 산출된다.

특징 2. 미묘한 차이가 큰 차이를 만든다

[코드 1-3-1]의 첫 번째와 두 번째 결과값을 비교해 보자. 차이는 '원본'과 '텍스트' 사이의 띄어쓰기 하나인데 64개로 길이가 동일하다는 것을 제외하고는 완전히 다른 결과값이다. 이에 원본 내용에서 조금만 조작이 발생하더라도 그 결과값은 완전히 달라진다는 것을 알 수 있다. 결국 결과값을 비교해 보며 원본 내역을 알아차릴 수 없는 비가역성 특징을 가진다.

특징 3. 동일 Input, 동일 return

암호해시 함수는 일관성이 있다. 동일한 값을 입력하면 항상 동일한 결과값을 출력한다. [코드 1-3-1]의 첫 번째 예제에서 '원본 텍스트'를 입력했을 때와 시간이 흐른 뒤 다시 '원본 텍스트'라는 값을 입력했을 때, 조금의 차이도 없이 똑같은 결과값을 생성한다.

이 3가지 특징 덕분에 암호해시를 사용하면 똑같은 형식(64개의 숫자와 문자의 조합)을 원본 내용의 변화가 있었는지 확인할 수 있으며, 원본 내용을 유추할 수 없게 요약할 수 있다. 이 암호해시를 활용하여 블록체인의 단점을 개선해 보자.

[코드1-3-2] 암호해시를 활용하여 만든 블록체인

```
## 변경 전 블록6
block6 =  {'INDEX':6,
           '판매자' : '최용수',
           '구매자' : '강영희',
           '개수' : '3개',
           '시간' : '1990-01-06 02:03:04',
           'previous_block' : block5
          }
print(block6 )
>> {'INDEX': 6,
 '판매자': '최용수',
 '구매자': '강영희',
 '개수': '3개',
 '시간': '1990-01-06 02:03:04',
 'previous_block': {'INDEX': 5,
  '판매자': '이미래',
  '구매자': '최용수',
  '개수': '3개',
  '시간': '1990-01-05 02:03:04',
  'previous_block': {'INDEX': 4,
   '판매자': '박명수',
   '구매자': '이미래',
   '개수': '3개',
   '시간': '1990-01-04 02:03:04',
   'previous_block': {'INDEX': 3,
    '판매자': '김영수',
    '구매자': '박명수',
    '개수': '3개',
```

```
  '시간': '1990-01-03 02:03:04',
  'previous_block': {'INDEX': 1,
   '판매자': '김민수',
   '구매자': '김영수',
   '개수': '3개',
   '시간': '1990-01-02 01:02:03',
   'previous_block': {'INDEX': 0,
    '판매자': '파이썬',
    '구매자': '김민수',
    '개수': '3개',
    '시간': '1990-01-01 00:00:00',
    'previous_block': None}}}}}}

## 변경 후 블록6
block6 = {'INDEX':1,
          '판매자' : '김민수',
          '구매자' : '김영수',
          '개수' : '3개',
          '시간' : '1990-01-02 01:02:03',
          'previous_block' : hashlib.sha256(str(block5).encode()).hexdigest()
         }

>> {'INDEX': 1,
 '판매자': '김민수',
 '구매자': '김영수',
 '개수': '3개',
 '시간': '1990-01-02 01:02:03',
 'previous_block': 'a236757d5d043ac413d9c15dffbe82e2e253068481d711981e8c92837662d3d7'}
```

[코드1-3-2]에서 변경된 점으로는 두 개의 블록을 연결하는 체인 부분(previous_block)이 기존에는 block5의 값(모든 거래 내역)이 그대로 들어갔다면, 변경 후에는 암호해시를 활용하여 : hashlib.(sha256str(block5).encode()).hexdigest()의 값(암호화된 64개의 문자)이 들어간 점이

다. 그 결과 30줄이 넘었던 결과값이 암호해시를 통하여 6줄 정도로 단축되었다. 만약 거래 데이터가 100만 개가 쌓인다면 기존의 암호해시가 없는 방식에서는 5,000만 줄이 넘는 블록이 만들어지겠지만, 암호해시를 활용할 경우 블록의 개수와 무관하게 단 6줄로 표현할 수 있다. 또한 과거의 데이터가 약간이라도 조작된다면 그 해시값은 완전 다른 결과를 리턴할 것이기에 블록의 과거 이력을 조작하는 것 또한 불가능해진다. [그림 1-3-3]을 보자. 블록의 과거 거래 내역을 수정하고자 하는 누군가가 거래 시간을 2시 3분 4초에서 2시 3분 5초로 살짝 바꾼 상황이다. 이때 내부의 바뀐 값은 크지 않지만 해시암호의 값은 완전히 바뀐다. 블록체인 내의 과거 이력을 바꾸려면 이후 모든 블록의 암호해시값을 바꾸어 줘야 하고 분산 저장된 여러 컴퓨터(노드)의 암호해시값을 동시에 바꾸어 주어야 하므로 과거의 거래 내역을 수정하는 것은 불가능하다.

```
1  block6 = {'INDEX':6,
2            '판매자' : '최용수',
3            '구매자' : '강영희',
4            '개수' : '3개',
5            '시간' : '1990-01-06 02:03:04',
6            'previous_block' : hashlib.sha256(str(block5).encode()).hexdigest()
7           }
8  hashlib.sha256(str(block6).encode()).hexdigest()
```
'2e0ea856c53c31757c00b00e6416b43ea334c5a1b706b02440be18479b95cba0'

VS

```
1  block6 = {'INDEX':6,
2            '판매자' : '최용수',
3            '구매자' : '강영희',
4            '개수' : '30개',
5            '시간' : '1990-01-06 02:03:05',
6            'previous_block' : hashlib.sha256(str(block5).encode()).hexdigest()
7           }
8  hashlib.sha256(str(block6).encode()).hexdigest()
```
'071258fb5bbe600dc0fd531974780693cf17e04022a5195b6a75d3a349abaf7f'

[그림 1-3-3] 거래 내역이 조작되었을 경우: 1초 차이로 완전 다른 해시값 생성

더 알아보기   암호해시

인간의 역사에서는 적으로부터 비밀을 지키며 메시지를 주고받기 위하여 다양한 암호화 방식이 연구되고 개발되어 왔다. 고대 그리스에서 사자의 머리를 깎고 메시지를 쓴 후 머리를 길러서 보내던 방식과 로마의 시저 암호(ex. a는 3번 뒤로 이동하여 d로, x도 3칸 이동하여 a로 표기) 등이 그 대표적인 예다. 근대에 다양한 전쟁을 거치며 에니그마 암호 등으로 발전하였으며 현대에는 공개키 암호, 양자 암호 등으로까지 발전하였다. 해시암호(SHA: Secure Hash Algorithm)는 1993년 미국의 국가안보국(NSA)이 제작하였으며 이후 위험성을 줄이고 안정성은 높이며 SHA-2, SHA-3 등으로 발전해 오고 있다.

암호해시는 전처리와 해싱의 2가지 단계로 구성되어 있다. 우선 전처리 단계에서는 input 값의 길이에 관계없이 padding 알고리즘을 통하여 동일한 길이의 문자열(SHA-256의 경우 512bit)을 만들며 해당 문자열을 다시 쪼갠다(SHA-256의 경우 32bit씩 16개로). 이후 해싱 단계에서는 내부 조건에 따라 H, K W라는 값을 구한 뒤 이 값들의 조합으로 최종 암호화된 값을 산출한다.

암호해시의 원래의 값으로부터 암호값을 알 수는 있지만 암호값으로부터 원래 값을 예측할 수 없는 역상저항성, 원본값이 단 1비트만 바뀌더라도 결과값이 완전히 바뀌어 버리는 Avalanche Effect 등의 특징이 있다. 이러한 특징 덕분에 대한민국의 인터넷 뱅킹, 윈도우 업데이트는 물론 블록체인 기술에서도 활용되고 있으며, 최근에는 영상을 암호해시화하여 영상의 내용을 알 수는 없지만 필터링해야 하는 유해한 내용(폭력적 영상, 음란물 등)을 차단하는 역할까지 담당하고 있다.

4. 블록체인의 구성요소

지금까지 우리는 거래 내역 데이터를 바탕으로 하는 데이터로 샘플 블록을 만들고 체인으로 연결하는 간단한 방식으로 블록체인에 대해 알아보았다. 이제 실제 블록체인(이더리움과 비트코인)은 어떠한 요소로 구성되어 있으며 각 요소는 어떤 역할을 담당하는지 알아보자.

초등학교 과학 시간에 우리는 곤충이 머리, 가슴, 배로 구성되어 있다고 배웠다. 한편 곤충과 함께 살아가며 다른 곤충을 잡아먹는 거미는 머리와 몸통으로 구분되어 있는 거미강 거미목의 절지동물로 곤충과는 다르다는 것을 배웠다. 알록달록한 무늬에 끈적한 거미줄을 만드는 거미는 [그림 1-4-1]과 같이 블록체인과 비슷한 점이 많다.

[그림 1-4-1] 거미와 닮은 블록체인

블록체인의 블록도 거미와 같이 머리와 몸통으로 이루어져 있다.

머리(Header) 부분: **블록의 고유 정보**

- **블록의 생성 번호:** 블록이 몇 번째로 생성되었는지에 관한 정보
- **블록의 생성 시간:** 블록이 생성된 시간
- **블록의 채굴자:** 블록을 채굴하여 그 보상을 받아간 지갑 주소
- **블록 채굴자의 보상값:** 채굴한 결과로 받은 보상값
- **블록 채굴 난이도:** 블록을 채굴하기 위한 난이도(이후 채굴 과정에서 추가 설명 예정)
- **채굴 Nonce 값:** 채굴의 답안(이후 채굴 과정에서 추가 설명 예정)
- **블록 사이즈:** 블록에 저장된 데이터의 총 사이즈
- **이전 블록의 해시값:** 과거 데이터의 변조 여부 확인
- **이번 블록 몸통 내역의 해시값:** 이번 블록에서 데이터 위변조 여부 확인

몸통(Body) 부분: **블록의 거래 내역 정보**

- **거래 내역:** 해당 블록이 생성될 동안 발생된 모든 거래 내역

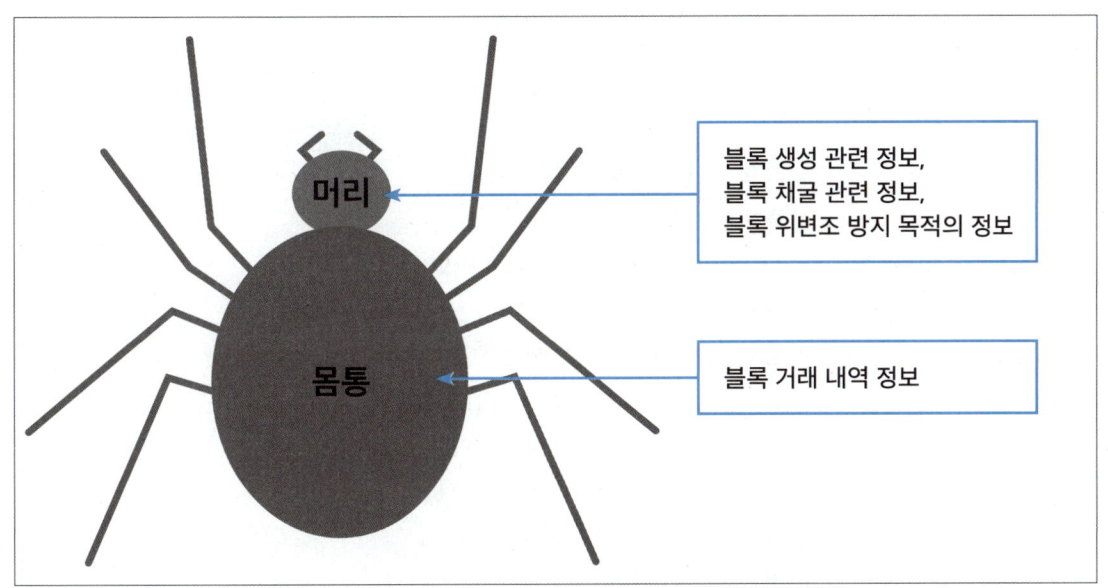

[그림 1-4-2] 블록의 구성 요소

이런 블록체인의 구성을 파이썬으로 확인해 보면 [코드 1-4-1]과 같다.

[코드 1-4-1] 블록들의 연결

```python
import datetime
import hashlib

block_body = {   "거래내역1": {
                        '판매자' : '파이썬',
                        '구매자' : '김민수',
                        '개수' : '3개',
                        '거래시간' : '1990년 1월 1일 00시 00분 00초',
                        '거래수수료' : '0.001개'
                            },
                "거래내역2": {
                        '판매자' : '김민수',
                        '구매자' : '김영수',
                        '개수' : '3개',
                        '거래시간' : '1990년 1월 2일 01시 02분 03초',
                        '거래수수료' : '0.001개'
                            }
                }


block_header = {  '블록의 생성 번호' : 0,
                '블록의 생성 시간' :
 datetime.datetime.now().strftime("%Y-%m-%d %H:%M:%S"),
                '블록의 채굴자' :
 "0xea674fdde714fd979de3edf0f56aa9716b898ec8",
                '블록 채굴자의 보상 값' : 2.132,
                '블록 채굴 난이도' : 12382889997310022,
                'Nonce' : '0x7ccf42b8e05d031f',
                '블록 사이즈' : '178556 bytes',
                '이전 블록의 해시값' :
 '0xe1f3d0e83542e20735d453006cc6d8975920e7aec951c3b974eade52901e97e7',
                '이번 블록 몸통 내역의 해시값' :
 hashlib.sha256(str(block_body).encode()).hexdigest()
```

```
            }

body_hash = hashlib.sha256(str(block_body).encode()).hexdigest()


block1 =  { 'header' : block_header,
            'transaction' : block_body
          }
block1
```

그렇다면 실제 가동 중인 블록체인 네트워크에서도 정말 이와 같은 구성 요소들로 블록이 존재할까? 이더리움 블록체인 네트워크의 블록 정보를 확인해 보자.

1 **이더리움 블록체인 공개 사이트 접속**(https://etherscan.io/)

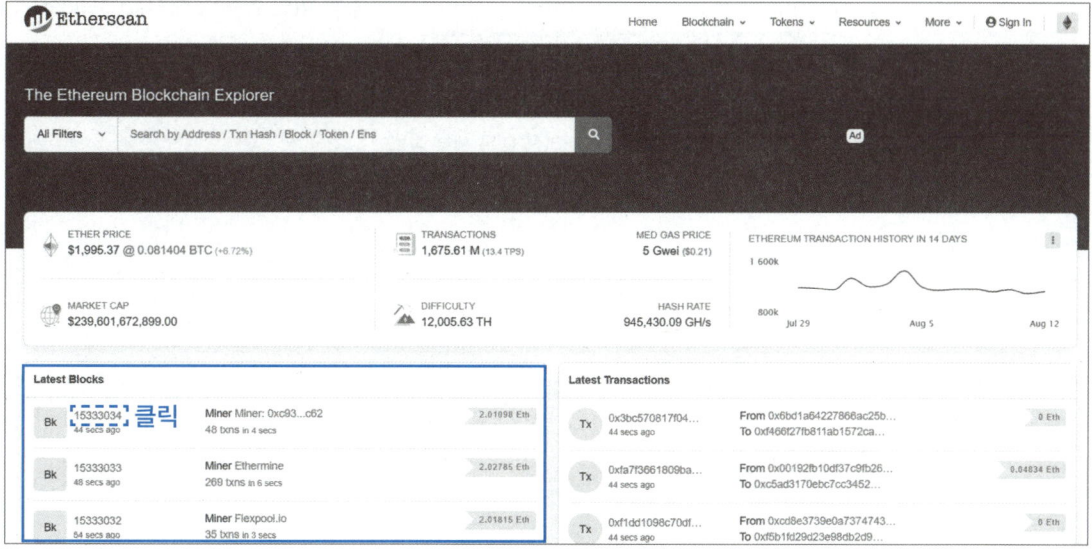

[그림 1-4-3] 이더리움 블록체인 공개 사이트

2 가장 최근에 생성된 블록 번호 클릭

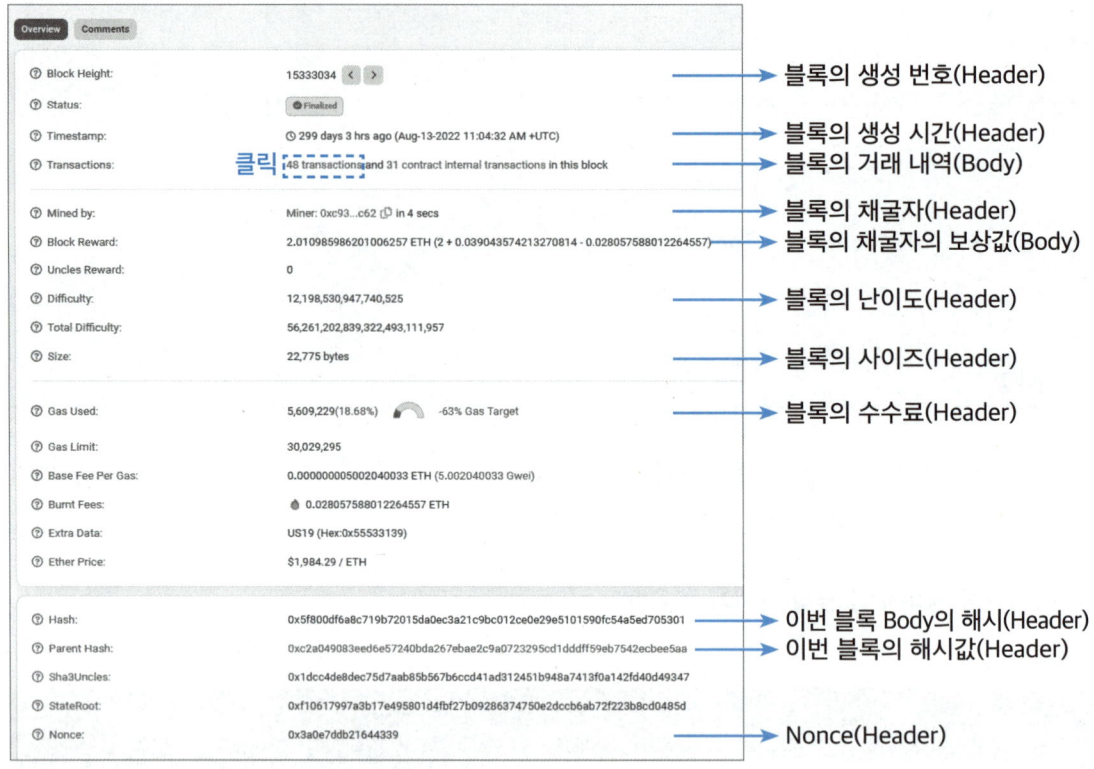

[그림 1-4-4] 이더리움 블록 세부 정보

③ 블록 내의 Transaction 정보 클릭

[그림 1-4-5] 이더리움 블록 내 저장된 거래 데이터

이처럼 실제 블록의 구성 요소를 현재 운영 중인 이더리움 사이트에서 확인할 수 있으며 각 블록에 저장된 세부 거래 내역을 확인할 수 있다. (비트코인은 https://www.blockchain.com/btc/blocks에서 블록 내역을 확인할 수 있다.) 그럼 만약 국내 가상자산거래소(업비트, 빗썸 등)에서 이더리움을 거래하면 그 거래 내역을 [그림 1-4-5]와 같이 사이트에서 확인할 수 있을까? 정답은 "아니다"이다. 우리가 가상자산거래소에서 거래하는 것은 가상자산거래소의 큰 ETH 지갑 내부에서 거래소의 중앙화 서버 내에 분리된 사용자의 계정으로 거래가 이루어진 것이다. 그렇기에 거래 참여자들은 분산화된 이더리움 네트워크가 아닌 중앙화된 거래소의 리소스를 사용하며 거래소에 수수료를 지불하게 된다. 만약 나의 거래 내역을 위 사이트에서 확인하고자 할 경우에는 거래소로부터 나의 메타 마스크 지갑으로 이더리움을 이동시킬 경우, 거래소의 가상자산 지갑 → 나의 메타마스크 지갑으로 이동된 내역을 확인할 수 있을 것이다. (이동과 함께 높은 수수료[Gas Fee]가 청구된다는 것도 알게 될 것이다.)

5. 블록체인의 채굴

    2017년, 미국 펜실베이니아대학교의 연구팀은 우리가 사용하는 언어는 생물과 같이 스스로 성장하면서 끊임없이 변화하고 있다는 연구 결과를 <네이처>에 발표했다. 언어가 자연선택, 유전적 부동(genetic drift) 등의 생물학적 진화 방식에 따라 변화하고 있다고 주장한 것이다. 블록체인 기술의 확산이 이런 언어의 변화에 많은 기여를 하고 있다.

    동전을 뜻하던 '코인'은 이제 가상자산을 대체하는 단어로 사용되고 있으며 전진을 뜻하는 '가자(가즈아)'라는 단어는 투자나 도박에서 긍정적 기대를 표현하는 감탄사로 자리매김했다. 블록체인의 확산으로 의미에 큰 변화를 불러일으킨 또 다른 단어로 '채굴'이 있다. 얼마전까지만 해도 채굴이라는 단어는 지하의 어두운 갱도에 들어가 곡괭이를 들고 광물을 캐는 행동을 의미했다. 하지만 비트코인 및 다양한 블록체인 네트워크의 등장에 따라 컴퓨터가 높은 컴퓨팅 능력을 바탕으로 가상자산을 채굴하는 행위로 그 의미가 대체되었다. 이러한 변화에 이어 이제는 직장인이 일터에서 '현금을 채굴한다'와 같은 뜻으로 발전하기까지 했다. 그렇다면 블록체인에서의 채굴은 구체적으로 무엇을 의미할까?

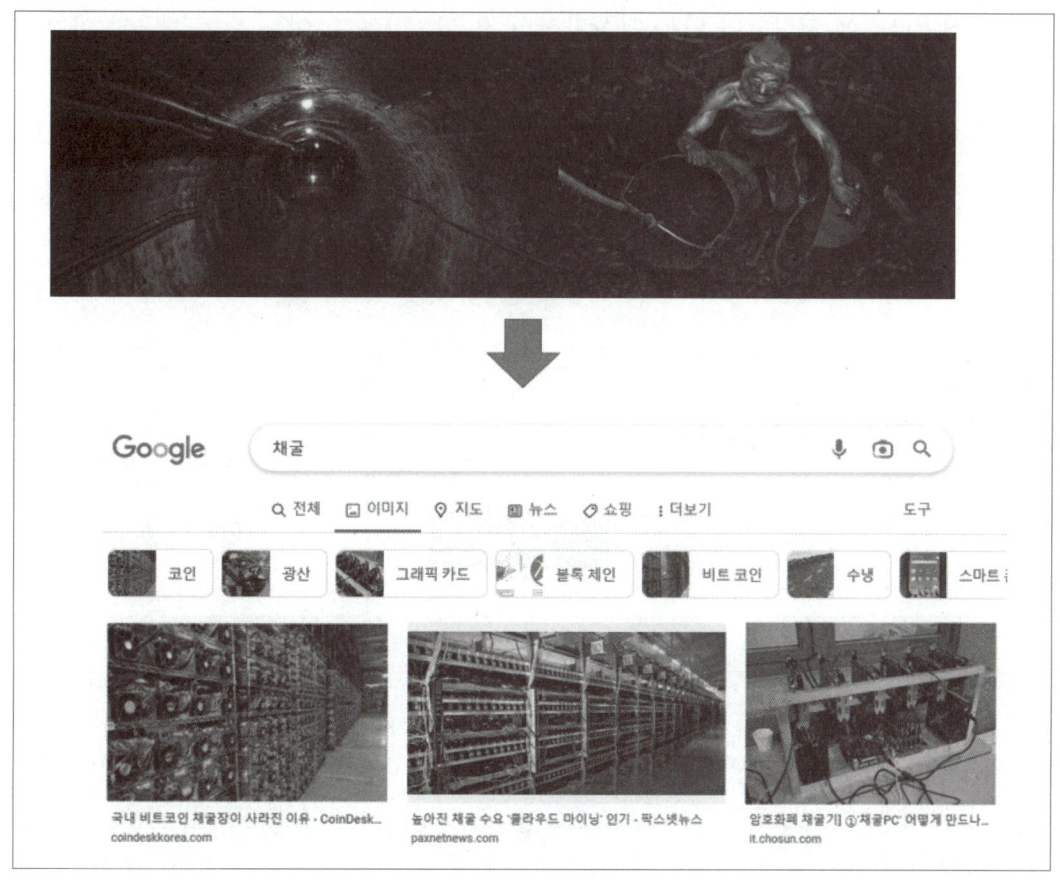

[그림 1-5-1] '채굴'의 의미 변화

    기존 금융 시스템을 생각해 보자. 우리는 은행에 돈을 예치하고, 은행 앱에서 잔액을 조회할 수 있다. 이때 우리의 돈은 은행에 보관되어 있으며 이 정보는 은행이 소유한(중앙화된) 데이터베이스에 저장되어 있다. 은행은 이 데이터를 보관하기 위하여 서버 운영 비용(하드웨어 비용, 전기세, 소프트웨어 비용, 관리자 비용 등)을 지불할 것이다. 그리고 그 비용은 최종적으로 은행을 이용하는 고객들이 여러 서비스를 이용하며 지불하게 된다.

    블록체인에서는 어떨까? 이더리움 네트워크를 생각해 보자. 우리는 메타마스크에서 잔액을 조회할 수 있다. 이 메타마스크는 (탈중앙화된) 이더리움 네트워크에서 내 잔액 정보를 가져온다. 내 잔액 정보는 (탈중앙화된) 이더리움 네트워크에 저장되어 있다. 그렇다면 그 데이터는 물리적으로 어디에 저장되어 있을까? 또한 이 (탈중앙화된) 이더리움 네트워크의 데이터 저장을 위한 운영 비용(하드웨어 비용, 전기세, 소프트웨어 비용, 관리자 비용)은 누가 지불하는 것일까?

가상자산거래소에 저장되어 있는 가상자산의 경우는 다르다. 이는 은행 예금과 마찬가지로 가상자산거래소가 소유한 (중앙화된) 서버에 가상자산 소유 정보를 저장하고 있으며 가상자산거래소가 운영 비용(하드웨어 비용, 전기세, 소프트웨어 비용, 관리자 비용)을 지불한다. 그리고 거래에 참가하는 참가자들의 수수료로 이 비용을 충당한다.

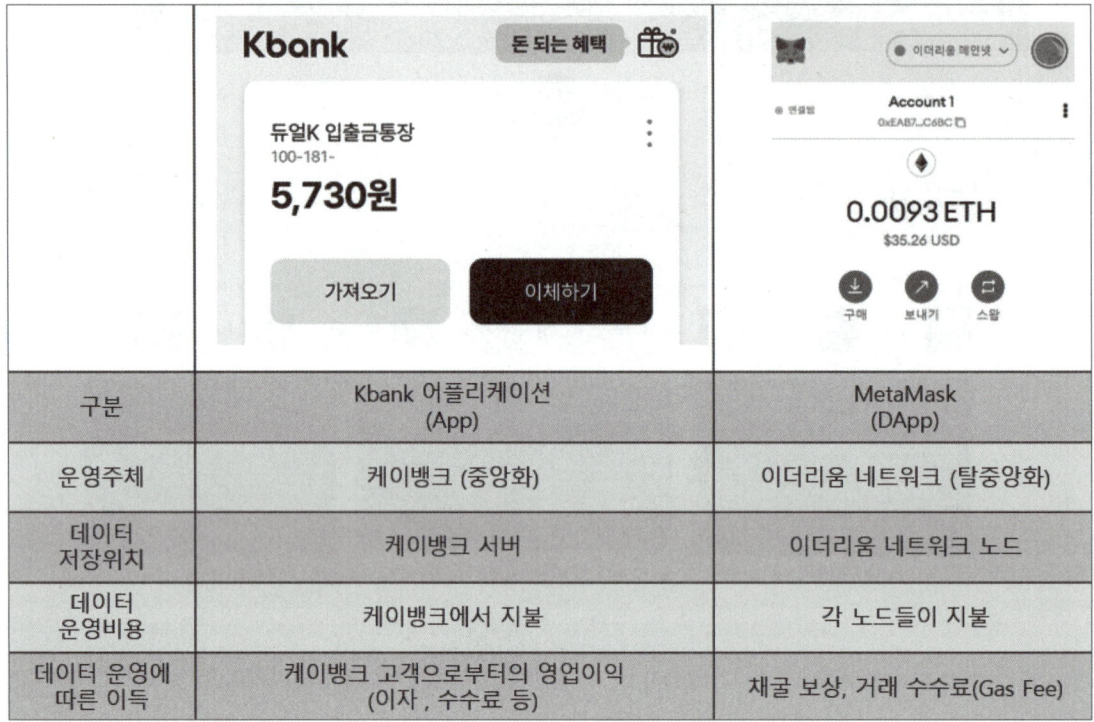

구분	Kbank 어플리케이션 (App)	MetaMask (DApp)
운영주체	케이뱅크 (중앙화)	이더리움 네트워크 (탈중앙화)
데이터 저장위치	케이뱅크 서버	이더리움 네트워크 노드
데이터 운영비용	케이뱅크에서 지불	각 노드들이 지불
데이터 운영에 따른 이득	케이뱅크 고객으로부터의 영업이익 (이자, 수수료 등)	채굴 보상, 거래 수수료(Gas Fee)

[그림 1-5-2] 중앙화 vs 탈중앙화 서비스

이더리움 네트워크는 탈중앙화되었기에 별도의 운영 주체가 없으며 전 세계의 자유로운 참여자(노드)들이 본인의 PC 혹은 서버를 기반으로 이더리움 네트워크에 참여한다. 그렇기에 각각의 참여자(노드)들은 본인이 직접 하드웨어 비용, 전기세, 소프트웨어 비용, 관리 비용 등을 지불한다. 이런 서버 운영 비용에 대한 보상을 제공하기 위해 이더리움 네트워크에서는 채굴 보상을 지불하고 있다. 즉 한 개의 블록에 거래 내역들이 저장되고, 그 블록을 생성한 노드에게 보상을 지불하는 것이다. 그럼 수많은 노드 중 어떤 노드에게 이 블록 생성 권한을 부여할까? 여기서 채굴의 개념이 등장한다. 이더리움 네트워크는 모든 노드에게 동일한 문제를 내고 그 문제를 가장 빨리 해결하는(=채굴하는) 노드에 블록 생성 권한(=블록 채굴에 따른 보상 수여 권한)을 부여한다. 파이썬을 통해 조금 더 자세히 알아보자.

[코드 1-5-1] 채굴

```
import random
import string

## 이더리움 네트워크가 낸 문제
PROBLEM_WORD = "a"         # 찾아야 하는 단어
PROBLEM_DIFFICULTY = 1     # 난이도 숫자, 숫자가 높아질수록 난이도가 높아짐
### 위의 문제의 경우 해시의 값 앞 1번째 자리가 a이면 문제 해결(채굴 완료)

## 채굴
start_nonce = random.choice(string.ascii_letters)

i = 0
while True:
    nonce = start_nonce + str(i)
    nonce_result =  hashlib.sha256((nonce).encode()).hexdigest()
    print(i,nonce, nonce_result)
    if nonce_result[0: PROBLEM_DIFFICULTY] == PROBLEM_WORD * PROBLEM_DIFFICULTY :
        nonce = nonce_result
        break
    i += 1
>>
0 o0 e9b55f2aead906fe90c9c48eeaae3995c2f1c7606f70f93f8d527cd269aeb37d
1 o1 2352da7280f1decc3acf1ba84eb945c9fc2b7b541094e1d0992dbffd1b6664cc
2 o2 9250b9912ee91d6b46e23299459ecd6eb8154451d62558a3a0a708a77926ad04
3 o3 de2d91dc0a2580414e9a70f7dfc76af727b69cac0838f2cbe0a88d12642efcbf
4 o4 1b2501a20fe1bcd82b48c8db1e0f9dd2da9de58d6b618fa04a81c51c3a86cea2
5 o5 e6670506c75ce37bd5321e28454d69024c547fa4f435368d758cb55f900a75e1
6 o6 c2d6ae581bd7abe7c84817a8aa3d42498a51cfe7c3319c355efd6793f61b3b29
7 o7 a2e311a40a4871818b07957c4a88b8843906b51802bfee4b2a075d96b913b8ed
```

이더리움 네트워크는 문제를 제시했다. 문제의 내용은 해시의 결과값 앞의 n(난이도. PROBLEM_DIFFICULTY =1)자리 숫자가 동일하게 (PROBLEM_WORD=a)를 제시하는 것이다. 그렇

기에 노드에서는 랜덤으로 시작점을 잡고(start_nonce) 이후 1씩 더해 가며 암호해시의 결과값이 문제에 부합하는 답안을 찾는다. 위의 예시에서는 7번의 반복 끝에 암호해시를 통하여 a가 1번 반복되게 하는 nonce인 'o7'을 찾을 수 있었다.

만약 난이도가 2였다면 어땠을까? 해시값이 11이 되는 어떤 변수를 찾아야 하는 것이고 [그림 1-5-3]과 같이 318번의 반복을 통해 최종 답안(Nonce 값 "E318")을 찾을 수 있다.

```
1   import random
2   import string
3
4   ## 이더리움 네트워크가 낸 문제
5   PROBLEM_WORD = "1"           # 찾아야하는 단어
6   PROBLEM_DIFFICULTY = 2       #난이도 숫자, 숫자가 높아질수록 난이도가 높아짐
7
8   ## 채굴
9   start_nonce = random.choice(string.ascii_letters)
10
11  i = 0
12  while True:
13      nonce = start_nonce + str(i)
14      nonce_result = hashlib.sha256((nonce).encode()).hexdigest()
15      print(i,nonce, nonce_result)
16      if nonce_result[0: PROBLEM_DIFFICULTY] == PROBLEM_WORD * PROBLEM_DIFFICULTY:
17          nonce = nonce_result
18          break
19      i += 1
20
```

```
300  E300  f7a67ad01c06f54f47c0dd806eed82c00b4ee04eb5bb0681f05f3654e38338e8
301  E301  0a12b31a10300ccbb5cff3a3db1a9345839292fd6ba83b77d72a7787ad01cc38
302  E302  f225bfb2d2022a8f266f73fc903edcf1f1173c6a66400211544bea2d1aaad029
303  E303  29b10feccc8e36cc4b7dec3033e108ecd6abe173cbbe075a7751692600edd6ff
304  E304  95364f3345f06fb7b5f49c86a0e16fa1c9d3db68804aec37c44bea7ff468b988
305  E305  020f3253ca9a15e3ddff05d8785d6e9b4dfbd75be0ddae5af2bd66708125a5a6
306  E306  b18cf6785a9a7004a2e5f990bcfd513fd05c29d1105e8e9a8a7200acb28b9a89
307  E307  d99ab1f3e646efaaaa8d6d38d54b6f29cafd27c8cdb3af469e6e68d0fe97fba6
308  E308  3fa4fc7cdeda1959820c4ad2d147446ff03fa33e8c8d3b260ca771b74148b696
309  E309  bc447412bd203bdbf6f0ec22fe1c478f4d4010bc49d6f26b260e6dff1b2f4bbb
310  E310  665c5e9ed1f6dac457b4cba6f0fda05871d11d819b96eab90662561c2eec98b3
311  E311  ca81a0d4badc83f50261826188fdd37ac9d7e2512c7f34dd0b1949e558bfbca4
312  E312  8d7643b99321f2e3b306baf307160b18a9374f87e6fe4e8516f14074bd23eec6
313  E313  57b05cecc80705964177d2d525d87dd55b5dee94328f8559e2d0d196e5577257
314  E314  6860d67f9bfd2358e97e3e5ecb187fe6a15dfb2e052958ec70abe04a5aaea804
315  E315  5180d9291e9f01c5a49721ce684c1cbc84ee6f0057d93252550057559bf4ade7
316  E316  010b7bb1622c0370f13f524294a67ca7c13304c440633392c2dc8d66cbbe4872
317  E317  a9c9cf38b75c6c40242fff55f2865506fcf725a691c46d2e90bf326a5d7d06ad
318  E318  11e231c0f8f8a3fa46dca712d3913b9b18589906378e210d6dab2abbbab1e8b4
```

[그림 1-5-3] 난이도 2의 문제 해결: 318번의 반복

채굴을 위해서는 참여자의 컴퓨터나 서버(노드)가 계산이 많이 필요한 어려운 문제를 해결하기보다는 단순 반복 문제를 빠르게 해결해야 한다. 그렇기에 블록체인의 채굴에는 소수의 높은 연산력을 보유한 CPU보다 다수의 낮은 연산력을 보유한 GPU가 그 이점을 발휘한다.

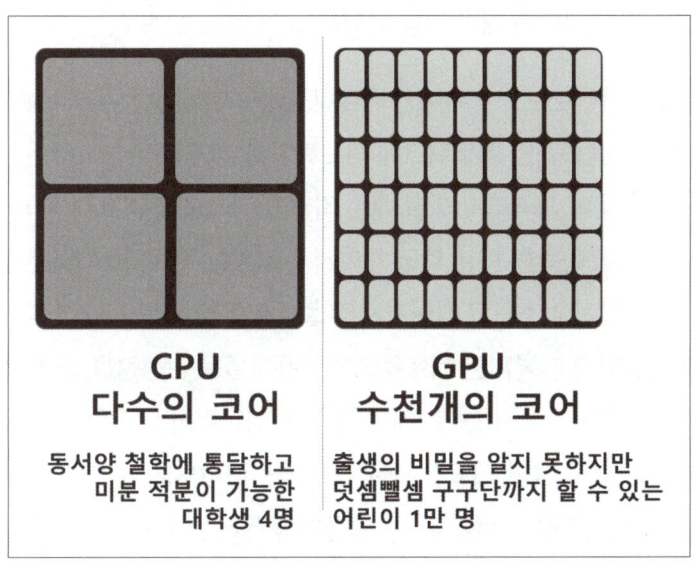

[그림 1-5-4] CPU vs GPU

이제 최종적으로 기존 금융 서비스(중앙화 서버)와 블록체인 네트워크(탈중앙화 서버)의 송금 방식을 비교해 보자. 기존 금융 서비스에서는 송금을 요청하면 요청 내역이 서버에 기록되고 송금이 완료된다. 하지만 블록체인 네트워크에서는 송금을 요청하면 요청 내역이 블록 생성 대기 중인 거래 내역 리스트에 추가되며, 이후 어떤 노드가 블록체인 네트워크에서의 문제를 풀었을 때(채굴에 성공했을 때) 송금 내역이 블록체인 네트워크에 기록되며 송금이 완료된다. 그렇기에 블록체인 네트워크에서의 송금은 일정 시간의 딜레이가 발생하게 된다.

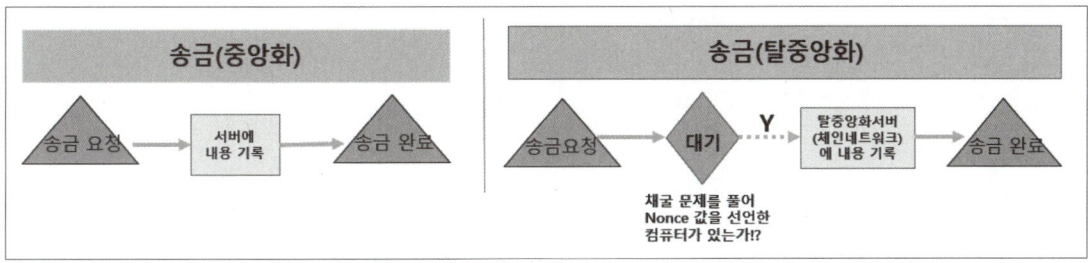

[그림 1-5-5] 중앙화 vs 탈중앙화 송금 방식(PoW)

더 알아보기   왜 채굴 난이도는 매번 조정될까?

이더리움 네트워크, 혹은 블록체인 네트워크의 스캔 사이트를 보면 각 네트워크의 블록 정보를 알 수 있으며 블록의 머리(Header)에 있는 난이도 정보를 확인할 수 있다. 그리고 각 블록의 난이도는 서로 다르다. 왜 난이도가 매번 다른 것일까?

앞서 채굴의 원리를 학습했으므로 블록체인 네트워크에서 '블록 생성 주기=채굴 완료 주기'임을 이해할 것이다. 그런데, 블록체인 네트워크에 하드웨어를 제공하며 참여하는 참여자의 수는 일정하지가 않다. (이더리움의 가격이 비싸질 때는 비싼 이더리움을 얻고자 이더리움 채굴 참여자가 증가할 것이며, 가격이 하락할 때는 채굴 참여자가 감소할 것이다.) 채굴은 참여 모수가 증가할수록 문제를 푸는 시간이 감소하고 참여자가 적을수록 문제 푸는 시간이 증가한다. 이렇게 채굴 완료 주기가 변동된다면 블록체인 네트워크의 사용자들은 안정감을 느끼지 못한다. 이에 실제로 비트코인 네트워크는 대략 10분에 1개의 블록이, 이더리움 네트워크에서는 대략 15초에 1개의 블록이 생성된다. 결국 참여 노드가 많을 경우에는 난이도를 높게 하고, 노드가 적을 경우에는 난이도를 낮게 하여 블록의 생성 시간을 일정하게 유지한다.

6.
비트코인 vs 이더리움: 스마트 컨트랙트

'Rivus'는 라틴어로 강을 뜻한다. 농업과 목축업이 주요 산업이었던 과거에는 이 강이 중요 자원이었다. 이때 '강을 둘러싸고 싸우는 사람들'이라는 의미에서 하나의 물건을 두고 싸우는 사람들 또는 '같은 영역에서 서로 경쟁하는 맞적수'로 발전하며 현재 우리가 사용하는 라이벌(Rival)이라는 단어가 되었다고 한다. 아르헨티나의 리오넬 메시와 포르투갈의 호날두, 미국과 중국, 안드로이드와 iOS 등 세상에는 다양한 라이벌이 있다. 블록체인 네트워크에도 거대한 라이벌 구도가 존재하는데, 바로 비트코인과 이더리움이다.

우선 비트코인은 '원조'라는 간판을 달고 있다. 현재 활용되고 있는 블록체인 네트워크 중 가장 오래되었다. 가격 또한 1개에 2천만 원에서 8천만 원을 오가며 전체 가상자산 시가 총액의 40%가량을 차지한다. 블록체인에 관심있는 사람들에게는 블록체인=비트코인으로 대표될 정도로 널리 알려져 있다. 비트코인을 공식 법정 통화로 선포한 국가도 있으며 몇몇 국가들에서는 ATM을 통해 현금 인출도 가능하다. 한편 비트코인의 라이벌 이더리움은 비트코인에 비해 시가 총액도 낮고 유명세도 현저히 낮으며 법정 통화로 선포한 나라도 없다. 하지만 이더리움의 한 가지 특성 덕분에 비트코인과 맞먹는 세계 2번째 블록체인 네트워크로 인정받고 있으며 앞으로도 높은 성장 가능성이 있다고 여겨진다. 비트코인은 가치 저장 수단으로서의 용도만을 인정받으며 '디지털 금'으로 불리우는 반면 이더리움은 이 특징 덕분에 다양한 활용 가능성을 인정받아 '디지털 원유'라고도 불리운다. 그 차이는 바로 '스마트 컨트랙트'다. 스마트 컨트랙트를 간단히 표현하자면 블록체인 각 블록의 몸통(Body) 안에 추가로 포함되는 것이다.

[코드 1-6-1] 비트코인의 구조

```python
## 스마트 컨트랙트가 없는 블록체인의 블록 구조(비트코인)
import datetime
import hashlib

block_body = { "transaction1": {
                        '판매자' : '파이썬',
                        '구매자' : '김민수',
                        '개수' : '3개',
                        'timestamp' : 1652247422892844,
                           },
               "transaction2": {
                        '판매자' : '파이썬',
                        '구매자' : '이영호',
                        '개수' : '3개',
                         'timestamp' : 165224743233231
                            }
             }

block_header = {  'Block_height' : 0,
                  'Block_created_at' : datetime.datetime.now().strftime("%Y-%m-%d %H:%M:%S"),
                  'Miner' : "0xea674fdde714fd979de3edf0f56aa9716b898ec8",
                  'Block_Reward' : 2.132,
                  'Difficulty' : 12382889997310022,
                  'Nonce'  : '0x7ccf42b8e05d031f',
                  'Block_size' : '178556 bytes',
                  'Parent_hash' : '0xe1f3d0e83542e20735d453006cc6d8975920e7aec951c3b974eade52901e97e7',
                  'Body_hash' : hashlib.sha256(str(block_body).encode()).
```

```
hexdigest()
            }

body_hash = hashlib.sha256(str(block_body).encode()).hexdigest()

block1 = { 'header' : block_header,
           'transaction' : block_body
         }
block1
```

[코드 1-6-2] 이더리움의 구조

```
## 스마트 컨트랙트가 있는 블록체인의 블록 구조(이더리움)
import datetime
import hashlib

block_body = { "transaction1": {
                        '판매자' : '파이썬',
                        '구매자' : '김민수',
                        '개수' : '3개',
                        'timestamp' : 1652247422892844,
                        'smart_contract' : {}
                           },
                "transaction2": {
                        '판매자' : '파이썬',
                        '구매자' : '이영호',
                        '개수' : '3개',
                        'timestamp' : 165224743233231,
                        'smart_contract' : {}
                        }
                }
block_header = { 'Block_height' : 0,
                 'Block_created_at' : datetime.datetime.now().strftime("%Y-
```

```
%m-%d %H:%M:%S"),
                    'Miner' : "0xea674fdde714fd979de3edf0f56aa9716b898ec8",
                    'Block_Reward' : 2.132,
                    'Difficulty' : 12382889997310022,
                    'Nonce'  : '0x7ccf42b8e05d031f',
                    'Block_size' : '178556 bytes',
                    'Parent_hash' : '0xe1f3d0e83542e20735d453006cc6d8975920e7ae
c951c3b974eade52901e97e7',
                    'Body_hash' : hashlib.sha256(str(block_body).encode()).
hexdigest()
          }

body_hash = hashlib.sha256(str(block_body).encode()).hexdigest()

block1 = { 'header' : block_header,
           'transaction' : block_body
         }
block1
```

[코드 1-6-1]과 [코드1-6-2]의 차이가 바로 비트코인과 이더리움의 차이의 핵심이다. 차이는 아주 간단하다. 블록의 Body에 'smart_contract'라는 인자가 하나 추가된 것이다. 이 간단한 차이가 왜 그렇게 중요할까? [그림 1-6-1]을 보자.

```
import datetime
import hashlib

block_body = { "transaction1": {
                              '판매자' : '장영희',
                              '구매자' : '이박사',
                              '개수' : '3개',
                              'timestamp' : 1652247422892844,
                              'smart_contract' : { '파일명':     'wedding.jpg',
                                                   '파일소개':   '장영희 결혼식 기념사진',
                                                   '파일데이터': 'bf9ed7487a7f0dfc'} #(이미지정보)
                              },
                "transaction2": {
                              '판매자' : '김민수',
                              '구매자' : '최영호',
                              '개수' : '1개',
                              'timestamp' : 165224743233231,
                              'smart_contract' : { '파일명':     '이력서.jpg',
                                                   '파일소개':   '김민수의 생애 첫 이력서',
                                                   '파일데이터': 'ef394130e1eb1'} #(이미지정보)
                              }
             }


block_header = {  'Block_height' : 0,
                  'Block_created_at' : datetime.datetime.now().strftime("%Y-%m-%d %H:%M:%S"),
                  'Miner' : "0xea674fdde714fd979de3edf0f56aa9716b898ec8",
                  'Block_Reward' : 2.132,
                  'Difficulty' : 12382889997310022,
                  'Nonce' : '0x7ccf42b8e05d031f',
                  'Block_size' : '178556 bytes',
                  'Parent_hash' : '0xe1f3d0e83542e20735d453006cc6d8975920e7aec951c3b974eade52901e97e7',
                  'Body_hash' : hashlib.sha256(str(block_body).encode()).hexdigest()
               }


body_hash = hashlib.sha256(str(block_body).encode()).hexdigest()


block1 = { 'header' : block_header,
           'transaction' : block_body
         }
block1
```

[그림 1-6-1] 스마트 컨트랙트 활용 파이썬 Code - NFT

Transaction1 부분에서는 스마트 컨트랙트 부분에 장영희의 결혼식 기념 사진 정보가 들어간 것을 장영희가 이박사에게 코인 3개에 판매하였다. Transaction2 부분에는 김민수의 생애 첫 이력서 정보가 스마트 컨트랙트에 들어갔으며 김민수가 최영호에게 코인 1개에 판매하였다. 그리고 해당 내용은 최종적으로 block1에 저장되었다. 그렇다면 이 블록체인 네트워크가 세상에 존재하는 한, block1의 내역을 보면 장영희의 결혼식 기념 사진을 이박사가 코인 3개에 구매한 것과 김민수의 생애 첫 이력서를 최영호가 코인 1개에 구매한 것이 계속 남아 있을 것이다. 이렇게 스마트 컨트랙트 덕분에 단순히 거래 내역만을 저장하던 비트코인과 다르게 더욱 다양한 정보를 저장하게 되었다. 이 사례는 스마트 컨트랙트를 활용하여 NFT를 제작한 것으로 볼 수 있다.

두 번째 예시를 보자.

```python
import datetime
import hashlib

block_body = { "transaction1": {
                    '판매자' : '파공블',
                    '구매자' : '',
                    '개수' : '0개',
                    'timestamp' : 1652247422892844,
                    'smart_contract' : { '토큰명':     'PGB',
                                         '토큰설명':   '파공블 코인',
                                         '토큰발행개수': 100
                                       }
                                },
                }

block_header = { 'Block_height' : 0,
                 'Block_created_at' : datetime.datetime.now().strftime("%Y-%m-%d %H:%M:%S"),
                 'Miner' : "0xea674fdde714fd979de3edf0f56aa9716b898ec8",
                 'Block_Reward' : 2.132,
                 'Difficulty' : 12382899997310022,
                 'Nonce' : '0x7ccf42b8e05d031f',
                 'Block_size' : '178556 bytes',
                 'Parent_hash' : '0xe1f3d0e83542e20735d453006cc6d8975920e7aec951c3b974eade52901e97e7',
                 'Body_hash' : hashlib.sha256(str(block_body).encode()).hexdigest()
               }

body_hash = hashlib.sha256(str(block_body).encode()).hexdigest()

block2 = { 'header' : block_header,
           'transaction' : block_body
         }
block2
```

[그림 1-6-2] 스마트 컨트랙트 활용 파이썬 Code - Token 발행

[그림 1-6-2]의 케이스에서는 스마트 컨트랙트에 새로운 토큰인 PGB에 대한 정보를 넣었다. 이후 이 코인 네트워크의 block2 내역을 보면 PGB 토큰 관련 정보를 알 수 있다. 이 사례의 경우 블록체인 네트워크 위에 Layer2 코인인 PGB 토큰이 발행되었다고 볼 수 있다.

마지막 예시를 보자.

```python
import datetime
import hashlib

block_body = { "transaction1": {
                    '판매자' : '파공불',
                    '구매자' : '',
                    '개수' : '0개',
                    'timestamp' : 1652247422892844,
                    'smart_contract' : { '함수명':      'PGB_DEFI',
                                         '함수설명':    '파공불 디파이 네트워크',
                                         'INPUT 변수':  ['사용자 지갑 주소','요청 구분(예금 or 대출)', "금액"],
                                         '함수내용': """
                                         만약 예금 요청이 오면, 원금을 받고 매월 20%씩 이자를 준다
                                         만약 대출 요청이 오면, 코인지갑을 담보로 100 USD를 대출해준다
                                         
                                         """
                                       }
                    },
             }

block_header = { 'Block_height' : 0,
                 'Block_created_at' : datetime.datetime.now().strftime("%Y-%m-%d %H:%M:%S"),
                 'Miner' : "0xea674fdde714fd979de3edf0f56aa9716b898ec8",
                 'Block_Reward' : 2.132,
                 'Difficulty' : 12382899997310022,
                 'Nonce' : '0x7ccf42b8e05d031f',
                 'Block_size' : '178556 bytes',
                 'Parent_hash' : '0xe1f3d0e83542e20735d453006cc6d8975920e7aec951c3b974eade52901e97e7',
                 'Body_hash' : hashlib.sha256(str(block_body).encode()).hexdigest()
               }


body_hash = hashlib.sha256(str(block_body).encode()).hexdigest()


block3 = { 'header' : block_header,
           'transaction' : block_body
         }
block3
```

[그림 1-6-3] 스마트 컨트랙트 활용 파이썬 Code - DeFi 제작

[그림 1-6-3]의 케이스에서는 스마트 컨트랙트에 'PGB_DEFI'라는 함수를 정의했다. 이 경우 코인 네트워크의 block3을 호출할 경우 PGD_DEFI 함수를 확인할 수 있어 필요 상황에서 해당 블록을 호출하여 누구도 위변조할 수 없는 함수를 호출할 수 있다. 이 사례의 경우 블록체인 네트워크에 Defi를 제작한 것으로 볼 수 있다.

'호리천리(毫釐千里)'라는 말이 있다. 티끌 하나의 차이가 천 리의 차이라는 뜻으로, 처음의 근소한 차이가 나중에는 아주 큰 차이가 된다는 말이다. 비트코인와 이더리움의 작은 차이인 스마트 컨트랙트가 두 블록체인 네트워크의 성격을 완전히 바꾸었다.

7. 블록체인과 가상자산 그리고 DApp

세계적으로 인정받는 여러 컨설팅 그룹이 있다. 그중 대표적으로 맥킨지(Mckinsey)라는 경영 컨설팅 회사가 있다. 맥킨지에서는 하나의 객체를 명확하고 효율적으로 진단하는 방법론으로 MECE를 개발했다. MECE는 'Mutually Exclusive Collectively Exhaustive'의 약자로 항목들이 상호 배타적이면서 모였을 때는 완전히 전체를 이루는 것을 의미한다. 현재의 가상자산계에는 수많은 형용사와 수식을 붙인 화려한 가상가산들이 존재한다. 이런 가상자산들을 MECE로 구분하여 분석해 보자.

가상자산을 분석할 때 가장 먼저 듣게 되는 이야기가 Layer1에 속하는가 Layer2에 속하는가에 관한 문제다. 이를 쉽게 이해하기 위해 먼저 [그림 1-7-1]을 보자. 지금 우리의 세상에는 다양한 정치 체제가 존재한다. 대한민국, 미국, 인도, 브라질, 프랑스와 같이 국민들이 직접 국가원수인 대통령을 뽑는 대통령제도 있고, 독일, 일본, 영국과 같이 국민들이 국회의원들을 뽑으면 그 결과에 따라 다수당에서 내각을 구성하고 국가원수인 총리가 선발되는 정치 체제도 있다. 사우디아라비아, 브루나이 등 국가의 군주가 국가원수의 직을 맡는 전제군주제, 사회주의 등 다양한 정치 체제가 존재한다. 그리고 그 정치 체제를 실행하는 국가의 흥망성쇠에 따라 각 정치 체제의 장단점이 분석되며 새로운 정치 체제들이 기존의 정치 체제에 도전하며 자기만의 우월성을 강조하기도 한다. 한편, 각각의 정치체제로 구성되는 국가 내에는 여러 기업이 존재한다. 예를 들어 은행, 게임 회사, 증권사는 대한민국에도 있고 영국에도 있고 사우디아라비아에도 있고 그 외의 국가에도 존재할 것이다. (정치 체제의 특성에 따라 일부 기업이 존재하지 않을 수도 있다. 예: 특수한 정치 체제인 북한에서는 증권사가 존재하기 어렵다.)

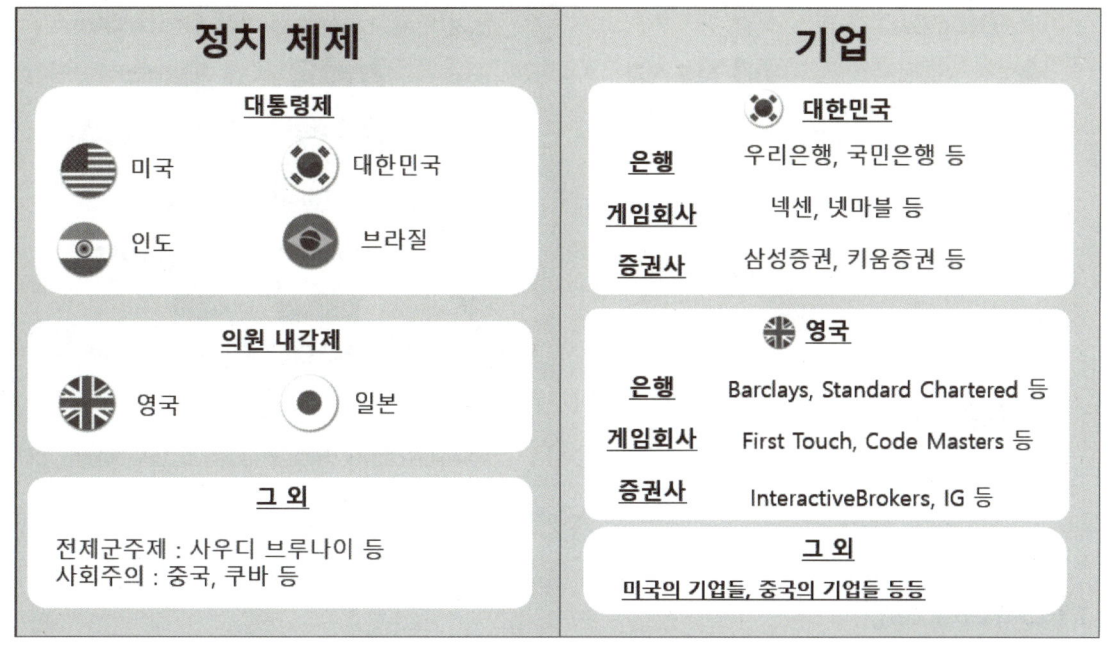

[그림 1-7-1] 다양한 사상의 국가와 기업들

이제 [그림 1-7-2]를 보자. 국가원수를 선출하는 방식에 따라 다양한 정치 체제가 존재하듯 블록체인 네트워크에는 블록을 형성하는 원장을 선정하는 방식에 따라 다양한 LAYER1 블록체인 네트워크들이 존재한다. 그리고 그 Layer1을 실행하는 블록체인 네트워크의 흥망성쇠에 따라 각 블록체인 체제의 장단점이 분석된다. 지금의 대표적인 Layer1 방식은 비트코인과 이더리움이 채택했던 POW이며 이보다 새로운 강점을 가진 블록체인 기술들이 기존의 합의 방식에 도전하기도 한다. 한편, 각각의 합의 방식으로 구성되는 LAYER1 블록체인에는 여러 LAYER2 토큰들이 존재한다. 예를 들면 은행(DeFi), 게임회사(P2E), 증권사(DEX)의 역할을 하는 Layer2 토큰들이 이더리움 네트워크에도 있고, 바이낸스 네트워크에도 있을 수 있다. (Layer1 네트워크의 특성에 따라 Layer2 토큰이 존재하지 않을 수도 있다. 예: 스마트 컨트랙트 방식을 제공하지 않는 비트코인 네트워크에서는 P2E 토큰이 존재하기 어렵다.)

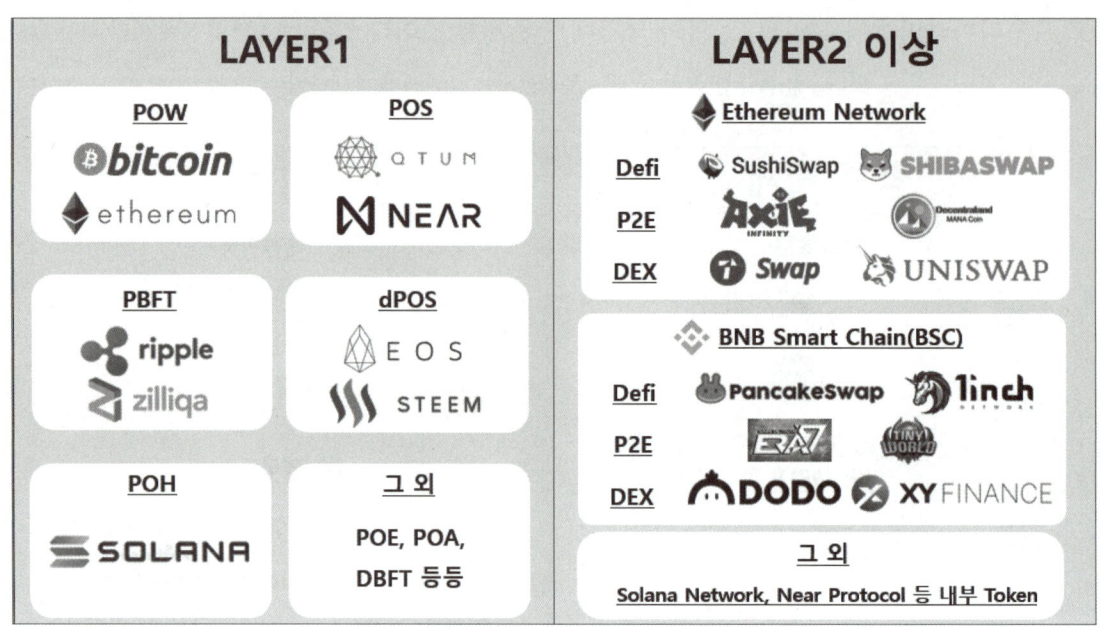

[그림 1-7-2] 다양한 가상자산들

1 | LAYER1 코인

위의 Layer1 코인들은 정치 체제로 예시가 되었다. 다양한 참여자(국민)가 어떠한 방식으로 국가 원수를 선택하느냐에 따라 각각의 정치 체제가 결정된다. 마찬가지로 여러 참여자(노드)가 존재하는 분산원장의 특성을 가진 블록체인의 네트워크에서는 다양한 참여자(노드)들이 어떠한 방식으로 블록체인 네트워크의 의사결정에 합의하는가에 따라 LAYER1의 방식이 구분된다. 대표적인 합의 방식으로 PoW, PoS, dPoS, PBFT, PoH 등이 존재한다.

- **PoW(Proof of Work, 작업 증명)**: 현 블록체인 네트워크 합의 체계의 1대장. 이후 본 도서에서도 파이썬 기반으로 PoW 방식의 블록체인 네트워크 구축을 실습할 예정. 주요 블록체인 네트워크인 비트코인에서 사용중이며 이더리움 네트워크 또한 PoS로 변경되기 전까지 PoW 방식을 활용하였다. 블록체인 네트워크에서는 지속적으로 작업(문제)을 발생시킨다. 수많은 참여자(노드)는 작업(문제)을 해결하기 위해 노력(채굴)한다. 그중 가장 처음 작업(문제)을 증명(해결, 채굴)한 사람이 권리를 가지고 블록을 체결한다. 작업(문제)은 간단한 수학 문제와 같은 종류로 고성능의 중앙처리장치(CPU) 혹은 그래픽카드(GPU)를 필요로 한다. 작업을 성공(채굴)한 참여자(노드)에게는 보상(채굴 비용)이 주어진다. 이에 수많은 참여자(노드)는 그 보상을 노리고 고성능의 하드웨어에 전기를 소비한다. 그렇기 때문에 전력 낭비를 한다는 치명적인 단점이 있다. 시험에서 1등한 사람이 네트워크의 의사결정

자가 된다.

- **PoS(Proof of Staking, 지분 증명)**: 기존의 1대장 PoW를 가장 강하게 견제하는 방식. 본 도서에서 파이썬 기반으로 PoS 방식의 블록체인 네트워크 구축을 실습할 예정. 과거 PoW 방식을 채택하였던 이더리움 또한 업그레이드되며 이 PoS 방식으로 변화. 해당 블록체인 네트워크의 가상자산을 예치(Staking)해야만 블록체인 네트워크에 참여가 가능하다. 참여자들은 PoW처럼 연산 능력으로 경쟁하는 것이 아닌, 예치(Staking)한 지분이 많아질수록 블록을 체결할 가능성(PoW의 채굴 성공)이 높아진다. 참여자가 지분을 기반으로 참여한다는 점에서 51% 공격에서 보다 안정성을 가진다(많은 가상자산을 가진 참여자가 해당 블록체인 네트워크를 공격할 경우 본인의 지분 가치가 하락하기에 비현실적이기 때문). 또한, 높은 연산 능력을 활용하지 않기에 전력 소모 등 환경문제에서 자유롭다. 다만 지분을 보유해야만 참여자(노드)가 될 수 있기에 진정한 탈중앙화인가에 대한 의문이 존재한다. 주주들의 투표에서 1등한 사람이 네트워크의 의사결정자가 된다.

- **dPoS(delegated Proof of Stake, 위임 지분 증명)**: PoS의 단점인 탈중앙화에 대한 의문성을 해결하기 위하여 등장한 합의 방식. 대표적인 가상자산으로 이오스, 스팀이 존재한다. 지분을 가지고 블록체인 네트워크에 참가한 참여자들은 투표권을 가지고 모든 의사결정에 직접 참여하는 것이 아니라 대표자(delegate)를 선정하여 그 대표자들 간의 의사결정을 통하여 블록체인 네트워크의 의사결정을 진행한다. 대표자들 간의 소통만으로 진행될 수 있기에 블록 체결 속도가 월등히 빠르며 모든 참여자가 간접적으로나마 의사결정에 참여한다는 점에서 탈중앙화에 조금 더 가깝다는 의미가 있다. 단점으로는 대표자의 수가 적으면 그 대표자의 보안 수준이 낮을 경우 위험이 발생할 수 있으며 대표자의 수가 늘어나게 되면 결국 PoS와 동일한 문제점을 가지게 된다. 국민들이 선정한 국회의원들의 투표에서 1등한 사람이 네트워크의 의사결정자가 된다.

- **PBFT(Practical Byzantine Fault Tolerance, 프랙티컬 비잔틴 장애 허용)**: PoW, PoS와 같이 모든 대중이 참여자(노드)로 활동이 불가하며 인증 기관에서 발급한 인증서를 보유한 참여자(노드)들만이 블록체인 네트워크에 참여 가능. 대표적인 가상자산으로 리플, 네오, 질리카 등이 있다. IBM이 오픈 소스로 공개한 하이퍼레저 블록체인 네트워크 또한 PBFT 방식을 활용한다. 인증서 기반으로 운영되기에 채굴이 불필요하며 초기에 네트워크에 필요한 가상자산(코인)들이 모두 생성된다. 인증서를 받은 노드들의 다수결에 따라 협의 알고리즘이 진행된다. 국가의 설립에 기여한 귀족들에 의해 네트워크 의사결정자가 선발된다.

- **PoH(Proof of History, 역사 증명):** 이더리움 타도를 내세우며 나타난, 솔라나 네트워크가 제시한 합의 방식. PoS로부터 그 개념을 발전시켰다. 블록체인 네트워크상의 노드들이 거래 발생 시점을 참여자(노드)들이 함께 검증하고 합의를 거친 뒤에 거래 내역에 저장한다. 거래 내역과 시간 정보를 함께 암호화하여 검증 필요 내용이 감소하고 이에 따라 블록체인 네트워크의 속도가 증가한다. 단점으로는 해당 네트워크의 참여자(노드)가 되기 위해서는 PoS보다 높은 수준의 하드웨어가 요구된다는 것이다.

지금까지 알아본 방식 외에도 다양한 합의 알고리즘이 존재한다. 정치 체제 또한 과거에는 신정, 왕정 등의 단순한 체제에서 의원내각제, 대통령제 등으로 발전한 것처럼 블록체인 네트워크의 합의 알고리즘 또한 앞으로 지속적으로 발전할 것이다.

> **더 알아보기** 관심있는 블록체인 네트워크 더 알아보기
>
> 비트코인, 이더리움, 솔라나 등 수많은 블록체인 네트워크가 존재하고 앞으로 더욱 많은 블록체인 네트워크들이 등장할 것이다. 이때 각 블록체인 네트워크들이 어떠한 합의 알고리즘을 가지고 있는지, 어떠한 특징을 가지고 있는지 알고 싶다면 백서(White Paper)를 찾아보자. 비트코인으로부터 시작되어 각각의 블록체인 네트워크에서는 그 네트워크의 구성원리를 설명하는 백서를 발간하고 있기에 백서에서 주요 내용을 확인할 수 있다. 블록체인 전문가로 성장하고자 한다면 아래의 주요 블록체인 네트워크 백서를 꼭 읽어 보자.
>
> 1. 비트코인 백서(https://bitcoin.org/bitcoin.pdf): Abstract를 통하여 POW의 합의 알고리즘을 언급하고 있다.
>
> 2. 이더리움 백서(https://ethereum.org/en/whitepaper/): PoW에서 PoS로 발전한 이더리움에 대하여 소개하고 있으며 클라우드 컴퓨팅, 탈중앙 파일 저장소 등 다양한 활용 가능성을 소개하고 있다.
>
> 3. 솔라나 백서(https://solana.com/solana-whitepaper.pdf): Abstract를 통하여 새롭게 제시한 PoH 합의 알고리즘을 언급하고 있다.

2 | 토큰(LAYER2 이상)

모두가 한 번 이상은 보았을 스티브 잡스의 유명한 비즈니스 프레젠테이션을 통하여 iOS 기반의 스마트폰이 탄생했다. 그 이후 안드로이드, 블랙베리 OS, 타이젠 등 다양한 운영체제의 스마트폰이 탄생했다. 그다음으로는 이 스마트폰을 활용하여 어떤 비즈니스 모델을 만들 것인지가 핵심 이슈였다. 누군가는 스마트폰을 음악 듣는 기기로 활용한다는 아이디어로 음악 앱을 만들었고, 사람들 간의 상호 교류의 장을 만들 수 있다는 생각에 SNS 앱을 만들기도 하고, 게임기로 활용될 수 있다는 생각에 게임 앱을 만들고, 주식 거래에 활용될 수 있다는 생각에 주식 앱을 만들기도 했다. 여유가 되는 앱 개발사에서는 iOS, 안드로이드, 블랙베리 OS, 타이젠 등 모든 OS에 호환되는 앱을 만들었다. 여력이 부족한 개발사에서는 의사결정에 따라 iOS Only, 안드로이드 Only 등 상황에 맞는 앱을 개발했다. 그리고 지금, 전 세계 스마트폰 시장은 iOS와 안드로이드 시장으로 나뉘어졌다.

급격하게 성장하고 있는 블록체인 네트워크에서도 같은 고민이 지속되고 있다. 스마트 컨트랙트 기술을 탑재한 이더리움 네트워크가 나타났다. 그 이후 BNB Chain, Solana Chain, Near Protocol 등 다양한 블록체인 네트워크가 탄생했다. 다음 단계로는 이 블록체인 네트워크를 활용하여 어떤 비즈니스 모델(DApp)을 만들 것인지가 핵심 이슈가 되었다. 블록체인 기술을 활용하여 탈중앙화 거래소를 만들고, 탈중앙화 게임, 작품 경매 등 다양한 DApp 아이디어들이 탄생하고 소멸되고 있다. DApp 제작사들이 여유가 있을 경우에는 이더리움, BNB Chain, Solana Chain, Near Protocol 등에 모두 호환 가능한 DApp을 만들며 그렇지 못할 경우 의사결정에 따라 이더리움 Only, Solana Only 등 상황에 맞는 DApp을 개발한다. 이후 어떤 블록체인 네트워크로 전세계 DApp 시장이 통일될지는 미지수다. (알 수 있다면 당장 그 블록체인 네트워크의 가상자산에 투자하면 된다!) DApp 제작사에서는 DApp 기반 내에서 통용될 화폐(토큰)를 만들며 우리는 이들을 Layer2 코인이라고 부른다. 현재까지의 대표적인 DApp 분야는 아래와 같다.

- **DeFi(Decentralized Finance, 탈중앙화 금융)**: 기존의 금융 서비스는 모두 은행, 보험사 등 중앙화된 기업을 통해 진행된다. DeFi는 이와 대비된 탈중앙화 금융 서비스로 사용자들은 DeFi를 통하여 대출을 받거나 예금을 할 수도 있다. 또한 일정 금액을 지불하여 어떤 사건이 발생할 경우 보상을 받는 보험에 가입할 수도 있다.

- P2E(Play To Earn, 게임): 기존의 게임들은 모두 중앙화된 게임사의 서버 내에서 진행된다. 따라서 게임사가 부도가 나서 서버가 폐쇄되 게임 내 사용자들의 모든 자산은 사라진다. 하지만 P2E에서는 게임 이력이 탈중앙화된 블록체인 네트워크에 남는다. 게이머들은 게임을 통해 얻은 소득을 블록체인 네트워크의 가상자산으로 인출할 수 있고 이를 거래소에서 현금과 거래할 수 있다. 게이머들은 돈을 벌기 위해 게임을 하게 된다(Play To Earn).

- DEX(Decentralized Exchange, 탈중앙화거래소): 기존의 거래소들은 거래소 서버 내에서 참여자들 간에 거래가 일어난다. 거래소의 규칙에 따라 수수료를 지불하며 서버가 다운되면 일시적으로 모든 거래가 중단된다. DEX는 DeFi와 같은 탈중앙화된 거래소로 블록체인 네트워크 기반으로 거래가 이루어진다. 스마트 컨트랙트에 명시된 기준에 따라 거래가 이루어지며 수수료 또한 블록체인 네트워크에 가스비 형식으로 지불된다.

- Social Media: SNS에 글을 쓰면 작성자는 '좋아요'를 받는다. 그것이 대가의 전부다(물론 최근에는 PPL, 광고 수익 등 다양한 방식으로 이득을 얻기도 한다). 하지만 Decentralized Social Media(탈중앙 소셜미디어)에서는 글 작성자들이 콘텐츠의 소비 내역에 따라 이익을 얻는다.

 **다양한 DApp**

블록체인은 빠르게 변화하며 다양한 비즈니스 모델의 탄생과 소멸이 반복된다. 이런 다양한 DApp을 알아보는 방법을 소개한다. (https://dappradar.com/rankings)

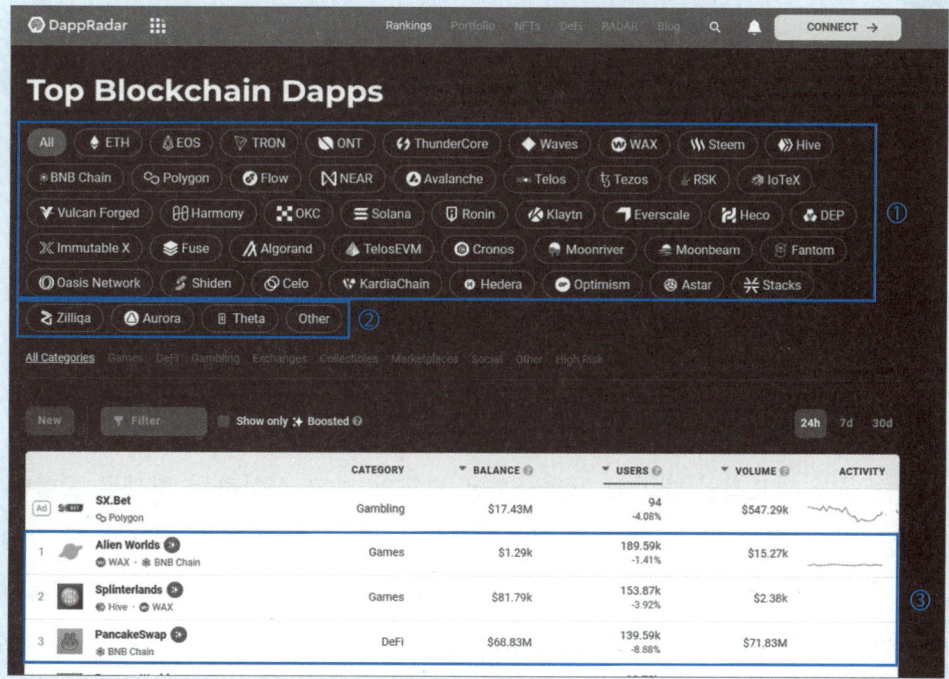

[그림 1-7-3] DApp Radar

[그림 1-7-3]의 ①에서 관심있는 블록체인 네트워크를 선택할 수 있으며 ②에서 관심있는 DApp 분야를 선택할 수 있다. 그리고 ③과 같이 해당 조건에 해당하는 DApp list를 확인할 수 있다. 이더리움 네트워크에 존재하는 DApp은 3500개 내외, BNB Chain은 4000개 내외, Solana는 100개 내외 수준이다.

8. 블록체인 관련 개발자는 어떻게 구분될까?

　2015년, 국내의 대표적인 대기업 계열사들은 모두가 가고 싶어하는 회사로 꼽혔다. 높은 연봉과 안정적인 근무 환경, 그리고 대기업에서 제공하는 다양한 복지 혜택 등이 그 이유였다. 약 10년이 지난 오늘날, 취업 시장에는 많은 변화가 일어났다. 취업준비생들 사이에서는 '네카라쿠배당토직야'라는 말이 자주 등장한다. 이는 네이버, 카카오, 라인, 쿠팡, 배달의민족, 우아한형제들 등 IT 기업들의 이름을 줄인 말로, 높은 연봉과 자기계발 가치 등에 의미를 두고 일하고자 하는 지원자가 많아졌다. 또한 개발자들의 신의 직장으로 일컬어지는 '몰두센'이 있다. 이 '몰두센' 중 하나인 두나무는 가상자산 거래 플랫폼 업비트를 운영하는 회사로 임직원 평균 연봉이 4억 원이라고 한다. 이러한 기업들뿐만 아니라, 수억 원의 투자금을 유지하며 높은 연봉으로 블록체인 기술자들을 영입하는 스타트업들도 많아졌다. 이에 따라, 블록체인 관련 기술을 보유한 개발자들은 높은 연봉과 안정적인 직장을 기대할 수 있게 되었다. 그렇다면 블록체인 관련 개발자들을 어떻게 구분할 수 있을까?

1. 프론트 엔지니어(+웹 디자이너)

　보기 좋은 떡이 먹기도 좋다. 많은 개발자가 이 프론트 작업을 한다. 블록체인 네트워크로부터 데이터를 받아 서비스(웹 혹은 앱)에 잘 정돈된 데이터를 보여 주며, 사용자의 요청을 블록체인 네트워크의 스마트 컨트랙트에 전달해 주고 답을 받을 수 있도록 서비스를 만든다.

필수 역량으로는 기존 프론트 엔지니어의 역량(TypeScript, JavaScript, React 등)에 더하여 web3.js 등 블록체인 네트워크와 데이터를 주고받을 수 있는 능력이 필요하다. 장점으로는 기존의 블록체인 네트워크에 대한 이해도가 적어도 기존 프론트엔지니어와 유사하게 API를 통해 데이터를 주고받을 수만 있으면 업무를 처리할 수 있어 난이도가 낮은 편이다. 기존 서비스 개발 경험이 많을수록 유리하다. 단점으로는 기존 프론트엔지니어와 유사하게 잘하는 사람과 못하는 사람의 수준 차이가 명확히 나며, UX, UI 등 사용자 관점에서의 고민과 섬세한 감각이 필요하다.

2. 스마트 컨트랙트 엔지니어(DApp 백엔드 엔지니어)

이더리움 네트워크, BNB 스마트 체인 등 다양한 블록체인 네트워크상에 스마트 컨트랙트라는 계약서를 배포한다. 이 계약서의 내용에 따라 DApp이 DeFi, DAO, DEX로 불리게 된다. 이런 스마트 컨트랙트라는 계약서를 블록체인 네트워크가 이해할 수 있는 언어로 프로그래밍한다. Node.js, JAVA, 파이썬 등 기존 백엔드 엔지니어로서의 역량과 Solidity, Vyper 등의 언어 활용 능력(이더리움 기준)으로 Remix의 IDE 환경을 통해 (혹은 Truffle) 블록체인 네트워크에 스마트 컨트랙트 코드를 배포하는 역량을 필요로 한다.

엑시인피니티, 1인치네트워크 등과 같은 Layer2 코인(토큰)들도 이 스마트 컨트랙트 엔지니어들에 의해 만들어진다. 새로운 작업 환경(Remix, Truffle, Ganache 등)을 익혀야 하며 Solidity 언어를 배우고 프론트와의 호환성도 생각해야 하기에 진입장벽이 높다. 하지만 현재 대부분의 스타트업들이 기존 블록체인 네트워크 기반 사업을 기획하고 있기에 스마트 컨트랙트 전문가들은 블록체인 엔지니어로 대접받으며 새로운 DApp을 기획하고 있는 다양한 스타트업에 좋은 조건으로 직업을 찾을 수 있다는 장점이 있다.

3. 블록체인 엔지니어

이미 구축되어 있는 블록체인 네트워크에 의존하는 것이 아닌 새로운 블록체인 네트워크를 만드는 사람들이다. (혹은 이미 생성된 블록체인 네트워크를 고도화한다.) PoW-PoS-dPoS-PoH 등에 이은 새로운 합의 알고리즘이나 기존 블록체인 네트워크의 효율적인 운영 방법을 고민한다. 블록체인 기술을 명확히 이해하여 그 내용을 C, GO, Ruby, JAVA 등 상황에 맞게 코드로 구현할 수 있어야 한다. 구축하고자 하는 블록체인 네트워크의 매력을 높이기 위해 네트워크 latency, 자원 활용률 등을 최적화해야 하며 다양한 해커들에 맞서 네트워크를 안정적으로 운영하기 위한 보안 역량도 필요하다. 장점으로는 블록체인 엔지니어로서 성공할 경우 보유한 가상자산의 가치 상승에 따라 기하급수적인 보상을 얻을 수 있다. 하지만 그만큼 리스크도 크고 아직 체계화되지 않아 개인의 절대적인 역량에 많이 의존된다. 블록체인 네트워크를 운영하는 회사(Solana, 그라운드X 등)에 소속되어 일하거나 새로운 블록체인 네트워크를 만드는 데 힘쓰게 된다.

4. 거래소 개발자

거래소 개발자의 경우 블록체인 엔지니어라기보다 전통적 IT 개발자와 관계가 높다. 일평균 이용자수가 36만 명에 도달할 때도 안정적으로 거래가 가능하도록 서버를 운영해야 한다. 탈중앙화가 아닌, 중앙화된 거래소 서버를 운영하고(Back-end 엔지니어), 사용자의 편의에 맞게 UX/UI를 개선하는 업무(Front-end 엔지니어)를 주로 한다. 이와 별도로 거래소에 어떤 가상자산을 상장시킬지 평가하는 담당자의 경우 블록체인 네트워크의 이론과 개선점 등을 이해해야 하기에 블록체인 기술에 관한 높은 이해가 필요할 것이다.

chapter

02

파이썬
for Block Chain

1. 파이썬 소개 및 실습 환경 구성
2. 함수(function)
3. 객체(Object)
4. Database(Sqlite3)
5. 홈페이지 만들기(Flask)
6. 홈페이지 꾸미기(JavaScript)
7. 브라우저와 데이터 주고받기(API)

1. 파이썬 소개 및 실습 환경 구성

> ■ **언어의 정의(출처: Wikipedia)**
> 1. 사람들이 자신의 생각을 다른 사람들에게 나타내고 전달하기 위해 사용하는 체계
> 2. 사물, 행동, 생각, 그리고 상태를 나타내는 체계
> 3. 사람들 사이에 공유되는 의미들의 체계
> 4. 문법적으로 맞는 말의 집합
> 5. 언어 공동체 내에서 이해될 수 있는 말의 집합

언어(言語)라 함은 자신의 생각, 행동, 상태 등을 타인에게 전달하기 위하여 사용하는 체계다. 대한민국에서는 한국어가 공용어로 사용되고 있으며 미국에서는 영어가, 중국에서는 중국어가, 브라질에서는 포르투갈어와 브라질 전통 언어가 공용어로 지정되어 있다. 전 세계적으로는 어떨까?

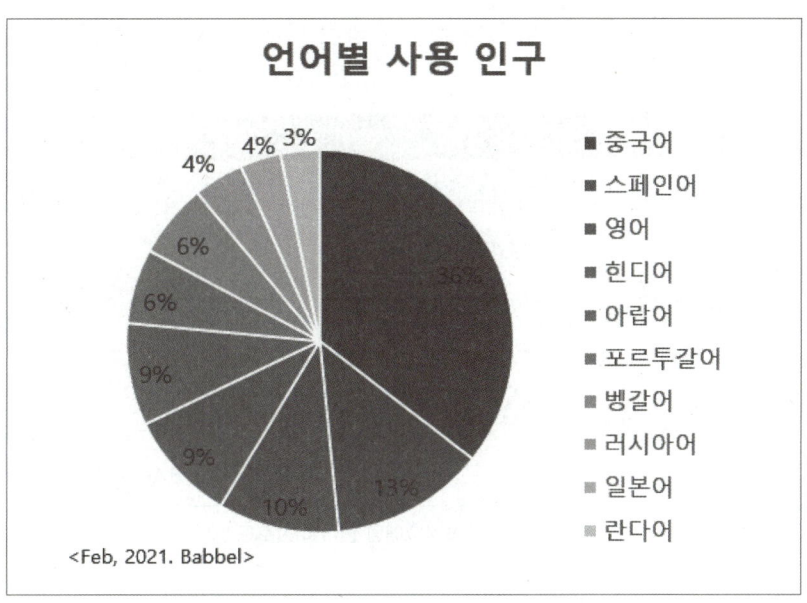

[그림 2-1-1] 언어별 사용 인구

　[그림 2-1-1]에서 알 수 있듯 가장 많은 인구가 사용하는 언어는 중국어, 스페인어, 영어 순이다. 한편 사용 인구수와 별도로 각 언어별로 특화된 학문, 예술 등이 있을 것이다. 예를 들면 전 세계 사람들이 모인 국제 회의장의 경우 영어를 할 줄 아는 것이 중요할 것이고 태권도를 배우고 싶은 사람은 한국어에 능숙할수록 유리할 것이다. 또한 산크리스트어를 안다면 요가를 배울 때 더욱 쉽게 이해할 수 있을 것이고 이슬람교의 경전인 코란을 이해하고자 한다면 아랍어를 아는 것이 유리할 것이다. 한편 인간이 인간과 대화하는 경우 외에도 언어가 사용된다. 바로 인간과 컴퓨터가 소통할 때 필요한 프로그래밍 언어다.

　그렇다면 중국어와 같이 전세계에서 가장 많은 사람들이 사용하는 프로그래밍 언어는 무엇일까? 전 세계 다양한 기관에서 프로그래밍 언어별 순위를 매기고 있는데 그중 대표적인 것이 Google에 검색된 빈도를 기반으로 프로그래밍 언어의 인기도를 측정하는 PYPL(PopularitY of Programming Language)이다. [그림 2-1-2]에서 알 수 있듯 파이썬은 점유율 28.1%로 전세계에서 가장 인기가 많은 언어다. 파이썬은 다른 언어들보다 비교적 늦게(1991년) 등장했지만 빠르게 코딩을 할 수 있는 간단한 언어이며 다양한 패키지를 통해 활용 범위를 무궁무진하게 넓힐 수 있다. 데이터 분석(Pandas, Numpy)과 AI(Tensorflow, PyTorch) 분야에서 활발하게 활용되고 있으며 서버 Back-end 운영(Django, Flask), 게임 개발, 챗봇 제작 등 다양한 분야에 활용되고 있다. 최근에는 블록체인용 패키지(Web3)를 기반으로 이더리움 블록체인 네트워크에 스마트 컨트랙트를 배포하고 활용하는 데까지 사용되고 있다.

순위	구분	점유율	순위	구분	점유율
1	Python	28.1%	6	PHP	5.5%
2	Java	17.4%	7	R	4.4%
3	JavaScript	9.5%	8	TypeScript	2.8%
4	C#	7.1%	9	Swift	2.1%
5	C/C++	6.2%	10	Objective-C	2.0%

<Aug, 2022. PYPL>

[그림 2-1-2] 프로그래밍 언어별 선호도

언어의 사용 인구수와 별도로 분야별로 특화된 언어가 있었듯 프로그래밍 언어에도 특화된 언어가 있는데, 블록체인에 특화된 언어는 어떤 것들이 있을까? 우선 비트코인의 경우 C++(67.2%)이, 이더리움의 경우 Go Lang(89.9%)이 주요 프로그래밍 언어다. 또한 스마트 컨트랙트를 만드는 데 Solidity, Rust, JavaScript, Vyper, Yul 등의 프로그래밍 언어가 활용되었다. (출처: https://blog.logrocket.com/smart-contract-programming-languages/)

그렇기에 블록체인 기술이 활성화되고 있지만 많은 사람이 선호하는 파이썬 이외의 언어로 개발이 진행되고 있다. 이 책에서는 파이썬 기반으로 블록체인 네트워크 구축을 실습해보며 보다 많은 독자들이 블록체인 기술에 접근할 수 있기를 바란다. 이번 챕터에서는 이 파이썬 기반의 블록체인 네트워크 구축을 위하여 필요한 기본 지식들을 함께 학습해 볼 예정이다. 모든 과정을 파이썬으로 구현하고 싶었지만 웹 페이지 디자인의 경우 자바스크립트가 필수이기에, 기본적인 수준의 자바스크립트만 활용할 예정이다.

파이썬 환경의 경우 아나콘다로 설치된 환경을 기준으로 하며 파이썬 3.8 이상의 환경을 추천한다.

2.
함수 (function)

파이썬의 기본적인 기능을 활용해 본 독자들이라면, 프로그래밍 언어를 학습한 경험이 있는 독자들이라면 함수라는 것에 익숙할 것이다. 객체, Flask, API 등을 공부하기에 앞서 몸풀기 느낌으로 간단하게 알아보자.

[그림 2-2-1] X 절편과 Y 절편, 그리고 함수

[그림 2-2-1]은 인터넷에 떠도는 유머다. 우리는 고등학생 시절 이 X 절편, Y 절편과 함께 함수를 배우기 시작했다. y=f(x). 함수 f에 어떤 값 x를 넣었을 때 나오는 값이 y라는 뜻이다. f(x) = 2x+1이라면 x가 1일 때 y는 3이다. 우리가 공부하고자 하는 파이썬의 함수도 이와 같은

개념이다. 파이썬으로 이 함수를 만들어 보자.

```python
def f(x):
    return 2*x + 1
```

파이썬의 함수에서는 이런 수학적 함수를 넘어 다양한 기능에 활용된다.

```python
def f(seller_id, buyer_id):
    return seller_id +"-"+ buyer_id
```

위와 같은 경우는 문자를 더해 주는 것으로 f(korea, japan)으로 함수가 사용될 경우 'korea-japan'의 값이 산출된다. 이후 우리는 [코드 2-2-1]과 같이 파이썬으로 구축하는 블록체인 네트워크에서 '암호해시 함수', '거래내역 저장 함수', '채굴 함수' 등을 만들어 활용할 예정이다.

[코드 2-2-1] 파이썬으로 구축하는 함수

```python
## 블록 해시 함수
def hash(block):
        # Hashes a Block
        block_string = json.dumps(block, sort_keys=True).encode()
        # hash 라이브러리로 sha256 사용
        return hashlib.sha256(block_string).hexdigest()

## 거래 내역 저장함수
def new_transaction(self, sender, recipient, amount):
        # Adds a new transaction to the list of transaction
        self.current_transaction.append(
            {
                'sender' : sender, # 송신자
                'recipient' : recipient, # 수신자
                'amount' : amount, # 금액
                'timestamp':time()
            }
        )
```

```python
        return self.last_block['index'] + 1


# 채굴 함수
def mine():

    last_block = blockchain.last_block
    last_proof = last_block['proof']

    proof = blockchain.pow(last_proof)  ## 여기가 진정한 채굴 단계

    blockchain.new_transaction(
        sender=mine_owner, # 채굴 시 생성되는 transaction (0 = 운영자)
        recipient=node_identifier, # 지갑 주소처럼 사용
        amount=mine_profit # coinbase transaction 코인 1개를 줄게!!
    )

## 등록된 노드들을 함께 업데이트
    for node in blockchain.nodes:

        headers = {'Content-Type' : 'application/json; charset=utf-8'}
        data = {
            "sender":  mine_owner,
            "recipient": node_identifier,
            "amount": mine_profit
        }
        requests.post("http://" + node + "/transactions/new", headers=headers, data=json.dumps(data))

    # Forge the new Block by adding it to the chain
    # 전 블록에 대한 hash를 떠 놓고
    previous_hash = blockchain.hash(last_block)
    # 검증하는 걸 넣어서 블록을 새로 생성
    print("MINING STARTED")
```

```python
        block = blockchain.new_block(proof, previous_hash)
        print("MINING FINISHED")

        ## 채굴 성공 후 동료 노드들에게 새로운 블록 정보를 업데이트
        ## 그렇게 검증도 받아야 하고
        ################
        for node in blockchain.nodes:
            headers = {'Content-Type' : 'application/json; charset=utf-8'}
            data = {
                "miner_node": 'http://' + my_ip + ":" + my_port,
            }

            a = requests.get("http://" + node + "/nodes/resolve", headers=headers, data =json.dumps(data) )
    #       print(a.text)
        # 이상이 없으면 정상 배출
        if "ERROR" not in a.text :
            print("다른 노드가 내 블록 검증, 결과 정상!!!!!!")
            # block 이 제대로 mine 되었다는 정보를 json 형태로 띄워 줌
            response = {
                'message' : 'new block found',
                'index' : block['index'],
                'transactions' : block['transactions'],
                'proof' : block['proof'],
                'previous_hash' : block['previous_hash']
            }

        #이상 발생 시
        else:
            1==1
            print("다른 노드가 내 블록 검증, 에러 발생!!!!!!")
            #문제가 있음 전파
        return jsonify(response), 200
```

3. 객체 (Object)

우리가 공부하는 파이썬은 프로그래밍 언어다. 언어에는 동사, 명사, 형용사 등 다양한 품사가 존재한다. 명사는 보통명사 vs 고유명사/가산명사 vs 불가산명사 등 다양한 구분법이 있다. 그중 구상명사와 추상명사로 구분하는 방법이 있는데, 구분의 기준은 '구체적인 형태의 존재 여부'다. 예를 들면 사랑, 대화, 감정 등의 단어는 명사지만 구체적으로 그 형태를 알 수 없기에 추상명사로 구분된다. 반면 자동차, 전화기, 하늘과 같은 단어는 구체적 사물이 떠오르는 구상명사로 구분된다. 프로그래밍 언어에서는 객체가 이 구상명사의 역할을 한다고 볼 수 있다.

포유류를 생각해 보자. 포유류의 사전적 의미는 '젖을 먹는 동물'로 인간, 강아지, 고양이 등 많은 동물이 포유류에 해당되며 아래와 같은 공통점이 있다.

■ 포유류의 특징

- 형태적 특징
    - 다리가 4개
    - 입이 1개
    - 귀가 2개
    - 성별은 남성 혹은 여성

- 습성1: 잔다.
- 습성2: 먹는다.
- 습성3: 소화시킨다.
- 습성4: 배변한다.

구상명사인 포유류의 이미지를 [코드 2-3-1]과 같이 파이썬의 객체로 선언해 보자.

[코드 2-3-1] 파이썬 객체로 선언하는 포유류

```python
## 포유류 객체를 선언!!
class mammals(object):
    ## 포유류의 형태적 특징
    def __init__(self):
        self.number_of_legs = 4    # 다리가 4개
        self.number_of_mouth = 1   # 입이 1개
        self.number_of_ears = 2    # 귀가 2개
        self.gender = "MALE"       # 남성 (혹은 "FEMALE")

    ## 포유류의 습성: 잔다
    def sleep(self, sleeping_time):
        time.sleep(sleeping_time)   ## sleeping_time 만큼 움직이지 않고 잔다

    ## 포유류의 습성: 먹는다
    def eat(self, food):
        digest(food)

    ## 포유류의 습성: 소화시킨다
    def digest(self, food):
        food = food / 2 # 음식을 반으로 나눈다!!

    ## 포유류의 습성: 배변한다
    def dump(self, food):
        food = 0 # 음식이 다 나가고 0이 된다!!
```

이후 [코드 2-3-2]와 같이 포유류에 속하는 강아지, 고양이, 소, 사람 모두 이 mammals 객체를 활용하여 선언할 수 있다.

[코드 2-3-2] 포유류에 속하는 동물 선언

```
## 포유류 객체를 활용하여 강아지를 선언
dog = mammals()

## 포유류 객체를 활용하여 고양이를 선언
cat = mammals()

## 포유류 객체를 활용하여 소를 선언
cow = mammals()

## 강아지의 다리 개수 확인하기
dog.number_of_legs
>> 4

## 고양이의 다리 개수 확인하기
Cat.number_of_legs
>> 4
```

그리고 [코드 2-3-3]과 같이 포유류의 특징에 변화가 발생할 수도 있다. 예를 들어, 불미스러운 일로 강아지의 다리가 4개였다가 3개가 될 수 있다.

[코드 2-3-3] 객체 내부의 속성 변경

```
## (기존) 강아지의 다리 개수 확인하기
dog.number_of_legs
>> 4

## 사고 발생: 강아지의 다리가 3개가 됨
dog.number_of_legs = 3

## (사건 후) 강아지의 다리 개수 확인하기
```

```
dog.number_of_legs
>>>3
```

이제 우리의 관심사인 블록체인으로 객체를 공부해 보자. 1장에서 블록체인의 기본을 학습하며 우리는 블록체인이 '체인들로 연결된 블록'이며 블록 내에는 여러 거래 내역이 저장되어 있음을 알아보았다. 이 내용을 바탕으로 간단한 블록체인 객체를 [코드 2-3-4]와 같이 생성할 수 있다.

[코드 2-3-4] 블록체인 객체의 정의

```python
Import datetime

## 블록체인이라는 객체 선언!
class Blockchain(object):
    ## 블록체인의 기본 특징 선언
    def __init__(self):
        self.chain = [] # 블록을 연결하는 체인. 처음에는 빈 리스트다!
        self.current_transaction = [] # 블록 내에 기록되는 transaction. 처음에는 빈 리스트다



    # transaction이 추가된다
    def new_transaction(self, sender, recipient, amount):
        # 거래 내역을 추가하기
        ## 현재의 transaction 리스트에 송신자, 수신자 등의 거래 내역을 입력한다
        self.current_transaction.append(
            {
                'sender' : sender, # 송신자
                'recipient' : recipient, # 수신자
                'amount' : amount, # 금액
                'timestamp': datetime.datetime.now().timestamp() # 시간
            }
        )
        return self.last_block['index'] + 1
```

```python
# 새로운 블록을 만드는 함수
def new_block(self, proof, previous_hash=None):
    # 지금의 블록에 이어질 새로운 블록을 만든다
    block = {
        'index' : len(self.chain)+1, ## 지금까지의 체인의 숫자 +1 = 새로운 블록의 인덱스
        'timestamp' : datetime . datetime .now().timestamp(), # 지금 시간 넣기
        'transactions' : self.current_transaction, ## 지금까지의 transaction을 넣기
    }

    self.current_transaction = [] # 새로 블록이 생겼으니 transaction은 다시 초기화
    self.chain.append(block)      # 기존 체인에 블록을 넣어 연결!! 블록체인
    return block

@property
def last_block(self):
    # 체인의 마지막 블록 가져오기!!
    return self.chain[-1]
```

이제 [코드 2-3-5]와 같이 생성된 블록 객체에 1. 거래 내역을 추가해 보고 2. 체인을 연결해 보자.

[코드 2-3-5] 블록체인 객체 선언하고 데이터 확인하기

```
## 블록체인 객체 선언하기
sample_blockchain = Blockchain()

## 1. 블록에 새로운 블록 만들기
sample_blockchain.new_block(proof = "1")
```

```
sample_blockchain.chain
>>> [{'index': 1, 'timestamp': 1661783048.113932, 'transactions': []}]

sample_blockchain.new_block(proof = "1")

sample_blockchain.chain
>>> [{'index': 1, 'timestamp': 1661783025.956235, 'transactions': []},
 {'index': 2, 'timestamp': 1661783025.956235, 'transactions': []}]
   'timestamp': datetime.datetime(2022, 8, 29, 23, 21, 24, 421268),
   'transactions': []}]

## 블록에 새로운 거래 내역 입력하기
sample_blockchain.new_transaction(sender = "김민수", recipient = "박철수",
amount = 10)

## 블록에 새로운 블록 만들기
sample_blockchain.new_block(proof = "1")

sample_blockchain.chain
>>> [{'index': 1, 'timestamp': 1661783048.113932, 'transactions': []},
 {'index': 2,
  'timestamp': 1661783055.090975,
  'transactions': [{'sender': '김민수',
    'recipient': '박철수',
    'amount': 10,
    'timestamp': 1661783055.090975}]}]
```

위의 코드가 앞으로 PoW 블록체인 네트워크를 구축할 때 실제로 활용될 블록체인 객체의 샘플이다. 이번 장에서 객체의 기본 개념을 이해했다면 이후 블록체인 네트워크를 구축하는 데 큰 도움이 될 것이다.

4. Database (SQLite3)

파이썬에 익숙한 사용자라면 csv 파일에 익숙할 것이다. Pandas, Numpy 등의 패키지와 함께 파이썬에서 작업한 뒤 csv로 저장하고, 이후 다시 파일을 불러와서 작업하는 것이 일상이었을 것이다. csv로 파일을 저장하면 메모장이나 엑셀로 바로바로 데이터를 확인할 수 있고, 간단하게 수정할 수도 있으며 용량도 적게 차지하기에 많은 장점이 있다. 하지만 이후 점점 데이터가 커지고, 여러 프로세스에서 동시에 접근해야 하며, 문장, dictionary 등 데이터 양식이 다양화됨에 따라 이 csv 양식으로 데이터를 저장할 때 문제가 발생하게 된다. 이러한 문제를 해결하기 위하여 데이터베이스를 사용하며, 본 도서에서는 설치가 간단하고 사용하기 쉬운 SQLite3 패키지를 활용하여 데이터베이스를 구축하고자 한다. (실제 블록체인 네트워크에서는 설계자의 선택에 따른 다양한 데이터베이스들이 활용된다. 비트코인 네트워크의 경우 levelDB를, 이더리움은 RocksDB를 데이터베이스로 사용하고 있다.)

우선 [코드 2-4-1]과 같이 pandas를 활용하여 csv에 저장하는 것과 [코드 2-4-2]와 같이 데이터베이스에 저장하는 방식을 비교해 보자.

[코드 2-4-1] csv에 데이터 저장

```
## 1. csv로 저장하기
import pandas as pd

df = pd.DataFrame()
df['seller'] = pd.Series(['tom','james','kaka'])
df['buyer'] = pd.Series(['pepe','alex','mike'])
df['amount'] = pd.Series([10,30,20])
df.to_csv('sample_transaction.csv')
df = pd.read_csv('sample_transaction.csv',index_col=0)
df
>>     seller  buyer  amount
0      tom     pepe   10
1      james   alex   30
2      kaka    mike   20
```

csv로 저장하고 다시 csv를 읽어 오는 기존 파이썬 사용자들에게 익숙한 방식이다.

[코드 2-4-2] 데이터베이스에 데이터 저장

```
##2. SQLite3로 저장하기

# package 불러오기
import sqlite3

## sample.db라는 파일에 connection 만들기(실제 폴더에 sample.db 파일이 생성된다)
conn = sqlite3.connect('sample.db')

## 1번 방식과 동일하게 DataFrame을 생성한다.
df = pd.DataFrame()
df['seller'] = pd.Series(['tom','james','kaka'])
df['buyer'] = pd.Series(['pepe','alex','mike'])
df['amount'] = pd.Series([10,30,20])
## to_sql 함수를 활용하여 connection(sample.db)의 test_transaction에 저장한다
```

```
df.to_sql('test_transaction', conn)

## 다시 connection(sample.db)의 test_transaction에서 SQL문으로 데이터를 불러온다
df = pd.read_sql_query("SELECT * FROM test_transaction ", conn)
df
>>      seller  buyer  amount
0       tom     pepe   10
1       james   alex   30
2       kaka    mike   20
```

데이터베이스에 connection을 만들어 지정한 테이블(test_transaction)에 데이터를 저장하고 읽어 오는 방식이다. [코드 2-4-3]과 같이 데이터베이스 방식은 모든 파일을 로드한 뒤 필요한 데이터만 필터하는 것이 아니라 sql query를 통하여 필요한 데이터만 불러올 수 있어 메모리를 절약할 수 있다.

[코드 2-4-3] Pandas에서 쿼리를 통한 데이터 호출

```
# connection에 쿼리문(test 테이블에서 seller = 'tom'인 데이터를 불러와라)을 사용
해서 데이터 호출
df = pd.read_sql_query("SELECT * FROM test_transaction where seller = 'tom' ",
conn)
df
```

또한 한 개의 db 파일 내에 여러 Table을 저장할 수 있어 csv 파일이 수없이 증가하는 문제를 피할 수 있다. 기존 csv에서 저장 데이터에 "콤마(,)"가 포함되어 있을 경우 구분자의 혼란으로 인하여 데이터 형식이 붕괴되는 문제도 데이터베이스를 활용하면 자유로워질 수 있다. 이후 블록체인 네트워크를 구축하며 이 데이터베이스에 블록체인 지갑의 계정 정보를 저장할 예정이다.

5.
홈페이지 만들기
(Flask)

'구슬이 서 말이라도 꿰어야 보배'라는 말이 있다. 아무리 좋은 원재료가 있다 하더라도 활용할 수 있도록 포장을 잘하고 마무리를 잘하는 것이 중요하다는 것을 의미한다. 블록체인 기술도 마찬가지다. 분산원장 기술을 통하여 아무리 철저히 보안을 지킬 수 있다 하더라도, PoW, PoS 등이 발전하여 완전 무결의 새로운 합의 알고리즘이 나타나더라도, 사용자가 유익하고 즐겁게 활용할 수 없다면 의미가 없다. 결국 블록체인 기술 또한 일반 사용자들이 쉽게 접근하고 활용할 수 있도록 사이트 혹은 애플리케이션이 있어야 한다. 이 책에서도 이후 파이썬 기반의 블록체인 네트워크를 구축한 뒤, 사용자 관점에서 코인을 거래할 수 있는 사이트(DApp)를 제작할 예정이다. 그리하여 사용자들의 거래 내역을 블록체인상에 저장할 것이며, 또한 이더스캔(https://etherscan.io/)과 같은 블록 scan 사이트를 제작할 것이다. 따라서 사이트를 만들고 운영하기 위한 기본적인 지식이 필요하다.

우리가 사용하는 사이트는 [그림 2-6-1]과 같이 크게 2가지의 구성이 결합되어 작동한다. 웹사이트의 사용자가 실제로 클릭하고 데이터를 입력하고 확인하는 외부 부분(Front-end)과 내부 부분(Back-end)이다.

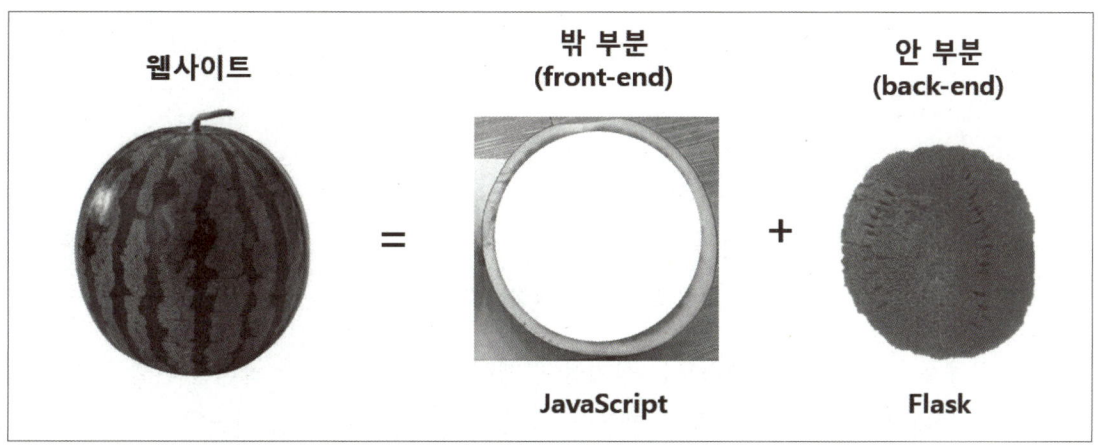

[그림 2-6-1] 웹사이트의 구성 = 밖 부분 + 안 부분

이번 챕터의 주제인 Flask는 이 웹사이트의 안 부분, 즉 Back-end를 구현하는 파이썬의 패키지이다. (Anaconda 환경이라면 이미 Flask가 설치되어 있을 것이며 그렇지 않다면 pip를 통해서 Flask를 설치할 수 있다.)

우선 [코드 2-6-1]과 같이 Flask를 통하여 나만의 웹사이트를 만들어 보자.

[코드 2-6-1] Flask를 활용한 웹사이트 제작

```python
from flask import Flask

app = Flask(__name__)
@app.route('/')
def index():
    return 'Flask 웹사이트다!'

app.run()
```

[코드 2-6-1]과 같이 코드를 실행시키면 [그림 2-6-2]의 왼쪽 부분과 같이 노트북이 계속 실행되며 파란색의 하이퍼링크가 나타나고, 클릭하면 [그림 2-6-2]의 오른쪽 부분과 같이 사이트가 구성되는 것을 확인할 수 있다. 해당 사이트에는 방금 파이썬 코드로 입력했던 글 ('Flask 웹사이트다!')이 출력된다.

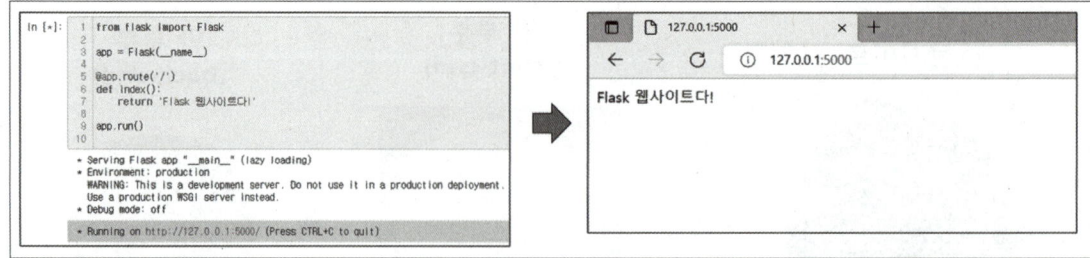

[그림 2-6-2] Flask 실행시키기 - 1

다음 단계로 html 파일을 불러오는 작업을 진행해 보자. 우선 flask 폴더를 만들고 그 안에 다시 한번 앞에서 구동했던 노트북을 만든다. 그리고 template 폴더를 만든다.

[그림 2-6-3] Flask 환경 - template 폴더 만들기

그리고 templates 폴더 안에 sample.html이라는 파일을 새로 만들어 준다.

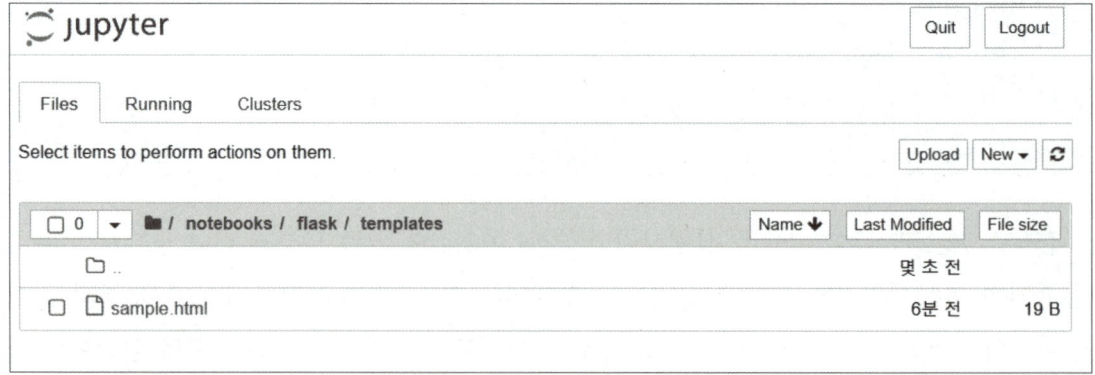

[그림 2-6-4] Flask 환경 - sample.html 파일 생성

sample.html 파일에는 [코드 2-6-2]와 같이 간단한 내용을 입력한다.

[코드 2-6-2] 간단한 html 파일

```
This is sample html
```

이제 [코드 2-6-3]과 같이 flask를 통하여 이 html 파일 기반의 사이트를 띄워 보자.

[코드 2-6-3] Flask를 통하여 html 파일 띄우기

```
from flask import Flask
from datetime import datetime
from flask import render_template

app = Flask(__name__)



@app.route('/')
def index():
    return 'Flask 웹사이트다!'

@app.route('/html_sample')
def html_sample():
    return render_template('sample.html')

app.run()
```

코드를 구동시키면 [그림 2-6-5]의 왼쪽 부분과 같이 다시 한번 파란색 하이퍼링크 결과물을 볼 수 있으며 기존의 http://127.0.0.1:5000/ 외에 127.0.0.1:5000/html_sample의 URL을 접속해도 사이트가 확인됨을 알 수 있다. 또한 해당 사이트의 내용은 방금 제작했던 sample.html 파일을 기반으로 하는 사이트임을 알 수 있다. sample.html 내의 텍스트를 수정한 뒤 새로고침 해 보면 바로 텍스트가 바뀌는 것을 확인할 수 있다.

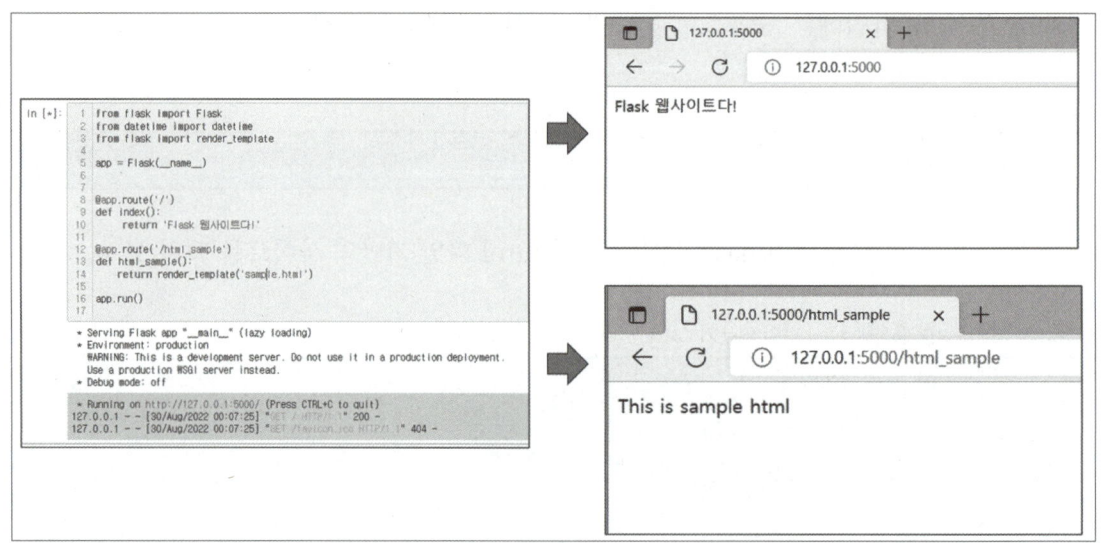

[그림 2-6-5] Flask 실행시키기 - 2

이번에는 NAVER 사이트를 그대로 복사해 보자. Chrome으로 네이버에 접속한 뒤 F12 버튼을 눌러 개발자 모드를 'On'으로 설정한 후 [그림 2-6-6]과 같이 모든 html 내용을 복사하자.

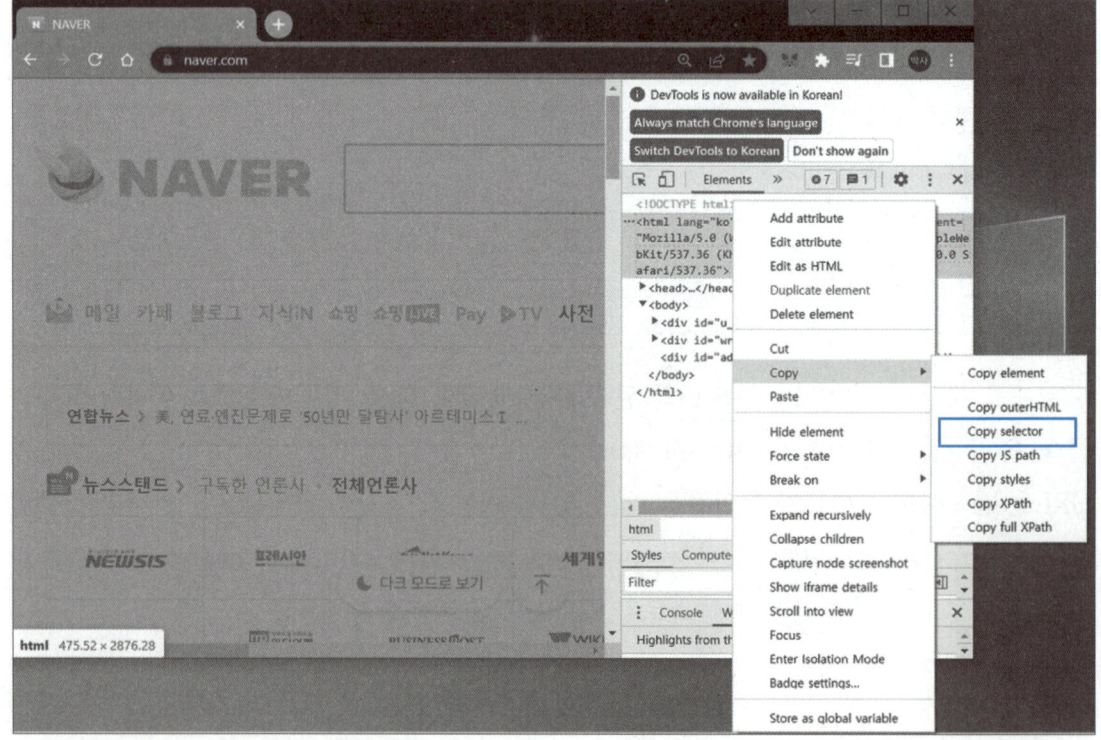

[그림 2-6-6] NAVER 홈의 html 복사하기

복사해 온 내용은 [그림 2-6-4]의 templates 폴더에 naver.html 파일을 만들어 [그림 2-6-7]과 같이 저장한다.

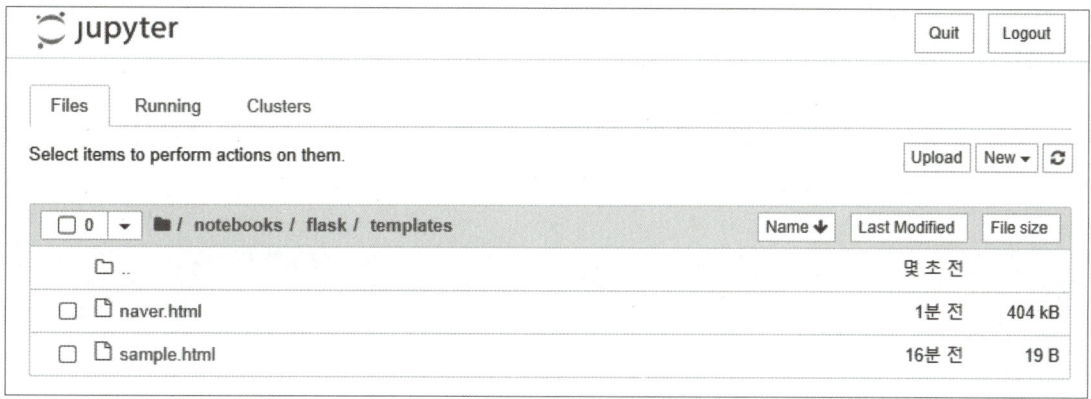

[그림 2-6-7] naver.html 파일 저장하기

이후 Flask 코드에 [코드 2-6-4]와 같이 naver 부분을 추가시켜 준다.

[코드 2-6-4] flask로 네이버 홈페이지 만들기

```
from flask import Flask
from datetime import datetime
from flask import render_template

app = Flask(__name__)


@app.route('/')
def index():
    return 'Flask 웹사이트다!'


@app.route('/html_sample')
def html_sample():
    return render_template('sample.html')

### 아래 부분을 추가!!!
@app.route('/naver')
```

```
def naver():
    return render_template('naver.html')

app.run()
```

코드를 실행시킨 뒤 http://127.0.0.1:5000/naver에 접속해 보자. 나의 웹사이트에서 [그림 2-6-8]과 같이 네이버 홈 화면을 그대로 불러와 보여 주는 것을 확인할 수 있다.

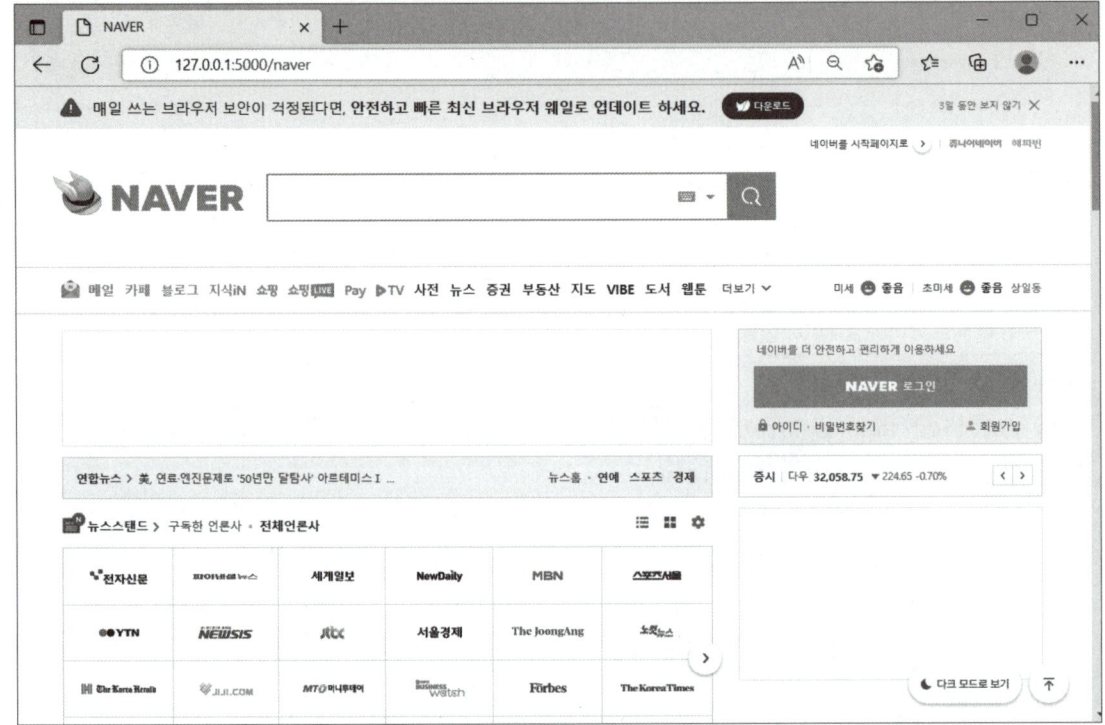

[그림 2-6-8] naver.html 파일 저장하기

이제 Flask를 사용한 마지막 실습을 진행해 보자. 이번에는 진정한 의미의 back-end 작업을 진행할 것이다. 먼저 html 파일 backend_sample.html을 만들고 [코드 2-6-5]의 간단한 내용을 입력한다.

[코드 2-6-5] Flask로부터 데이터 받아와서 보여 주기

```
가지고 있는 비트코인 개수
{{backend_result}}
```

[그림 2-6-9]와 같이 기존 html 파일과 같은 디렉터리에 저장한다.

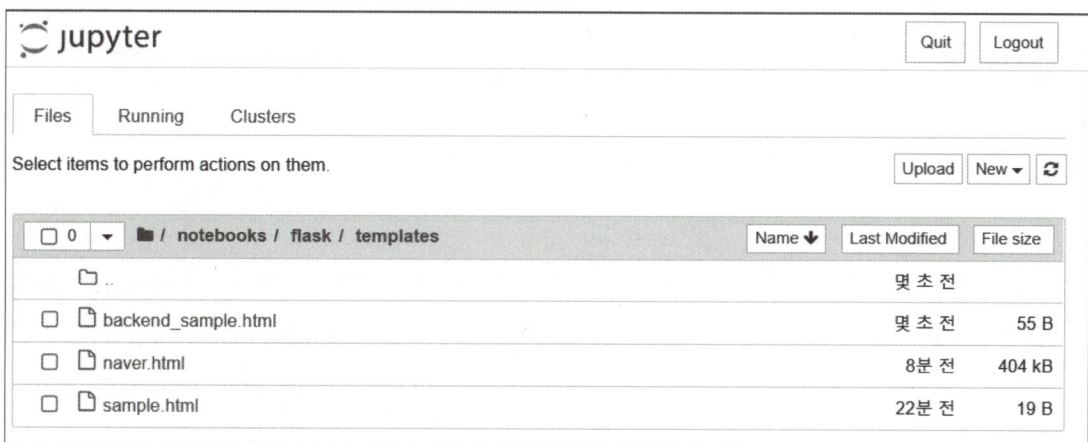

[그림 2-6-9] backend_sample.html 파일 저장하기

backend_sample.html의 중괄호를 2번 쓴 {{ }} 부분에는 back-end, 즉 파이썬에서 작업한 내용이 보여질 예정이다. 이젠 Flask의 코드를 보자.

```
from flask import Flask
from datetime import datetime
from flask import render_template

app = Flask(__name__)

@app.route('/')
def index():
    return 'Flask 웹사이트다!'

@app.route('/html_sample')
def html_sample():
    return render_template('sample.html')

@app.route('/naver')
def naver():
    return render_template('naver.html')
```

```
@app.route('/backend_sample')
def backend_sample():
    return render_template('backend_sample.html', backend_result = "1000개!!")

app.run()
```

 backend_sample 부분이 추가되었고, html 파일에서 {{}} 안에 들어갔던 backend_result 값에 '1000개'라고 쓰여 있다. 코드를 실행시킨 뒤 기존 URL에 /backend_sample을 추가한 주소(http://127.0.0.1:5000/backend_sample)로 접속하면 [그림 2-6-10]과 같은 사이트를 확인할 수 있다.

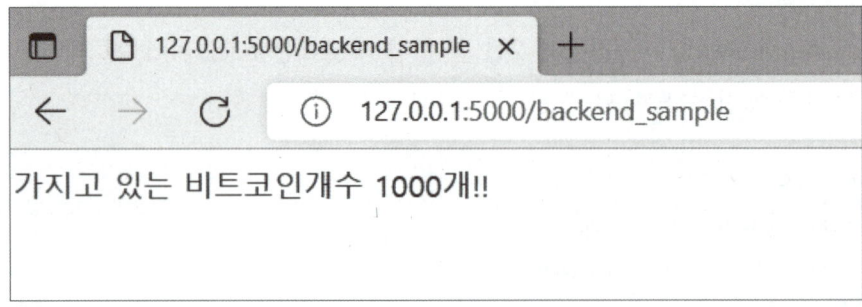

[그림 2-6-10] backend에서 html에 값 보내기- 1

[코드 2-6-6] 간단한 계산 값을 홈페이지에 보여 주기

```
@app.route('/backend_sample')
def backend_sample():
    num_of_coin = 3+6+100
    return render_template('backend_sample.html', backend_result = num_of_coin)
```

 조금 더 응용해 보자. 이번엔 [코드 2-6-6]과 같이 3+6+100을 더한 값을 보이고자 한다. 실제 웹사이트에서는 [그림 2-6-11]과 같이 더한 값인 109가 나온다.

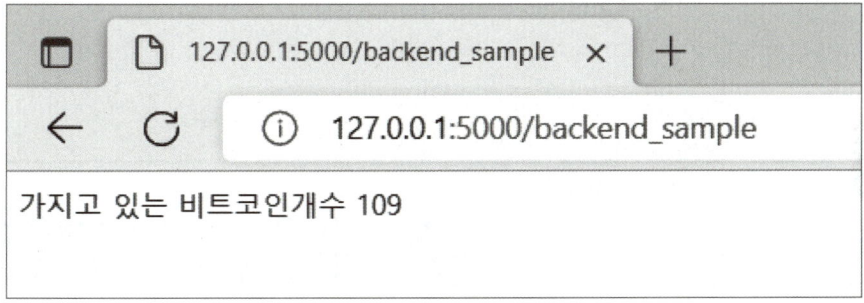

[그림 2-6-11] backend에서 html에 값 보내기- 2

앞으로 우리는 파이썬으로 만든 블록체인 네트워크의 산출물들을 Front-end 페이지에서 위와 같은 방식으로 보여 줄 예정이다.

6.
홈페이지 꾸미기
(JavaScript)

지금까지 우리는 [그림 2-6-1]과 같이 웹사이트가 Front-end와 Back-end로 나뉘며 Flask 패키지가 이 back-end를 담당한다는 것을 알 수 있었다. 이번 장에서는 Flask에서 다루지 않았던 front-end 부분을 프로그래밍하는 JavaScript에 대하여 이야기하고자 한다. 우선 왜 파이썬이 아닌 javaScript를 알아야 할까?

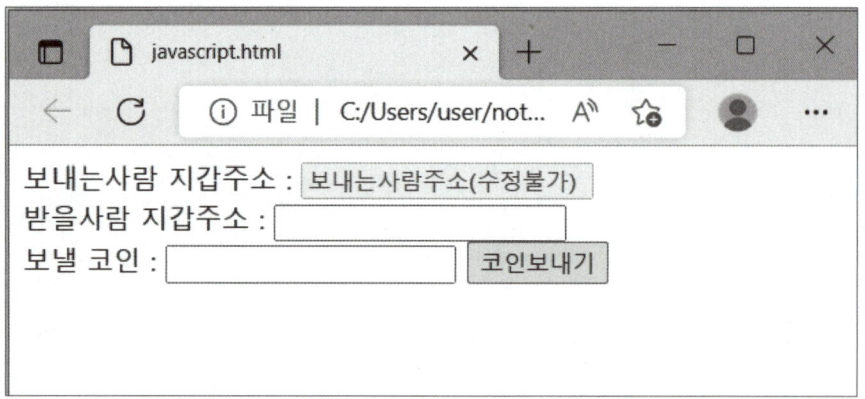

[그림 2-7-1] html 내에서의 JavaScript

[그림 2-7-1]은 이 책에서 우리가 블록체인 네트워크를 구축한 뒤 활용할 지갑의 모습이다. 사용자들이 웹브라우저(Chrome, Firefox, Edge 등)에서 받을 사람의 주소와 보낼 코인의 개수를 입력 후 '코인 보내기' 버튼을 클릭하면 송금이 이루어진다. 이 버튼을 클릭하는 시점에 웹브

라우저로부터 블록체인 네트워크에 송금 명령이 가야 한다. 이때의 클릭은 사용자가 접속 중인 웹, 즉 Front-end에서 발생하기에 송금 기능을 구현하기 위해서는 Front-end의 프로그래밍 언어 JavaScript의 역할이 필요한 것이다. 그렇기에 이번 장에서 JavaScript의 기본을 알아보고자 한다. (JavaScript로부터 Node.js, TypeScript, React, vue.js 등 다양한 기술들이 파생되지만 여기서는 제일 간단한 수준만 다룰 예정이다.)

우선 [그림 2-7-1]의 지갑 사이트를 구축하기 위해서는 두 부분으로 구성된 html 파일을 만들어야 한다.

1. Form 부분

[코드 2-7-1] html의 Form 부분

```html
<form action = "transaction" method = "POST" onsubmit = "toEnabled()">
        보내는사람 지갑주소 :  <input  name = "sender" value = "보내는사람주소(수정불가)" disabled /> <br>
        받을사람 지갑주소 :  <input type="text" name = "receiver" /> <br>
        보낼 코인 :  <input type="text"  name = "sendable_coin" / >
    <input type = "submit" value = "코인 보내기" />

</form>
```

html에는 여러 태그가 존재한다. 그중 Form은 html에서 로그인 화면을 구축할 때 사용된다. 이번 코드는 우리가 보고 있는 화면을 그리고 있다. [코드 2-7-1]의 form 문 안에는 4가지 정보가 들어간다.

```
보내는사람 지갑주소 :  <input  name = "sender" value = "보내는사람주소(수정불가)" disabled />
```

첫 번째로는 보내는 사람의 지갑 주소값이다. 그런데 보내는 사람의 지갑 주소는 로그인 시점에 이미 정해진 값이기 때문에 바꿀 수 없을 것이다. 그래서 값을 입력할 수 없도록 value 값에 '보내는사람주소(수정불가)'라는 값이 이미 정해져서 들어가 있다. 그렇기에 [그림 2-7-1]에서 실제 창을 보아도 보내는 사람 지갑 주소 부분은 수정할 수 없게 데이터가 고정되어 있다.

```
받을사람 지갑주소 : <input type="text" name = "receiver" /> <br>
```

두 번째 정보는 받을 사람의 지갑 주소다. 받을 사람 지갑 주소는 사용자가 입력할 수 있어야 하기에 input 양식에 type은 text로 선언되었으며 value는 입력되어 있지 않다. 덕분에 사용자가 값을 입력할 수 있는 텍스트 박스가 나온다.

```
보낼 코인 : <input type="text" name = "sendable_coin" / >
```

세 번째 정보는 보낼 코인의 개수다. 두 번째 정보인 받을 사람의 지갑 주소와 마찬가지로 값을 입력할 수 있는 창이 나온다.

```
<form  action = "transaction"  method = "POST" onsubmit = "toEnabled()">
<input type = "submit" value = "코인보내기" />
</form>
```

마지막 정보는 '코인 보내기' 버튼이다. 위의 세 가지와 같은 input이지만 type = "submit"으로 선언되었기에 웹브라우저에서 버튼 모양을 볼 수 있다. Value로 선언된 '코인 보내기' 값이 버튼 내의 글자로 표시된다. 한편 제일 윗줄의 버튼을 submit하였을 때 어떻게 진행되어야 할지 코딩이 되어 있다. action = 'transaction', method = POST, onsubmit = toEnabled()을 해석하면 transaction을 액션으로, POST 방법으로, submit 버튼을 누를 때 toEnabled 함수를 구동시키라는 뜻이다. toEnabled 함수는 무엇일까? 다음 부분인 Script에서 알 수 있다.

2. Script 부분

[코드 2-7-2] html의 Script 부분

```
<script type="text/javascript">
function toEnabled() {
    $("input[name=sender]").attr("disabled", false);
}
</script>
```

[코드 2-7-2]의 Script 부분이 이번 챕터의 핵심인 JavaScript 언어다. JavaScript는 html 내부에서 <script type="text/javascript">와 </script> 사이에 선언된다. 그리고 이 JavaScript에는 toEnabled라는 함수가 선언되어 있다. 이 함수를 해석해 보면 input에서 name이 sender였던 데이터를 보내라는 뜻이다.

결론적으로 이 javascript.html에서 받을 사람 지갑 주소와 코인 개수를 입력 후 전송 버튼을 누르면 POST 방식으로 toEnabled 함수를 구동시키며, 이 toEnabled 함수는 html에서 name 타입이 "sender"인 인풋에 입력된 값을 보내게 된다. 대략 해석은 되었지만 아직 POST가 무엇인지 의문점이 해결되지 않았다. 다음 장에서 함께 알아보자.

7.
브라우저와 데이터 주고받기(API)

[그림 2-8-1] Flask로 구현한 Login 화면

[그림 2-8-1]과 같이 로그인 화면을 만들고 실제 로그인 기능을 구현해 보자. [코드 2-8-1]의 코드로 login.html 파일을 만든 뒤 [그림 2-8-2]와 같이 기존에 만들어 둔 template 폴더에 저장하자.

[코드 2-8-1] 지갑 로그인 화면 html

```html
<h1> 파이썬 Block Chain Network</h1>

<form action="login" method="POST">
```

```
            <input type="text" name="wallet_id" placeholder="지갑ID를 입력해주세요!">
            <input type="password" name="password" placeholder="비밀번호를 입력해주세요">
            <input type="submit" value="로그인" />

</form>
```

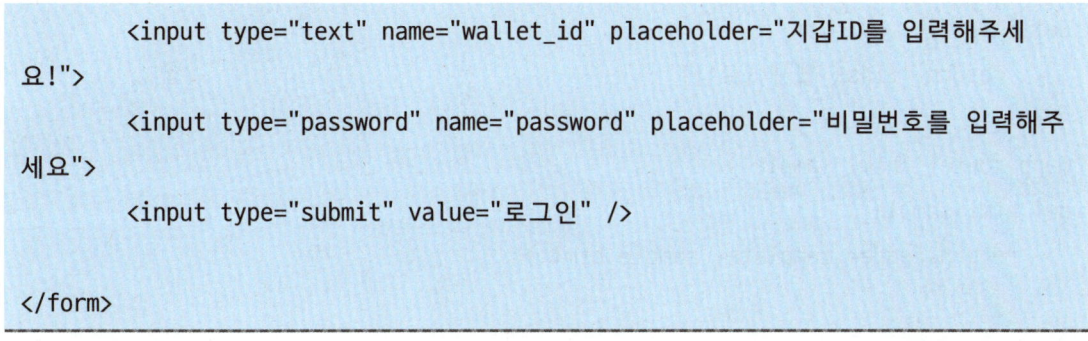

[그림 2-8-2] templates 폴더에 저장한 login.html

이제 Flask 서버와 데이터를 주고받기 위한 Flask 코드에 Login 부분을 추가하자.

[코드 2-8-2] 로그인 화면의 홈페이지 실행하기

```
from flask import Flask
from datetime import datetime
from flask import request
from flask import render_template


app = Flask(__name__)



@app.route('/')
```

2장 파이썬 for Block Chain   95

```
def index():
    return 'Flask 웹사이트다!'

@app.route('/html_sample')
def html_sample():
    return render_template('sample.html')

### 아래 부분을 추가!!!
@app.route('/naver')
def naver():
    return render_template('naver.html')


@app.route('/backend_sample')
def backend_sample():
    num_of_coin = 3+6+100
    return render_template('backend_sample.html', backend_result = num_of_coin)


@app.route('/login', methods=['GET', 'POST'])
def login():
    return render_template('login.html')


app.run()
```

[코드 2-8-2]의 코드를 실행한 뒤 http://127.0.0.1:5000/login에 접속하면 [그림 2-8-1]과 같은 화면을 볼 수 있다. 해당 사이트에서 '로그인' 버튼을 클릭하여도 아무 반응이 없다. 하지만 [그림2-8-2]와 같이 Flask 노트북에서는 새롭게 로그가 기록되는 것을 확인할 수 있다.

```python
1  from flask import Flask
2  from datetime import datetime
3  from flask import render_template
4
5  app = Flask(__name__)
6
7
8  @app.route('/')
9  def index():
10     return 'Flask 웹사이트다!'
11
12 @app.route('/login', methods=['GET', 'POST'])
13 def login():
14     return render_template('login.html')
15
16 app.run()
17
```

```
* Serving Flask app "__main__" (lazy loading)
* Environment: production
  WARNING: This is a development server. Do not use it in a production deployment.
  Use a production WSGI server instead.
* Debug mode: off

* Running on http://127.0.0.1:5000/ (Press CTRL+C to quit)
127.0.0.1 - - [30/Aug/2022 21:37:36] "GET /login HTTP/1.1" 200 -
127.0.0.1 - - [30/Aug/2022 21:37:37] "GET /login HTTP/1.1" 200 -
127.0.0.1 - - [30/Aug/2022 21:45:20] "POST /login HTTP/1.1" 200 -
127.0.0.1 - - [30/Aug/2022 21:45:22] "GET /login HTTP/1.1" 200 -
127.0.0.1 - - [30/Aug/2022 21:45:23] "POST /login HTTP/1.1" 200 -
127.0.0.1 - - [30/Aug/2022 21:45:23] "POST /login HTTP/1.1" 200 -
127.0.0.1 - - [30/Aug/2022 21:45:23] "POST /login HTTP/1.1" 200 -
127.0.0.1 - - [30/Aug/2022 21:45:23] "POST /login HTTP/1.1" 200 -
127.0.0.1 - - [30/Aug/2022 21:45:23] "POST /login HTTP/1.1" 200 -
127.0.0.1 - - [30/Aug/2022 21:45:23] "POST /login HTTP/1.1" 200 -
127.0.0.1 - - [30/Aug/2022 21:45:24] "POST /login HTTP/1.1" 200 -
```

[그림 2-8-3] Flask 노트북에 추가되는 로그

브라우저에서 로그인 버튼을 클릭 시 Flask는 반응을 하게 된다. 이처럼 웹사이트에서의 클릭이 Flask에 영향을 주어 데이터를 주고받는 과정을 알아보자. 다시 한번 login.html 코드를 살펴보면 method="POST"로 작성된 부분을 확인할 수 있다.

```html
<h1> 파이썬 Block Chain Network</h1>

<form action="login" method="POST">
```

```html
            <input type="text" name="wallet_id" placeholder="지갑ID를 입력해주세요!">
            <input type="password" name="password" placeholder="비밀번호를 입력해주세요">
            <input type="submit" value="로그인" />

</form>
```

로그인 버튼을 클릭하면 POST 방식으로 Flask에 전달한다는 뜻이다. Flask의 login 부분에 아래와 같이 2줄을 추가해 보자.

```python
@app.route('/login', methods=['GET', 'POST'])
def login():
    ##### 추가 부분!!
    if request.method=='POST':
        print("login 버튼을 누름")
    ### 여기까지!@!!!

    return render_template('login.html')
```

그리고 다시 Flask를 실행한 뒤 login.html에서 로그인 버튼을 클릭하면 [그림2-8-4]와 같이 로그인 버튼을 누를 때 print 부분이 산출되는 것을 확인할 수 있다. 즉 html에서 POST method로 데이터를 보낸 것을 Flask에서 수신한 것이다. 이렇게 웹브라우저와 Flask가 연결되었다.

```
 * Serving Flask app "__main__" (lazy loading)
 * Environment: production
   WARNING: This is a development server. Do not use it in a production deployment.
   Use a production WSGI server instead.
 * Debug mode: off
 * Running on http://127.0.0.1:5000/ (Press CTRL+C to quit)
127.0.0.1 - - [30/Aug/2022 22:06:07] "GET /login HTTP/1.1" 200 -
127.0.0.1 - - [30/Aug/2022 22:06:12] "POST /login HTTP/1.1" 200 -
login 버튼을 누름
```

[그림 2-8-4] Flask 노트북에 추가되는 로그-1

다음으로는 입력한 아이디와 패스워드를 Flask에서 받아 보자. Flask 파일에 [코드 2-8-3]과 같이 다시 2개의 코드가 추가되었다.

[코드 2-8-3] ID와 PW 입력 부분 추가

```
@app.route('/login', methods=['GET', 'POST'])
def login():
    if request.method=='POST':
        print("login 버튼을 누름")
        #### 추가 부분 ###
        input_value = request.form.to_dict(flat=False)
        print(input_value)
        ################
    return render_template('login.html')
```

그리고 다시 Flask를 실행한 뒤 login.html에서 로그인 버튼을 클릭하면 [그림2-8-5]와 같이 웹브라우저에서 입력했던 아이디와 패스워드 정보가 print되는 것을 볼 수 있다.

```
* Serving Flask app "__main__" (lazy loading)
* Environment: production
  WARNING: This is a development server. Do not use it in a production deployment.
  Use a production WSGI server instead.
* Debug mode: off
* Running on http://127.0.0.1:5000/ (Press CTRL+C to quit)
127.0.0.1 - - [30/Aug/2022 22:11:28] "GET /login HTTP/1.1" 200 -
127.0.0.1 - - [30/Aug/2022 22:11:39] "POST /login HTTP/1.1" 200 -
login 버튼을 누름
{'wallet_id': ['python'], 'password': ['blockchain']}
```

[그림 2-8-5] Flask 노트북에 추가되는 로그-2

이제 최종적으로 ID : 파이썬, PW : Blockchain으로 로그인되는 Back-end를 [코드 2-8-4]와 같이 구현해 보자.

[코드 2-8-4] 최종 구현 코드

```
from flask import Flask
from datetime import datetime
from flask import render_template
```

```python
from flask import request
import requests

app = Flask(__name__)

test_id = "Python"
test_pw = "Blockchain"

@app.route('/')
def index():
    return 'Flask 웹사이트다!'


@app.route('/login', methods=['GET', 'POST'])
def login():
    if request.method=='POST':
        print("login 버튼을 누름")
        input_value = request.form.to_dict(flat=False)
        print(input_value)
        if (input_value['wallet_id'][0] == test_id) & (input_value['password'][0] == test_pw) :
            print("로그인성공")
            return "로그인성공!!!!!!"
        else:
            return render_template('login.html')

    return render_template('login.html')

app.run()
```

위 코드를 실행한 뒤 ID/PW를 입력하면 [그림 2-8-6]과 같이 로그인 성공 화면을 확인할 수 있으며 [그림 2-8-7]처럼 Flask에서 성공 로그를 확인할 수 있다.

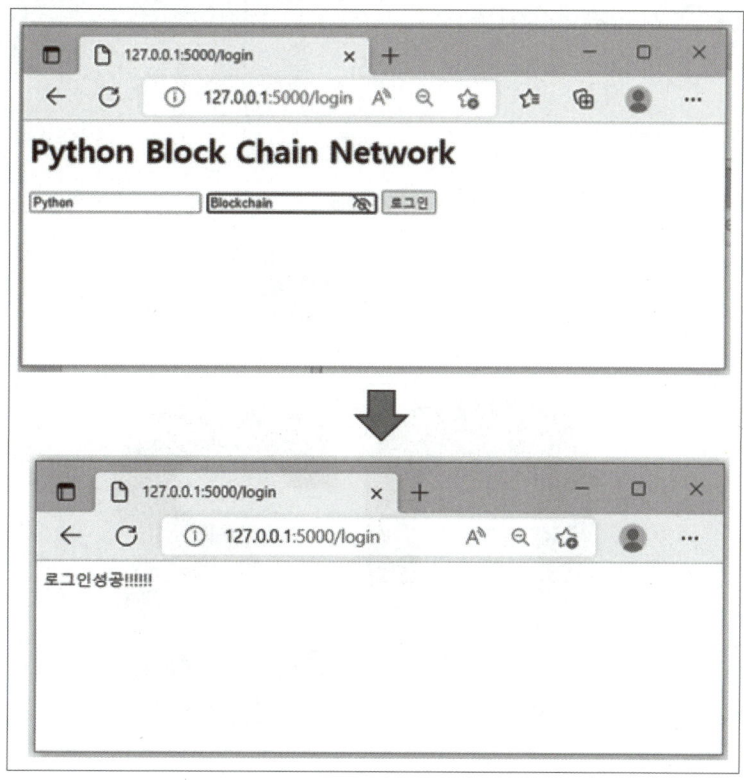

[그림 2-8-6] 로그인 성공

```
127.0.0.1 - - [30/Aug/2022 22:16:47] "GET /login HTTP/1.1" 200 -
127.0.0.1 - - [30/Aug/2022 22:17:21] "GET /login HTTP/1.1" 200 -
127.0.0.1 - - [30/Aug/2022 22:18:05] "POST /login HTTP/1.1" 200 -
login 버튼을 누름
{'wallet_id': ['Python'], 'password': ['Blockchain']}
로그인성공
```

[그림 2-8-7] 로그인 성공 로그

지금까지 파이썬 기반의 블록체인 네트워크를 구축하는 데 필요한 여러 기능을 알아보았다. 이제 본격적으로 파이썬 기반의 블록체인 네트워크를 구현해 보자.

chapter

03

파이썬으로 만드는
비트코인(PoW)

블록체인 노드 구축
(one_node.ipynb)

1. 블록체인 노드 구축(one_node.ipynb)
2. 운영 중인 노드에 실행 명령하기(one_node_command.ipynb)
3. 블록 스캔 사이트 만들기(one_node_chainScan.ipynb)
4. Block Wallet 사이트 만들기(one_node_Wallet.ipynb)
5. 여러 개의 노드 연결하기

1. 블록체인 노드 구축 (one_node.ipynb)

앞서 블록체인의 정의, 구성 요소, 채굴 등 기본적인 원리 및 기능에 대해 알아보았고 이를 구현하기 위한 파이썬의 여러 기능을 실습해 보았다. 이번 장에서는 앞에서 배운 내용을 기반으로 ① PoW(Proof of Work) 기반의 블록체인 노드를 구현하고, 해당 노드가 블록체인의 원리에 의하여 작동하는지 확인한 뒤 노드에 거래 내역을 저장할 것이다. 다음으로는 ② 블록체인 네트워크의 거래 내역을 확인할 수 있는 Block scan 사이트([그림 3-1-1])를 구현하여 채굴될 때마다 저장되는 거래 내역과 previous hash값을 확인할 것이다. 그 후에는 ③ 사용자가 생성된 코인을 거래할 수 있는 거래 지갑 사이트([그림 3-1-2])를 구축할 예정이다. 우리가 구축할 블록체인 네트워크의 코인 명칭은 pyBTC라 하자. 해당 지갑 사이트를 통하여 사용자는 자신의 지갑의 잔액을 확인할 수 있으며 다른 지갑으로 pyBTC 코인을 전송할 수 있을 것이다. 마지막으로는 단일 노드에서 진행되었던 작업을 여러 노드에서 진행할 것이다. 이를 통하여 각 노드가 경쟁적으로 채굴을 하며 거래 내역 데이터가 분산원장에 모두 저장되는 탈중앙화 원리를 이해해 보자.

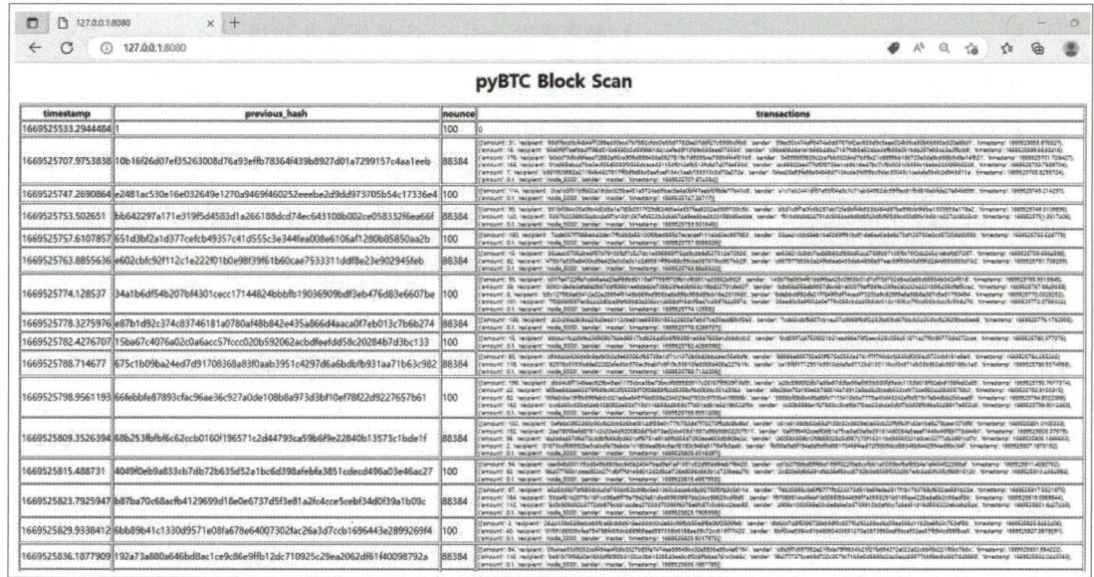

[그림 3-1-1] pyBTC 블록 스캔 사이트

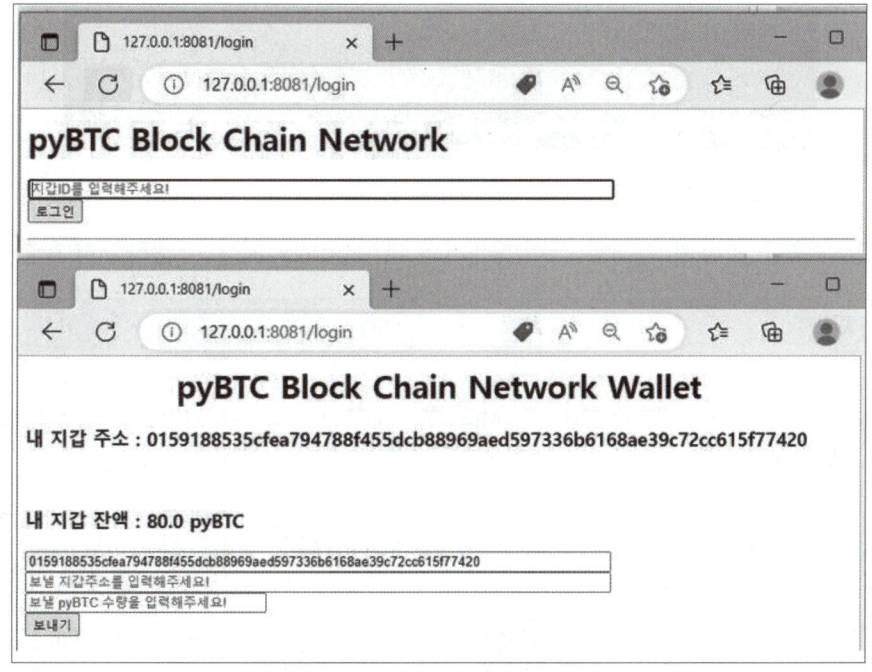

[그림 3-1-2] pyBTC 거래 지갑 사이트

이번 챕터를 위하여 필요한 파일은 4개의 ipynb 파일과 3개의 html 파일이며 각 파일별 용도는 [그림3-1-3]과 같다.

☐	📙 one_node.ipynb	1. 블록체인 노드 구축(블록체인 객체 선언 및 노드 설정)
☐	📙 one_node_chainScan.ipynb	3. 블록체인 스캔 사이트 운영
☐	📙 one_node_command.ipynb	2. 블록체인 노드 운영
☐	📙 one_node_Wallet.ipynb	4. 블록체인 지갑 사이트 운영
☐	📄 login.html	4. 블록체인 지갑 사이트 내의 login 페이지
☐	📄 one_node_scan.html	3. 블록체인 스캔 사이트의 scan 페이지
☐	📄 wallet.html	4. 블록체인 지갑 사이트 내의 wallet 페이지

[그림 3-1-3] 3장에서 활용될 파일들

1 | 파이썬 패키지 호출(import)

앞으로의 실습은 주피터 노트북 환경에서 아나콘다(ver 4.11.0) 기반의 파이썬(ver 3.8.8)으로 진행할 예정이다.

```
PS C:\Users\user\Documents> conda --version
conda 4.11.0
PS C:\Users\user\Documents> python --version
Python 3.8.8
```

[그림 3-1-4] 개발 환경

블록체인 구축을 위하여 아래와 같이 6가지의 파이썬 패키지를 사용하고자 한다.

패키지명	패키지 설명
json	JSON(JavaScript Object Notation)은 XML, YAML과 함께 효율적으로 데이터를 저장하고 교환(exchange data)하는 데 사용하는 텍스트 데이터 포맷 중 하나로 블록체인상 데이터는 json 상태로 저장된다.
flask	2장에서 연습한 것처럼 Flask는 파이썬의 Web Flask로 이번 장에서는 Flask 기반으로 블록체인 API를 운영하고, 블록스캔 사이트, 지갑 사이트를 운영할 것이다. Flask 모듈 내의 Flask, request, jsonify를 활용 예정이다.
time	기본 파이썬에 내장된 모듈로 컴퓨터 친화적인 timestamp(예: 1575742111.76894)를 인간 친화적 시간 타입으로 바꾸어 준다.
hashlib	블록체인 운영의 핵심인 해시암호를 파이썬에서 적용할 수 있게 하는 모듈로 블록의 내용을 해당 라이브러리를 통하여 해시 처리한다.

패키지명	패키지 설명
requests	파이썬에서 HTTP 요청을 보낼 때 사용되는 모듈로 Flask로 구축된 블록체인 API와 소통할 때 사용된다.
random	임의의 난수를 생성하는 모듈로 채굴 시 알맞은 nonce 값을 찾기 위하여 활용된다.

앞으로 노드를 구성하는 코드의 최상단에 [코드 3-1-1]과 같이 6가지 패키지를 호출할 예정이다.

[코드 3-1-1] 관련 패키지 Import

```python
import hashlib
import json
from time import time
import random
import requests
from flask import Flask, request, jsonify
```

2 | 블록체인 객체 만들기

1장 블록체인의 구성 요소 장에서 블록체인에 어떠한 구성 요소가 있는지 알아보았다. 해당 내용을 바탕으로 여러 기능이 작동되는 블록체인 객체를 생성해 보자.

- 객체 생성(_init_): 블록체인 객체를 생성한다. 객체의 구성 요소로는 블록들이 저장되는 체인과 블록 내에 저장될 거래 내역 리스트 current_transaction, 그리고 블록체인을 운영하는 노드들의 정보인 nodes, 마지막으로 블록체인 첫 생성 시 자동으로 첫 블록(genesis block)을 생성하는 코드(new_block)로 구성된다.

[코드 3-1-5] 객체 생성

```python
class Blockchain(object):
    def __init__(self):
        self.chain = []
        self.current_transaction = []
        self.nodes = set()
```

```
self.new_block(previous_hash=1, proof=100)
```

- **해시화(hash):** 거래 내역 블록에 저장할 때, 암호해시의 원리에 의하여 json 형식의 거래 내역들이 SHA-256 방식으로 해시암호화 된다. 이 로직이 객체 내에서 [코드 3-1-6]과 같이 함수화되어 사용된다.

[코드 3-1-6] 해시암호화 함수

```python
@staticmethod
def hash(block):
    block_string = json.dumps(block, sort_keys=True).encode()
    return hashlib.sha256(block_string).hexdigest()
```

- **블록체인의 마지막 블록 호출:** 우리의 블록체인에서는 블록의 최근 nonce 값을 기반으로 새로운 nonce 값을 찾는다. 따라서 블록체인의 가장 최근(마지막) 블록을 호출하는 함수가 필요하다.

[코드 3-1-7] 마지막 블록 호출 함수

```python
@property
def last_block(self):
    return self.chain[-1]
```

- **검증(valid_proof):** 블록체인 채굴 시 작업(work)으로 산출된 nonce 값이 조건에 맞는 알맞은 값인지 검증이 필요하다. 검증 함수에서는 마지막 블록의 nonce 값과 신규 nonce 후보 값을 결합하여 해시화한 뒤 첫 4개의 단어가 '0000'일 때 해당 nonce 값이 유효(valid)하다고 판단한다.

[코드 3-1-8] 블록 검증 함수

```python
@staticmethod
def valid_proof(last_proof, proof):
    guess = str(last_proof + proof).encode()
    guess_hash = hashlib.sha256(guess).hexdigest()
    return guess_hash[:4] == "0000"
```

- **PoW(Proof of Work) 채굴:** 블록체인 내에 거래 내역이 저장되기 위해서는 유효(valid) nonce 값이 확인되어야 한다. 이에 지속적으로 proof에 난수값을 생성하여 가장 최근 블록의 nonce 값(last_ proof)과 비교하며(valid_proof 함수) 작업 증명(PoW)이 성공할 때까지 반복된다. 이 내용을 구현한 코드가 [코드 3-1-9]이다.

[코드 3-1-9] 작업 증명 함수

```
def pow(self, last_proof):
    proof = random.randint(-1000000,1000000)
    while self.valid_proof(last_proof, proof) is False:
        proof = random.randint(-1000000,1000000)
    return proof
```

- **거래 내역 추가(new_transaction):** 블록 내에는 여러 거래 내역이 저장된다. 매번 블록이 생성되기 전(채굴되기 전)까지 지속적으로 예비 블록 내에 거래 내역이 추가된다. 우리 블록체인의 거래 내역에는 발신자, 수신자, 보내는 금액, 시간 4가지 요소가 저장된다.

[코드 3-1-10] 거래 내역 추가 함수

```
def new_transaction(self, sender, recipient, amount):
    self.current_transaction.append(
        {
            'sender' : sender, # 송신자
            'recipient' : recipient, # 수신자
            'amount' : amount, # 금액
            'timestamp':time()
        }
    )
    return self.last_block['index'] + 1
```

- **블록 추가(new_block):** current_transaction에 거래 내역이 추가되며, PoW 작업을 통하여 유효한 nonce 값이 찾아졌을 때 신규 블록이 생성된다. 신규 블록이 생성될 때 필요한 인자는 5가지(블록 번호, 생성 시간, 거래 내역, nonce 값이다. 전 블록의 해시값). 한편 기존의 거래 내역이 블록에 저장된 후에는 현 거래 내역 리스트는 초기화 되어야 하며(self.current_transaction = []) 생성된 블록은 객체의 체인 리스트에 추가된다.

[코드 3-1-11] 신규 블록 생성 함수

```python
def new_block(self, proof, previous_hash=None):
    block = {
        'index' : len(self.chain)+1,
        'timestamp' : time(), # timestamp from 1970
        'transactions' : self.current_transaction,
        'nonce' : proof,
        'previous_hash' : previous_hash or self.hash(self.chain[-1]),
    }
    self.current_transaction = []
    self.chain.append(block)
    return block
```

- 블록 검증(valid_chain): 블록이 생성되었다면, 알맞은 블록이 생성되었는지 검증이 필요하다. 마지막 블록의 해시값과 그 전 블록을 직접 해시한 값을 비교하여 과거 거래 내역에 변동된 것은 없는지 체크한다. 이상이 있을 경우 False 값을 반환하고 모든 값이 정상일 경우 True 값을 반환한다.

[코드 3-1-12] 블록 검증 함수

```python
def valid_chain(self, chain):
    last_block = chain[0]
    current_index = 1

    while current_index < len(chain):
        block = chain[current_index]
        print('%s' % last_block)
        print('%s' % block)
        print("\n--------\n")
        if block['previous_hash'] != self.hash(last_block):
            return False
        last_block = block
        current_index += 1
    return True
```

최종적으로 완성된 블록체인 객체 코드는 [코드 3-1-13]과 같다.

[코드 3-1-13] 최종 코드

```python
class Blockchain(object):

    def __init__(self):
        self.chain = []
        self.current_transaction = []
        self.nodes = set()
        self.new_block(previous_hash=1, proof=100)


    @staticmethod
    def hash(block):
        block_string = json.dumps(block, sort_keys=True).encode()
        return hashlib.sha256(block_string).hexdigest()
    @property
    def last_block(self):
        return self.chain[-1]


    @staticmethod
    def valid_proof(last_proof, proof):
        guess = str(last_proof + proof).encode()
        guess_hash = hashlib.sha256(guess).hexdigest()
        return guess_hash[:4] == "0000"


    def pow(self, last_proof):
        proof = random.randint(-1000000,1000000)
        while self.valid_proof(last_proof, proof) is False:
            proof = random.randint(-1000000,1000000)
        return proof


    def new_transaction(self, sender, recipient, amount):
        self.current_transaction.append(
            {
```

```python
                'sender' : sender, # 송신자
                'recipient' : recipient, # 수신자
                'amount' : amount, # 금액
                'timestamp':time()
            }
        )
        return self.last_block['index'] + 1

    def new_block(self, proof, previous_hash=None):
        block = {
            'index' : len(self.chain)+1,
            'timestamp' : time(), # timestamp from 1970
            'transactions' : self.current_transaction,
            'nonce' : proof,
            'previous_hash' : previous_hash or self.hash(self.chain[-1]),
        }
        self.current_transaction = []
        self.chain.append(block)
        return block

    def valid_chain(self, chain):
        last_block = chain[0]
        current_index = 1

        while current_index < len(chain):
            block = chain[current_index]
            print('%s' % last_block)
            print('%s' % block)
            print("\n--------\n")
            if block['previous_hash'] != self.hash(last_block):
                return False
            last_block = block
            current_index += 1
        return True
```

3 | 블록체인 객체 기반으로 노드 만들기

이제 블록체인 객체를 생성하고 해당 객체를 기반으로 블록체인 노드를 구축하자.

- **노드 기본 정보 설정**: 기존의 블록체인 객체를 호출한(blockchain = Blockchain()) 뒤, 운영할 노드의 IP 주소와 포트 주소를 선언한다. 이를 통하여 노드의 key 값(node_identifier, 노드 IP + 포트 번호)을 생성하고, 노드의 채굴 결과 발생하는 수익을 보낼 지갑의 주소(mine_owner)와 채굴 보상값(mine_profit)을 선언한다.

[코드 3-1-14] 기본정보 설정

```
blockchain = Blockchain()
my_ip = '0.0.0.0'
my_port = '5000'
node_identifier = 'node_'+my_port
mine_owner = 'master'
mine_profit = 0.1
```

- **블록 정보 호출(full_chain)**: 블록체인 기술의 큰 장점은 모든 거래 내역이 투명하게 공개된다는 점이다. 임의의 사용자가 블록체인 정보 호출 시 블록체인 내의 블록의 길이와 블록의 모든 정보를 json 양식으로 리턴한다.

[코드 3-1-15] 블록 정보 호출 함수

```
@app.route('/chain', methods=['GET'])
def full_chain():
    print("chain info requested!!")
    response = {
        'chain' : blockchain.chain,
        'length' : len(blockchain.chain),
    }
    return jsonify(response), 200
```

- **신규 거래 추가(new_transaction)**: 사용자 간의 거래가 발생할 경우 해당 거래 내역은 json 형식으로 요청되며, 이때 요청 사항 내에 거래 내역의 3가지 요소(발신자, 수신자, 보내는 금액)가 있는

지 확인한 뒤 없을 경우에는 400 에러를 배출한다. 에러가 없을 경우에는 블록체인 객체의 new_transaction 함수를 활용하여 블록 거래 내역 내에 신규 거래 내역을 추가한다.

[코드 3-1-16] 신규 거래 추가 함수

```
@app.route('/transactions/new', methods=['POST'])
def new_transaction():
    values = request.get_json()
    print("transactions_new!!! : ", values)
    required = ['sender', 'recipient', 'amount']

    if not all(k in values for k in required):
        return 'missing values', 400

    index = blockchain.new_transaction(values['sender'],values['recipient'], values['amount'])
    response = {'message' : 'Transaction will be added to Block {%s}' % index}

    return jsonify(response), 201
```

- **채굴(mine)**: 채굴이 시작되면 마지막 블록 내의 nonce 값을 블록 객체의 pow에 넣은 뒤 작업(work)을 시작한다. 작업이 완료되고 작업 증명(Proof Of Work)을 위한 nonce 값이 생성되면 mine_owner로부터 노드 운영자에게 채굴 보상이 주어지고 최종적으로 전 블록의 해시값을 포함하여 블록 객체의 new_block 함수로 블록이 생성된다. 그리고 정상적으로 처리되었음을 json 결과값으로 리턴한다.

[코드 3-1-17] 채굴 함수

```
@app.route('/mine', methods=['GET'])
def mine():
    print("MINING STARTED")
    last_block = blockchain.last_block
    last_proof = last_block['nonce']
    proof = blockchain.pow(last_proof)
```

```
    blockchain.new_transaction(
        sender=mine_owner,
        recipient=node_identifier,
        amount=mine_profit # coinbase transaction
    )

    previous_hash = blockchain.hash(last_block)
    block = blockchain.new_block(proof, previous_hash)
    print("MINING FINISHED")

    response = {
        'message' : 'new block found',
        'index' : block['index'],
        'transactions' : block['transactions'],
        'nonce' : block['nonce'],
        'previous_hash' : block['previous_hash']
    }

    return jsonify(response), 200
```

- 노드 운영: 지금까지 구성된 정보를 바탕으로 노드 운영을 시작한다. 운영 시 노드의 IP 정보, Port 정보가 활용된다.

[코드 3-1-18] 노드의 시작

```
app = Flask(__name__)
if __name__ == '__main__':
    app.run(host=my_ip, port=my_port)
```

최종적으로 완성된 블록체인 노드 실행 코드는 [코드 3-1-19]와 같다.

[코드 3-1-19] 노드 운영

```
blockchain = Blockchain()
my_ip = '0.0.0.0'
my_port = '5000'
```

```python
node_identifier = 'node_'+my_port
mine_owner = 'master'
mine_profit = 0.1

app = Flask(__name__)

@app.route('/chain', methods=['GET'])
def full_chain():
    print("chain info requested!!")
    response = {
        'chain' : blockchain.chain,
        'length' : len(blockchain.chain),
    }
    return jsonify(response), 200

@app.route('/transactions/new', methods=['POST'])
def new_transaction():
    values = request.get_json()
    print("transactions_new!!! : ", values)
    required = ['sender', 'recipient', 'amount']

    if not all(k in values for k in required):
        return 'missing values', 400

    index = blockchain.new_transaction(values['sender'],values['recipient'],
values['amount'])
response = {'message' : 'Transaction will be added to Block {%s}' % index}
return jsonify(response), 201

@app.route('/mine', methods=['GET'])
def mine():
    print("MINING STARTED")
    last_block = blockchain.last_block
    last_proof = last_block['nonce']
```

```python
    proof = blockchain.pow(last_proof)

    blockchain.new_transaction(
        sender=mine_owner,
        recipient=node_identifier,
        amount=mine_profit # coinbase transaction
    )

    previous_hash = blockchain.hash(last_block)
    block = blockchain.new_block(proof, previous_hash)
    print("MINING FINISHED")

    response = {
        'message' : 'new block found',
        'index' : block['index'],
        'transactions' : block['transactions'],
        'nonce' : block['nonce'],
        'previous_hash' : block['previous_hash']
    }
    return jsonify(response), 200

if __name__ == '__main__':
    app.run(host=my_ip, port=my_port)
```

위 코드들을 실행하면 블록체인 내의 __init__ 함수가 실행되어 첫 블록(genesis block)이 생성된다. 그 결과 [그림 3-1-5]와 같이 블록체인 네트워크가 시작됨을 확인할 수 있다.

```
56  if __name__ == '__main__':
57      app.run(host=my_ip, port=my_port)
58

 * Serving Flask app "__main__" (lazy loading)
 * Environment: production
   WARNING: This is a development server. Do not use it in a production deployment.
   Use a production WSGI server instead.
 * Debug mode: off

 * Running on http://0.0.0.0:5000/ (Press CTRL+C to quit)
```

[그림 3-1-5] 블록체인 네트워크의 시작

2.
운영 중인 노드에 실행 명령하기
(one_node_command.ipynb)

    지난 장까지의 실습을 통하여 우리는 블록체인 객체를 선언하고 함수들을 만들어 [그림 3-1-5]과 같이 Flask 기반의 블록체인 노드를 완성하고 운영을 시작했다. 이번 장에서는 구성된 노드에 거래 내역을 저장하고, PoW(Proof of Work, 작업 증명)을 통하여 블록을 생성하고, 생성된 데이터를 조회하는 등 블록체인 노드를 운영해 보자.

- **모듈 호출(import):** 노드 구축과 유사하게 5가지 모듈을 호출할 예정이다. 거래 내역을 데이터프레임으로 확인하기 위하여 pandas가 추가로 호출된다.

[코드 3-2-1] 관련 패키지 호출

```
import requests
import json
import pandas as pd
import hashlib
import random
```

- **블록 조회:** requests의 GET 방식을 통하여 블록을 조회할 수 있는 URL API(http://localhost:5000/chain)에 현재 운영되는 노드의 모든 블록 데이터를 조회한다. 정상적으로 조회되었다면 [그림 3-2-1]과 같이 노드 운영 노트북(one_node.ipynb)에 "chain info requested!!"라는 메시지가 프린트 되는 것을 확인할 수 있다.

[코드 3-2-2] 블록 정보 조회

```
headers = {'Content-Type' : 'application/json; charset=utf-8'}
res = requests.get("http://localhost:5000/chain", headers=headers)
json.loads(res.content)
```

```
56  if __name__ == '__main__':
57      app.run(host=my_ip, port=my_port)
58

 * Serving Flask app "__main__" (lazy loading)
 * Environment: production
   WARNING: This is a development server. Do not use it in a production deployment.
   Use a production WSGI server instead.
 * Debug mode: off

 * Running on http://0.0.0.0:5000/ (Press CTRL+C to quit)
127.0.0.1 - - [03/Dec/2022 05:55:20] "GET /chain HTTP/1.1" 200 -
chain info requested!!
```

[그림 3-2-1] 블록체인 노드(one_node.ipynb)에서의 반응

그리고 이를 통해서 [그림3-2-2]와 같이 블록의 정보가 리턴된 것을 확인할 수 있다. 현재는 첫 블록이 생성된 이후 채굴이 이루어지지 않았기에 1개의 블록 정보만 저장되어 있는 상태다.

```
1  ## 노드의 블록 정보 확인
2  headers = {'Content-Type' : 'application/json; charset=utf-8'}
3  res = requests.get("http://localhost:5000/chain", headers=headers)
4  json.loads(res.content)
```
```
{'chain': [{'index': 1,
    'nonce': 100,
    'previous_hash': 1,
    'timestamp': 1670014504.6830332,
    'transactions': []}],
 'length': 1}
```

[그림 3-2-2] 블록체인 조회 결과

- Transaction 추가: requests의 POST 방식을 통하여 거래를 추가할 수 있는 API URL(http://localhost:5000/transactions/new)에 거래 내역 데이터를 보낸다. 이번 코드에서는 test_from이라는 지갑으로부터 test_to라는 지갑으로 3개의 pyBTC를 보낸다.

[코드 3-2-3] 블록 정보 조회

```
## transaction 입력하기
```

```
headers = {'Content-Type' : 'application/json; charset=utf-8'}
data = {
        "sender": "test_from",
        "recipient": "test_to",
    "amount": 3,
}
requests.post("http://localhost:5000/transactions/new", headers=headers,
data=json.dumps(data)).content
```

코드 실행 결과 [그림 3-2-3]과 같이 정상적으로 Transaction이 블록에 추가될 것이라는 메시지가 리턴된다.

[그림 3-2-3] 블록체인 내 거래 내역 추가 - 1

운영 노트북(one_node.ipynb)을 확인해 보면 [그림 3-2-4]와 같이 정상적으로 신규 Transaction 이 추가되었다는 로그가 발생하며, 로그 내용을 확인해 보면 sender인 test_from으로부터 recipient인 test_to에게 3개의 pyBTC가 보내졌음을 확인할 수 있다.

[그림 3-2-4] 거래 내역 추가 결과 확인 - 1

그렇다면 블록에도 거래 내역이 잘 추가되었을까? 다시 한번 [그림 3-2-2]와 동일하게 블록 정보를 조회한다. 결과는 [그림 3-2-5]와 같다. Transaction이 추가되었으나 추가되기 전인 [그림 3-2-2]와 차이가 없다. 그 이유는 아직 블록에서 작업 증명(PoW, 채굴)이 이루어지기 않았기 때문에 거래 내역이 블록체인 내의 current_transaction 리스트에 존재할 뿐 블록에 추가되지 않았기 때문이다. 이제 채굴을 시작해 보자.

```
1  ## 노드의 블록정보 확인 - 2
2  headers = {'Content-Type' : 'application/json; charset=utf-8'}
3  res = requests.get("http://localhost:5000/chain", headers=headers)
4  json.loads(res.content)
```

```
{'chain': [{'index': 1,
   'nonce': 100,
   'previous_hash': 1,
   'timestamp': 1670014504.6830332,
   'transactions': []}],
 'length': 1}
```

[그림 3-2-5] 블록체인 조회 결과 - 2

채굴을 명령하는 코드는 [코드3-2-4]와 같다. requests의 GET 방식을 통하여 채굴 실시를 명령하는 URL API(http://localhost:5000/mine)에 채굴 시작 신호를 준다.

[코드 3-2-4] 채굴 명령
```
headers = {'Content-Type' : 'application/json; charset=utf-8'}
res = requests.get("http://localhost:5000/mine")
print(res)
print(res.text)
```

그 결과 [그림 3-2-6]과 같이 정상적으로 블록체인의 채굴이 발생하였음을 확인할 수 있고, [그림 3-2-7]과 같이 노드 운영 노트북(one_node.ipynb)에 "MINING STARTED" 및 "MINING FINISHED"로 정상적인 채굴이 발생하였다는 로그를 확인할 수 있다.

```
1  ## 채굴하기
2  headers = {'Content-Type' : 'application/json; charset=utf-8'}
3  res = requests.get("http://localhost:5000/mine")
4  print(res)
```
`<Response [200]>`

[그림 3-2-6] 블록체인 채굴

```
56  if __name__ == '__main__':
57      app.run(host=my_ip, port=my_port)
58
```

```
 * Serving Flask app "__main__" (lazy loading)
 * Environment: production
   WARNING: This is a development server. Do not use it in a production deployment.
   Use a production WSGI server instead.
 * Debug mode: off

 * Running on http://0.0.0.0:5000/ (Press CTRL+C to quit)
127.0.0.1 - - [03/Dec/2022 05:55:20] "GET /chain HTTP/1.1" 200 -

chain info requested!!

127.0.0.1 - - [03/Dec/2022 05:57:43] "POST /transactions/new HTTP/1.1" 201 -

transactions_new!!! : {'sender': '7e3a7f86cb6d2c52c223c3f01f736d950255c2189c5c79167d898656e986d79e',
8fef4012c60251d383dd230f83a7142abd4b307ea6ef3', 'amount': 3}

127.0.0.1 - - [03/Dec/2022 06:00:02] "GET /chain HTTP/1.1" 200 -

chain info requested!!

127.0.0.1 - - [03/Dec/2022 06:01:38] "GET /mine HTTP/1.1" 200 -

MINING STARTED
MINING FINISHED
```

[그림 3-2-7] 노드에서의 채굴 결과

다시 한번 블록의 정보를 조회하면 [그림 3-2-8]과 같이 index 값 2의 두 번째 블록이 생성되었음을 확인할 수 있다. 새롭게 생성된 블록에는 889040이라는 nonce 값이 입력되어 있으며 2개의 거래 내역이 저장되어 있다. 다만, [그림3-2-5]와 같이 우리는 1개의 거래 내역만 신청하였지만 블록 채굴에 따른 보상이 지급되어야 하기에 master로부터 채굴 노드인 node_5000에 1개의 거래 내역이 추가되어 총 2개의 거래 내역이 추가 저장되었다.

```
1  ## 노드의 블록정보 확인 - 3
2  headers = {'Content-Type' : 'application/json; charset=utf-8'}
3  res = requests.get("http://localhost:5000/chain", headers=headers)
4  json.loads(res.content)
```

```
{'chain': [{'index': 1,
    'nonce': 100,
    'previous_hash': 1,
    'timestamp': 1670057149.3758953,
    'transactions': []},
   {'index': 2,                    신규 블록의 nonce 값
    'nonce': 889040,
    'previous_hash': 'bd8d885e0efb339b6e423d8ddb2eea6b067d7708b8293320e597ea09900e6e1f',
    'timestamp': 1670057174.6995606,
    'transactions': [{'amount': 3,        Transaction1 : test_from으로부터 test_to로 전달된 3개의 pyBTC
     'recipient': 'test_to',
     'sender': 'test_from',
     'timestamp': 1670057162.4378166},    Transaction2 : master부터 채굴노드(node_5000)에 제공된 채굴 보상
    {'amount': 0.1,
     'recipient': 'node_5000',
     'sender': 'master',
     'timestamp': 1670057174.6995606}]}],
 'length': 2}
```

신규로 생성된 블록

[그림 3-2-8] 블록체인 조회 결과 - 3

지금까지 나누어서 진행했던 거래 및 채굴을 한 번의 코드로 진행해 보자. 이번 코드에서 진행되는 거래 내역은 [코드 3-2-5]와 같다.

From	To	Amount
test_from	test_to2	30
test_from	test_to3	300

[코드 3-2-5] 거래 내역의 저장

```python
## transaction2 입력하기
headers = {'Content-Type' : 'application/json; charset=utf-8'}
data = {
        "sender": "test_from",
        "recipient": "test_to2",
    "amount": 30,
}
requests.post("http://localhost:5000/transactions/new", headers=headers, data=json.dumps(data)).content

## transaction3 입력하기
headers = {'Content-Type' : 'application/json; charset=utf-8'}
data = {
        "sender": "test_from",
        "recipient": "test_to3",
    "amount": 300,
}
requests.post("http://localhost:5000/transactions/new", headers=headers, data=json.dumps(data)).content

## 채굴하기
headers = {'Content-Type' : 'application/json; charset=utf-8'}
res = requests.get("http://localhost:5000/mine")
print(res)
```

```
## 노드의 블록 정보 확인 - 4
headers = {'Content-Type' : 'application/json; charset=utf-8'}
res = requests.get("http://localhost:5000/chain", headers=headers)
```

코드 실행 결과 [그림3-2-9]와 같이 여러 거래 내역을 포함한 세 번째 블록이 생성된 것을 확인할 수 있다.

```
1  res.text
'{"chain":[{"index":1,"nonce":100,"previous_hash":1,"timestamp":1670015292.3676078,"transactions":[]},{"index":2,"nonce":-877981,"previous_hash":"e587fc283e4d8c0ca49866f60ad6e6b9fd5dfb7d4e94a921a374f81ed914e843","timestamp":1670015306.5905385,"transactions":[{"amount":3,"recipient":"d7afe0de3ae788345e78fef4012c60251d383dd230f83a7142abd4b307ea6ef3","sender":"7e3a7f86cb6d2c52c223c3f01f736d950255c2189c5c79167d898656e986d79e","timestamp":1670015302.4928992},{"amount":0.1,"recipient":"node_5000","sender":"master","timestamp":1670015306.5905385}]},{"index":3,"nonce":134238,"previous_hash":"750ecc1d8e81a4890d22b2b0a816d425ff10f124c67fa314bc604ff325121a0e","timestamp":1670015314.7678204,"transactions":[{"amount":30,"recipient":"41ab8bfff13ca4f65ed7b1de8c044333cccf65f66f08a4210fea4a4ce42d7791","sender":"7e3a7f86cb6d2c52c223c3f01f736d950255c2189c5c79167d898656e986d79e","timestamp":1670015310.683128},{"amount":300,"recipient":"122ce8c82d96212d25b6a87daf6c229fdc685082310452ac40a8b47448ecea05","sender":"7e3a7f86cb6d2c52c223c3f01f736d950255c2189c5c79167d898656e986d79e","timestamp":1670015312.7265885},{"amount":0.1,"recipient":"node_5000","sender":"master","timestamp":1670015314.7678204}]}],"length":3}\n'
```

[그림 3-2-9] 블록체인 조회 결과 - 4

거래 Transaction이 증가함에 따라 문자열이 나열된 JSON 방식으로는 확인이 어렵다는 단점이 있다. pandas를 활용하여 지금까지의 거래 내역을 Table로 확인해 보자.

[코드 3-2-6] Pandas를 활용한 거래 내역 확인

```
status_json = json.loads(res.text)
status_json['chain']
tx_amount_l = []
tx_sender_l = []
tx_reciv_l  = []
tx_time_l   = []

for chain_index in range(len(status_json['chain'])):
    chain_tx = status_json['chain'][chain_index]['transactions']
```

```
    for each_tx in range(len(chain_tx)):
        tx_amount_l.append(chain_tx[each_tx]['amount'])
        tx_sender_l.append(chain_tx[each_tx]['sender'])
        tx_reciv_l.append(chain_tx[each_tx]['recipient'])
        tx_time_l.append(chain_tx[each_tx]['timestamp'])

df_tx = pd.DataFrame()
df_tx['timestamp'] = tx_time_l
df_tx['sender'] = tx_sender_l
df_tx['recipient'] = tx_reciv_l
df_tx['amount'] = tx_amount_l
df_tx
```

코드 실행 결과 [그림 3-2-10]과 같이 거래 내역 Table을 확인할 수 있다. 지금까지 우리가 입력했던 test_from으로부터 test_to/test_to2/test_to3와의 3가지 거래 내역뿐만 아니라 master로부터 node_5000에 제공된 채굴 보상 내역까지 확인할 수 있다.

	timestamp	sender	recipient	amount
0	1.670135e+09	test_from	test_to	3.0
1	1.670135e+09	master	node_5000	0.1
2	1.670135e+09	test_from	test_to2	30.0
3	1.670135e+09	test_from	test_to3	300.0
4	1.670135e+09	master	node_5000	0.1

[그림 3-2-10] 거래 내역 종합

거래 내역을 기반으로 지갑별 잔액을 계산하는 [코드 3-2-7]을 실행해 보자.

[코드 3-2-7] 지갑별 잔액 계산

```
df_sended = pd.DataFrame(df_tx.groupby('sender')['amount'].sum()).reset_index()
df_sended.columns = ['user','sended_amount']
```

```
df_received= pd.DataFrame(df_tx.groupby('recipient')['amount'].sum()).reset_index()
df_received.columns = ['user','received_amount']
df_received

df_status = pd.merge(df_received,df_sended, on ='user', how= 'outer').fillna(0)
df_status['balance'] = df_status['received_amount'] - df_status['sended_amount']
df_status
```

코드 실행 결과 [그림 3-2-11]과 같이 각 계정별 잔고를 조회할 수 있다. 채굴 노드였던 node_5000의 경우 작업 증명에 대한 보상으로 0.3pyBTC를 보유하게 되었고 pyBTC를 송금받았던 test_to/test_to2/test_to3 계정은 각각 6/ 30/300개의 pyBTC를 보유하였음을 확인할 수 있다. 반대로 송금하기만 했던 test_from은 -336pyBTC, 채굴 보상을 제공했던 master는 -0.3pyBTC의 잔고가 있음을 확인할 수 있다.

	user	received_amount	sended_amount	balance
0	node_5000	0.3	0.0	0.3
1	test_to	6.0	0.0	6.0
2	test_to2	30.0	0.0	30.0
3	test_to3	300.0	0.0	300.0
4	master	0.0	0.3	-0.3
5	test_from	0.0	336.0	-336.0

[그림 3-2-11] 지갑별 잔고 조회

더 알아보기 — 이더리움 노드 운영

pyBTC 블록체인 운영을 위하여 노드 운영(one_node.ipynb)과 노드 명령(one_node_command.ipynb)으로 코드를 분리하여 운영했다. 그렇다면 실제 블록체인을 운영할 때도 이처럼 코드를 구분해 운영할까? 결론부터 이야기하자면 실제 이더리움 네트워크도 두 가지로 구분된다.

- **노드 운영**: 이더리움 네트워크는 모두에게 공개된 오픈 소스 기반의 네트워크다. 이에 하드웨어를 소유한 누구나 모두 이더리움 네트워크에 참가하여 노드를 운영할 수 있다. 혹은 이더리움 오픈 소스를 기반으로 사적 블록체인 네트워크(Private Blockchain Network)를 운영할 수도 있으며 개발 테스트를 목적으로 사적 블록체인 네트워크를 운영해 주는 가나슈(Ganache)를 활용할 수도 있다. 이때 사용자는 이더리움 운영 언어인 Go를 다운받은 뒤 이더리움의 git을 복제하고 환경변수 설정 등 작업환경을 설정한다. (혹은 가나슈를 설치한다.) 이후 geth 명령을 통하여 노드의 운영을 시작한다. 이 과정에서 우리가 노드의 운영(one_node.ipynb)에서 학습했던 블록체인 객체 생성, 환경 세팅 등의 작업이 진행된다.

- **노드에 실행 명령**: 노드가 운영되고 있다면 노드에 정보 조회/채굴/거래 내역 저장 등 실행 명령을 내려야 한다. 우리는 해당 과정을 one_node_command.ipynb이라는 파일에서 진행했다. 한편 실제 이더리움에서도 이와 동일하게 블록 정보 조회/지갑 리스트 조회/채굴 시작, 종료/거래 내역 조회 등의 명령을 내릴 수 있다. 명령을 내리는 기본 방식은 geth 명령어로 이더리움 네트워크에 접속한 뒤 Go 기반의 명령어로 내리는 것이다. 한편 외부 환경에서 API 방식으로 이 이더리움 네트워크에 운영 명령을 내릴 수 있다. 이때 대표적으로 JavaScript 기반의 web3.js가 활용되며 그 외에도 [그림 3-2-12]와 같이 파이썬(web3.py), 자바(web3j) 등 프로그래밍 언어가 활용된다.

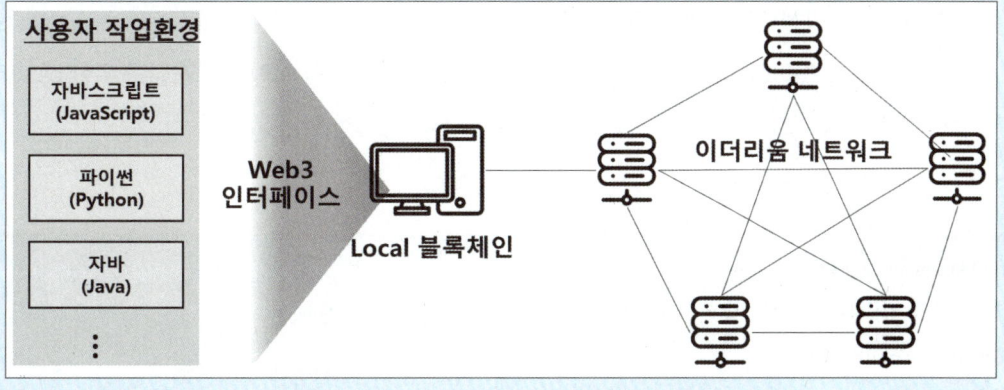

[그림 3-2-12] 이더리움 네트워크의 운영 방법

3. 블록 스캔 사이트 만들기
(one_node_chainScan.ipynb)

 지금까지의 과정을 통하여 블록체인 노드를 구성하고 노드에 채굴 명령, 거래 내역 저장 등의 작업을 진행해 보았다. 이번에는 노드의 거래 내역과 채굴 결과 등 블록 체인에 저장된 Transaction을 투명하게 공개할 수 있는 블록 스캔 사이트인 pyBTC Block scan 페이지를 제작해 보자.

1 | 블록 스캔 사이트 Back-end 구축하기

 - **모듈 호출(import):** 블록 스캔 사이트를 제작하려면 블록체인의 블록 정보를 조회해야 한다. 이를 위해서 one_node_command.ipynb의 코드에서 진행했던 것과 유사하게 운영 중인 노드의 API 주소에 request 방식으로 정보를 요청할 것이다. 이를 위하여 전과 동일하게 Flask, requests, json 패키지를 호출할 것이다. 이에 더하여 front 역할을 할 html 파일의 디렉터리 지정을 위한 os 패키지를 호출하자.

[코드 3-3-1] 주요 패키지 호출

```
from flask import Flask
from flask import render_template
import requests
import json
```

```
import os
import pandas as pd
```

- **사이트 운영:** pyBTC Block Scan 사이트에는 블록체인의 구성 요소에 대한 정보가 포함되어야 한다. 구성 요소 정보는 블록의 생성 시간, previous_hash, nonce 값, 거래 내역으로 구성될 것이다. 이를 위하여 블록체인의 블록 정보를 제공하는 URL(http://localhost:5000/chain)에 request의 GET 방식으로 데이터를 요청한 뒤 결과 데이터(res.text)를 json으로 로드한다(json.loads(res.text)). 이후 결과 데이터를 pandas의 dataframe(df_scan)으로 정리한다. 다음으로는 front 구성 내용이 담길 html(one_node_scan.html) 파일에 데이터프레임 정보(df_scan)와 블록의 길이(block_len)를 제공한다. 마지막으로 포트 번호 8080으로 해당 사이트가 운영되도록 설정한다.

[코드 3-3-2] 블록스캔 사이트의 Back-end

```
app = Flask(__name__, template_folder=os.getcwd())

@app.route('/')
def index():
    headers = {'Content-Type' : 'application/json; charset=utf-8'}
    # 블록 체인 내 블록 정보를 제공하는 url(http://localhost:5000/chain)에
request 방식으로 데이터를 요청
    res = requests.get("http://localhost:5000/chain", headers=headers)
    # 요청 결과 데이터(res.text)를 json으로 로드
status_json = json.loads(res.text)
# 결과 데이터를 pandas의 데이터프레임(df_scan)으로 정리
df_scan = pd.DataFrame(status_json['chain'] )
 # Front 구성 내용이 담길 html(one_node_scan.html) 파일에 데이터프레임 정보(df_
scan)와 블록의 길이(block_len)를 제공
    return render_template('/one_node_scan.html', df_scan = df_scan, block_len
= len(df_scan))

app.run(port=8080)
```

블록 데이터를 저장한 데이터프레임(df_scan)에 저장된 정보는 [그림 3-3-1]과 같다.

```
1  headers = {'Content-Type' : 'application/json; charset=utf-8'}
2  # 블록 체인의 블록 정보를 제공하는 url(http://localhost:5000/chain)에 request 방식으로 데이터를 요청
3  res = requests.get("http://localhost:5000/chain", headers=headers)
4  # 요청 결과 데이터(res.text)를 json 으로 로드
5  status_json = json.loads(res.text)
6  # 결과 데이터를 pandas의 dataframe(df_scan)으로  정리
7  df_scan = pd.DataFrame(status_json['chain'] )
8  df_scan
```

index	nonce	previous_hash	timestamp	transactions
0	1	100	1	1.670135e+09	[]
1	2	-844297	7c62c824701f0dbccee9b6c621917e89a69fb8e24087bf...	1.670135e+09	[{'amount': 3, 'recipient': 'test_to', 'sender...
2	3	204168	9c6be753a014410e60b8e1a41b988fe564382b9e369688...	1.670135e+09	[{'amount': 30, 'recipient': 'test_to2', 'send...

[그림 3-3-1] 블록 거래 내역 정보(df_scan)

2 | 블록 스캔 사이트 Front-end 만들기

이제 Back-end에서 제공된 정보들이 one_node_scan.html 파일에서 렌더링되면 이를 사용자가 보기 편하도록 Front-end 작업이 진행되어야 한다. 첫 번째로 사이트의 제목이 보여야 한다. html의 <h1> tag를 활용하여 텍스트가 가운데에 배치되도록 한다.

[코드 3-3-3] 사이트 제목 설정
```html
<h1><center> pyBTC Block Scan </center> </h1>
```

다음으로 <div> tag 안에 Table을 생성하고 테이블의 선 두께를 1로 설정한 뒤 테이블을 구성하는 4가지 요소를 바탕으로 제목을 지정한다.

[코드 3-3-4] 사이트 내 테이블 설정
```html
<div>
    <table border = "1">
      <tr>
        <th>timestamp</th>
        <th>previous_hash</th>
        <th>nonce</th>
        <th>transactions</th>
      </tr>
```

```
      </table>
</div>
```

마지막 작업은 back-end에서 제공받은 데이터를 바탕으로 한다. 테이블의 행(<tr>)을 블록의 개수(block_len)만큼 루프를 돌며 생성해 주고({%for i in range(0,chain_len)%}) 각각의 칸에 열의 번호에 맞는 timestamp, previous_hash, nonce, transactions 값들이 입력될 수 있도록 한다.

[코드 3-3-4] 테이블 내 데이터 입력

```
    {%for i in range(0,block_len)%}
<tr>
   <td>{{df_scan.loc[i,'timestamp']}}</td>
   <td>{{df_scan.loc[i,'previous_hash']}}</td>
   <td>{{df_scan.loc[i,'nonce']}}</td>
   <td style="font-size:2px">{{df_scan.loc[i,'transactions']}}</td>
</tr>
    {%endfor%}
```

최종적으로 구성된 html 코드는 [코드 3-3-5]와 같다.

[코드 3-3-5] 블록 스캔 사이트 최종

```
<h1><center> pyBTC Block Scan </center> </h1>
<div>
    <table border = "1">
      <tr>
        <th>timestamp</th>
        <th>previous_hash</th>
        <th>nonce</th>
        <th>transactions</th>
      </tr>

    {%for i in range(0,chain_len)%}
    <tr>
```

```html
        <td>{{df_scan.loc[i,'timestamp']}}</td>
        <td>{{df_scan.loc[i,'previous_hash']}}</td>
        <td>{{df_scan.loc[i,'nonce']}}</td>
        <td style="font-size:2px">{{df_scan.loc[i,'transactions']}}</td>
      </tr>
      {%endfor%}
    </table>
</div>
```

[코드 3-3-5]의 html 파일을 one_node_scan.html이라는 이름으로 Back-end 프로그램인 one_node_chainScan.ipynb와 동일한 디렉터리에 저장 후 Back-end 프로그램을 실행하면 [그림 3-3-2]와 같이 Flask 기반의 사이트 운영이 시작되는 것을 확인할 수 있다.

```python
from flask import Flask
from datetime import datetime
from flask import render_template
import requests
import os
import json
import pandas as pd

app = Flask(__name__, template_folder=os.getcwd())

@app.route('/')
def index():
    headers = {'Content-Type' : 'application/json; charset=utf-8'}
    # 블록 체인 내 블록 정보를 제공하는 url(http://localhost:5000/chain)에 request 방식으로 데이터를 요청
    res = requests.get("http://localhost:5000/chain", headers=headers)
    # 요청 결과 데이터(res.text)를 json 으로 로드
    status_json = json.loads(res.text)
    # 결과 데이터를 pandas의 dataframe(df_scan)으로 정리
    df_scan = pd.DataFrame(status_json['chain'])
    # Front 구성내용이 담길 html(one_node_scan.html)파일에 Dataframe 정보(df_scan)과 블록의 길이(block_len)를 제공
    return render_template('/one_node_scan.html', df_scan = df_scan, block_len = len(df_scan))

app.run(port=8080)
```

```
* Serving Flask app "__main__" (lazy loading)
* Environment: production
  WARNING: This is a development server. Do not use it in a production deployment.
  Use a production WSGI server instead.
* Debug mode: off
* Running on http://127.0.0.1:8080/ (Press CTRL+C to quit)
```

[그림 3-3-2] pyBTC back-end 운영 시작

이후 해당 URL(127.0.0.1:8080)에 접속하면 [그림 3-3-3]과 같이 pyBTC Block Scan 사이트에 접속되는 것을 확인할 수 있다. 여기서 우리는 블록의 생성 시간(timestamp), 전 블록의 해시값(previous_hash), nonce 값 및 거래 내역 정보를 확인할 수 있다. 특히 거래 내역 컬럼

(transaction)에서는 [그림 3-3-4]와 같이 test_from에서 test_to / test_to2 / test_to3로의 송금 내역 및 채굴 보상 지급 내역을 거래 시간과 함께 모두 확인할 수 있다.

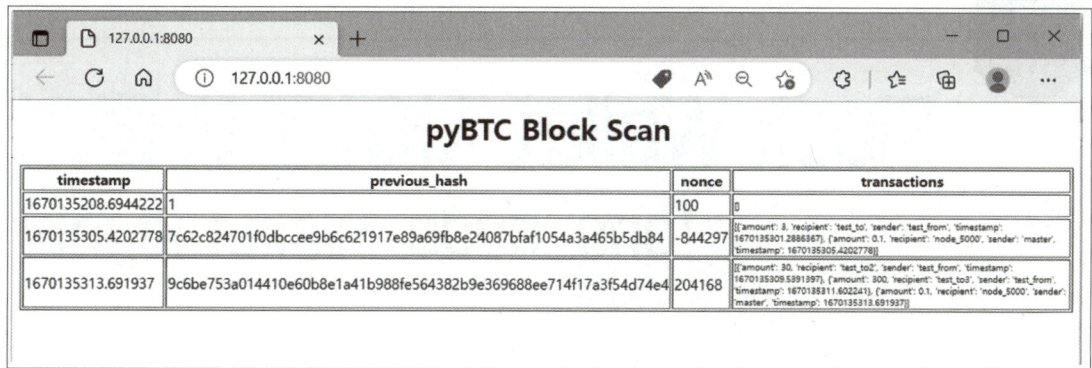

[그림 3-3-3] pyBTC 블록 스캔 사이트

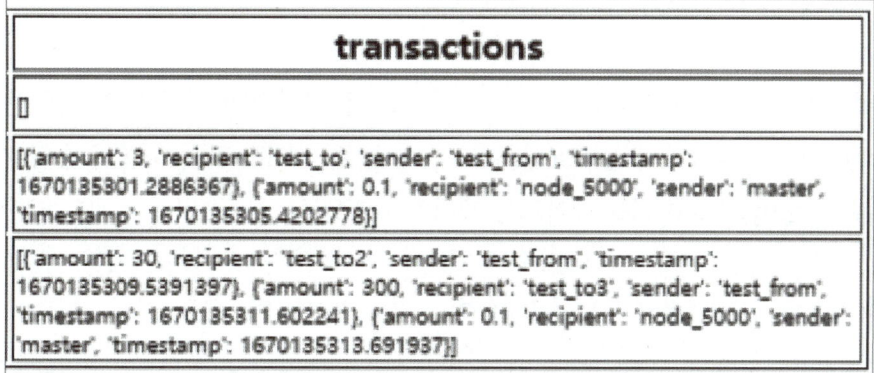

[그림 3-3-4] pyBTC Block Scan에서의 거래 내역

4. Block Wallet 사이트 만들기
(one_node_Wallet.ipynb)

이제 블록체인 노드를 운영하고 노드에 여러 작업을 지시하며 해당 내역을 확인할 수 있는 블록 스캔 사이트 제작까지 끝마쳤다. 이제는 계정별 pyBTC 잔액 조회와 송금 기능이 있는 지갑 사이트인 pyBTC Wallet 사이트를 제작해 보자.

1 | Block Wallet Back-end 구축하기

- **모듈 호출(import):** pyBTC 지갑 사이트에 필요한 파이썬 패키지들은 기존 pyBTC 블록 스캔 사이트와 큰 차이가 없다. 지갑 사이트에서는 로그인, pyBTC 전송 등의 기능이 필요하기에 Flask 내의 url_for, redirect 모듈이 추가로 호출된다.

[코드 3-4-1] 관련 모듈 호출

```
from flask import Flask
from datetime import datetime
from flask import render_template
from flask import request
from flask import url_for
from flask import redirect


import requests
```

```
import json
import os
import pandas as pd
```

1개의 화면으로 구성되었던 pyBTC 블록 스캔 사이트와 다르게 pyBTC Wallet은 로그인과 지갑, 2개의 화면으로 구성되어야 한다. 이에 따라 Back-end는 두 가지 기능으로 구분된다.

1 **로그인 페이지**

우선 사이트에서 POST 방식이 아닌 단순 접속 방식으로 접근될 경우 Front-end 단계에서 준비될 login.html 페이지를 렌더링해 주어 [그림 3-4-2]와 같은 로그인 페이지가 나타날 것이다. 그리고 로그인 페이지에서 로그인 버튼을 클릭하면 POST 방식을 통하여 back-end에 접속하게 될 것이다. 그럴 경우 post임을 감지하여(if request.method=='POST':) 입력된 지갑 아이디가 input_value라는 변수에 저장된다(input_value = request.form.to_dict(flat=False) ['wallet_id'][0]). 다음으로는 블록체인의 블록 정보 조회 URL에 request의 GET 방식으로 접속하여 정보를 받아 오며(res = requests.get("http://localhost:5000/chain", headers=headers) 이후 pandas 작업을 통하여 [그림 3-4-1]과 같이 현 계정별 잔액을 조회하고 로그인 계정이 데이터프레임의 user 값과 동일할 경우 해당 계정의 잔고 값과 함께 로그인이 성공된 wallet.html 페이지로 렌더링해 줄 것이다.

	user	received_amount	sended_amount	balance
0	node_5000	0.2	0.0	0.2
1	test_to	3.0	0.0	3.0
2	test_to2	30.0	0.0	30.0
3	test_to3	300.0	0.0	300.0
4	master	0.0	0.2	-0.2
5	test_from	0.0	333.0	-333.0

[그림 3-4-1] pyBTC 지갑 로그인 화면

[코드 3-4-2] 로그인 서비스의 back-end 코드

```python
@app.route('/', methods=['GET', 'POST'])
def login():
    if request.method=='POST':
        print("login 버튼을 누름")
        input_value = request.form.to_dict(flat=False) ['wallet_id'][0]
        print("login 지갑주소 : " , input_value)
        ### 기존 user 정보 확인
        headers = {'Content-Type' : 'application/json; charset=utf-8'}
        res = requests.get("http://localhost:5000/chain", headers=headers)
        status_json = json.loads(res.text)
        status_json['chain']
        tx_amount_l = []
        tx_sender_l = []
        tx_reciv_l  = []
        tx_time_l   = []
        # 거래 내역 정리 (df_tx)
        for chain_index in range(len(status_json['chain'])):
            chain_tx = status_json['chain'][chain_index]['transactions']
            for each_tx in range(len(chain_tx)):
                tx_amount_l.append(chain_tx[each_tx]['amount'])
                tx_sender_l.append(chain_tx[each_tx]['sender'])
                tx_reciv_l.append(chain_tx[each_tx]['recipient'])
                tx_time_l.append(chain_tx[each_tx]['timestamp'])
        df_tx = pd.DataFrame()
        df_tx['timestamp'] = tx_time_l
        df_tx['sender'] = tx_sender_l
        df_tx['recipient'] = tx_reciv_l
        df_tx['amount'] = tx_amount_l
        df_tx

        # pyBTC 잔고 현황 정리 (df_status)
        df_sended = pd.DataFrame(df_tx.groupby('sender')['amount'].sum().reset_index()
```

```
        df_sended.columns = ['user','sended_amount']
        df_received= pd.DataFrame(df_tx.groupby('recipient')['amount'].sum()).
reset_index()
        df_received.columns = ['user','received_amount']
        df_status = pd.merge(df_received,df_sended, on ='user', how=
'outer').fillna(0)
        df_status['balance'] = df_status['received_amount']  - df_
status['sended_amount']
        df_status

        # 결과값 렌더링
        if (df_status['user']==input_value['wallet_id'][0] ).sum() == 1:
            print("로그인성공")
            return render_template("wallet.html",  wallet_id = input_
value['wallet_id'][0],
                                                  wallet_value = df_
status[df_status['user']== df_status['user'].iloc[0]]['balance'].iloc[0])
        else:
            return "잘못된 지갑주소입니다."

    return render_template('login.html')
```

2 지갑 페이지

우선 로그인이 성공되어 wallet.html 페이지가 렌더링될 경우 [그림 3-4-4]와 같은 지갑 초기 페이지가 나타날 것이다. 이때 로그인한 사용자의 지갑 ID(wallet_id)와 지갑 내 잔고 (wallet_value) 값을 리턴해 준다(return render_template("wallet.html", wallet_id = input_value, wallet_value = df_status[df_status['user']== input_value]['balance'].iloc[0])).

이후 사용자가 보내고자 하는 USER-ID와 보낼 금액을 입력한 뒤 보내기 버튼을 클릭하면 POST 방식을 통하여 Back-end의 wallet에 접속하게 된다. 그럴 경우 POST임을 감지한 뒤(if request.method=='POST':) 송금될 pyBTC의 금액과 송금 받을 지갑 아이디, 송금하는 지갑 아이디가 각각 send_value, send_target, send_from의 변수에 저장된다. 보내는 금액이 정상적(0 이상인 값)으로 확인된 후에(if send_value > 0:) 블록체인의 pyBTC 송금 URL에 request 의 POST 방식으로 송금 데이터를 업데이트해 줄 것이며(requests.post("http://localhost:5000/transactions/new", headers=headers, data=json.dumps(data))) "송금 완료" 메시지를 띄우게 된다. 만약 송금되는 pyBTC의 양이 음수라면 "0pyBTC 이상 보내 주세요!"라는 에러 메시지가 나타난다.

[코드 3-4-3] 지갑 서비스의 back-end 코드

```python
@app.route('/wallet', methods=['GET', 'POST'])
def wallet():
    if request.method=='POST':
        send_value = int(request.form.to_dict(flat=False)['send_value'][0] )
        send_target = request.form.to_dict(flat=False)['send_target'][0]
        send_from = request.form.to_dict(flat=False)['send_from'][0]
        print("Login Wallet ID : " ,send_from)

        if send_value > 0:
            print("Send Amout :", send_value)
            ## transaction 입력하기
            headers = {'Content-Type' : 'application/json; charset=utf-8'}
            data = {
                "sender": send_from,
                "recipient": send_target,
                "amount": send_value,
            }
            requests.post("http://localhost:5000/transactions/new", headers=headers, data=json.dumps(data))

            return "전송 완료!"

        else:
            return "0 pyBTC 이상 보내주세요!"

    return render_template('wallet.html')
```

마지막으로 해당 지갑 사이트가 8081 포트에서 운영되도록 실행 명령어를 보낸다.

[코드 3-4-4] 지갑 화면의 html

```
app.run(port=8081)
```

위의 4가지(패키지 호출, 로그인 화면, 지갑 화면, 실행) 내용을 정리한 최종 코드는 [코드 3-4-5]와 같다.

[코드 3-4-5] Block Wallet Back-end

```
# Package Import
from flask import Flask
from datetime import datetime
from flask import render_template
from flask import request
from flask import url_for
from flask import redirect

import requests
import json
import os
import pandas as pd

# Flask app 선언
app = Flask(__name__, template_folder=os.getcwd())

# login 기능
@app.route('/', methods=['GET', 'POST'])
def login():
    if request.method=='POST':
        print("login 버튼을 누름")
        input_value = request.form.to_dict(flat=False) ['wallet_id'][0]
        print("login 지갑주소 : " , input_value)
        ### 기존 user 정보 확인
        headers = {'Content-Type' : 'application/json; charset=utf-8'}
```

```python
        res = requests.get("http://localhost:5000/chain", headers=headers)
        status_json = json.loads(res.text)
        status_json['chain']
        tx_amount_l = []
        tx_sender_l = []
        tx_reciv_l  = []
        tx_time_l   = []
        # 거래 내역 정리 (df_tx)
        for chain_index in range(len(status_json['chain'])):
            chain_tx = status_json['chain'][chain_index]['transactions']
            for each_tx in range(len(chain_tx)):
                tx_amount_l.append(chain_tx[each_tx]['amount'])
                tx_sender_l.append(chain_tx[each_tx]['sender'])
                tx_reciv_l.append(chain_tx[each_tx]['recipient'])
                tx_time_l.append(chain_tx[each_tx]['timestamp'])
        df_tx = pd.DataFrame()
        df_tx['timestamp'] = tx_time_l
        df_tx['sender'] = tx_sender_l
        df_tx['recipient'] = tx_reciv_l
        df_tx['amount'] = tx_amount_l
        df_tx


        # pyBTC 잔고 현황 정리 (df_status)
        df_sended = pd.DataFrame(df_tx.groupby('sender')['amount'].sum()).reset_index()
        df_sended.columns = ['user','sended_amount']
        df_received= pd.DataFrame(df_tx.groupby('recipient')['amount'].sum()).reset_index()
        df_received.columns = ['user','received_amount']
        df_status = pd.merge(df_received,df_sended, on ='user', how='outer').fillna(0)
        df_status['balance'] = df_status['received_amount'] - df_status['sended_amount']
```

```python
        df_status

        # 결과값 렌더링
        if (df_status['user']==input_value ).sum() == 1:
            print("로그인성공")
            return render_template("wallet.html",  wallet_id = input_value,
                                                    wallet_value = df_status[df_status['user']== input_value]['balance'].iloc[0])
        else:
            return "잘못된 지갑주소입니다."

    return render_template('login.html')

# 지갑 기능
@app.route('/wallet', methods=['GET', 'POST'])
def wallet():
    if request.method=='POST':
        send_value = int(request.form.to_dict(flat=False)['send_value'][0] )
        send_target = request.form.to_dict(flat=False)['send_target'][0]
        send_from = request.form.to_dict(flat=False)['send_from'][0]
        print("Login Wallet ID : " ,send_from)

        if send_value > 0:
            print("Send Amout :", send_value)
            ## transaction 입력하기
            headers = {'Content-Type' : 'application/json; charset=utf-8'}
            data = {
                "sender": send_from,
                "recipient": send_target,
                "amount": send_value,
            }
            requests.post("http://localhost:5000/transactions/new",
headers=headers, data=json.dumps(data))
```

```
            return "전송 완료!"

        else:
            return "0 pyBTC 이상 보내주세요!"

    return render_template('wallet.html')

# 지갑 사이트 실행
app.run(port=8081)
```

2 | Block Wallet Front-end 만들기

이제 Back-end에서 제공된 정보들이 렌더링된 후 사용자가 쉽게 볼 수 있도록 Front-end 차원에서 html 파일이 준비되어야 한다. Back-end와 동일하게 로그인 페이지와 지갑 페이지의 html 파일이 구성될 것이다.

1 로그인 페이지(login.html)

로그인 페이지는 사용자 ID를 입력하여 로그인하는 페이지로 html 파일이 짧게 구성된다. 우선 사이트의 제목이 보이도록 html의 <h1> tag를 활용하여 가운데에 보이게 한다.

[코드 3-4-6] 지갑 login 제목 html
```
<h1><center> pyBTC Block Chain Network Wallet </center> </h1>
```

다음으로 로그인 버튼을 클릭했을 때 POST 액션으로 wallet_id가 Back-end로 전송되도록 <form> 형식으로 구성한다.

[코드 3-4-7] 지갑 로그인 화면의 본문 html
```
<form action="/" method="POST">
    <div class="form-group">
        <input type="text" name="wallet_id" placeholder="지갑ID를 입력해주세요!" size="80">
```

```
        </div>
        <div class="form-group">
            <input type="submit" value="로그인" />
        </div>
</form>
```

최종적으로 완성된 login.html 코드는 [코드 3-4-8]과 같으며 [그림 3-4-2]와 같이 로그인 화면이 기능하게 된다. Login 화면에서 test_from이라는 지갑 ID로 로그인하면 [그림 3-4-3]과 같이 Back-end(one_node_Wallet.ipynb)에서 로그인한 지갑 주소 및 성공 로그를 확인할 수 있다.

[코드 3-4-8] login.html

```
<h1><center> pyBTC Block Chain Network Wallet </center> </h1>
<form action="/" method="POST">
    <div class="form-group">
        <input type="text" name="wallet_id" placeholder="지갑ID를 입력해주세요!"  size="80">
    </div>
    <div class="form-group">
        <input type="submit" value="로그인" />
    </div>
</form>
<hr>
```

[그림 3-4-2] pyBTC 지갑 로그인 화면

```
1  app.run(port=8081)
```

```
* Serving Flask app "__main__" (lazy loading)
* Environment: production
  WARNING: This is a development server. Do not use it in a production deployment.
  Use a production WSGI server instead.
* Debug mode: off
```

```
* Running on http://127.0.0.1:8081/ (Press CTRL+C to quit)
127.0.0.1 - - [04/Dec/2022 18:11:54] "GET / HTTP/1.1" 200 -
```

```
login 버튼을 누름
login 지갑주소 :  test_to
```

```
127.0.0.1 - - [04/Dec/2022 18:12:00] "POST / HTTP/1.1" 200 -
```

```
로그인성공
```

[그림 3-4-3] pyBTC 지갑 로그인 화면

2 지갑 페이지(wallet.html)

정상적으로 로그인되어 wallet.html로 렌더링되면 이전과 동일하게 사이트 제목이 보이도록 html의 <h1> tag를 활용하여 가운데에 보이게 한다.

[코드 3-4-9] 지갑 본 사이트의 제목 html

```
<h1> <center> pyBTC Block Chain Wallet</center></h1>
```

다음으로 사용자가 로그인한 지갑 주소(Wallet id) 및 잔액 확인이 가능해야 한다. Back-end에서 리턴 받은 wallet_id 및 wallet_value 값이 html에서 보이게 한다.

[코드 3-4-10] 지갑 내 잔액 표시 html

```
<h3> 내 지갑 주소 : {{wallet_id}}</h3>
<br>
<h3> 내 지갑 잔액 : {{wallet_value}} pyBTC</h3>
```

다음으로 보내기 버튼을 클릭하면 POST 액션으로 사용자가 입력한 받는 지갑 주소, pyBTC 금액이 Back-end로 전송될 수 있도록 <form> 형식으로 구성한다. 이때 보내는 사람의 지갑 주소는 미리 Back-end에서 리턴되어 수정되면 안 되기에 read-only 형식이어야 한다(<input type="text" name="send_from" value= '{{wallet_id}}' size="80" readonly>).

[코드 3-4-11] 지갑 내 송금 기능 html

```html
<form action="wallet" method="POST">

        <div class="form-group">
<input type="text" name="send_from" value= '{{wallet_id}}'  size="80" readonly>
        </div>


        <div class="form-group">
          <input type="text" name="send_target" placeholder="보낼 지갑주소를 입력해주세요!" size="80" >
        </div>
          <div class="form-group">
          <input type="text" name="send_value" placeholder="보낼 pyBTC 수량을 입력해주세요!" size="30">
        </div>


        <div class="form-group">
          <input type="submit" value="보내기" />
        </div>

</form>
```

최종적으로 구성된 html 코드는 [코드 3-4-12]와 같다. 이 html 파일을 wallet.html이라는 이름으로 Back-end 프로그램인 one_node_Wallet.ipynb와 동일한 디렉터리에 저장한 뒤 login.html에서 정상 로그인하면 [그림 3-4-4]와 같이 지갑 메인 화면을 확인할 수 있다.

[코드 3-4-12] 지갑 잔액 조회 및 송금 html

```html
<h1> <center>  pyBTC Block Chain Wallet</center></h1>

<h3>  내 지갑 주소 : {{wallet_id}}</h3>
<br>
<h3>  내 지갑 잔액 : {{wallet_value}} pyBTC</h3>
```

```html
<form action="wallet" method="POST">
    <div class="form-group">
<!--        보내는 사람의 지갑 주소는 미리 back-end에서 return되어 수정되면 안 되기에 read-only 형식 -->
        <input type="text" name="send_from" value= '{{wallet_id}}' size="80" readonly>
    </div>
    <div class="form-group">
        <input type="text" name="send_target" placeholder="보낼 지갑주소를 입력해주세요!" size="80" >
    </div>
        <div class="form-group">
        <input type="text" name="send_value" placeholder="보낼 pyBTC 수량을 입력해주세요!" size="30">
    </div>

    <div class="form-group">
        <input type="submit" value="보내기" />
    </div>

</form>
```

지갑 메인 화면에서는 내 지갑 주소와 잔액을 확인할 수 있으며 기획한 대로 보낼 지갑 주소와 보낼 pyBTC 수량 입력창이 활성화되어 있다. 이제 [그림 3-4-4]와 같이 test_to4라는 주소로 3개의 pyBTC를 보내 보자.

[그림 3-4-4] pyBTC 지갑에서 pyBTC 보내기

보내기 버튼을 클릭하면 [그림 3-4-5]와 같이 지갑 운영 페이지(one_node_Wallet.ipynb)와 지갑 페이지에서 송금 완료 로그를 확인할 수 있다.

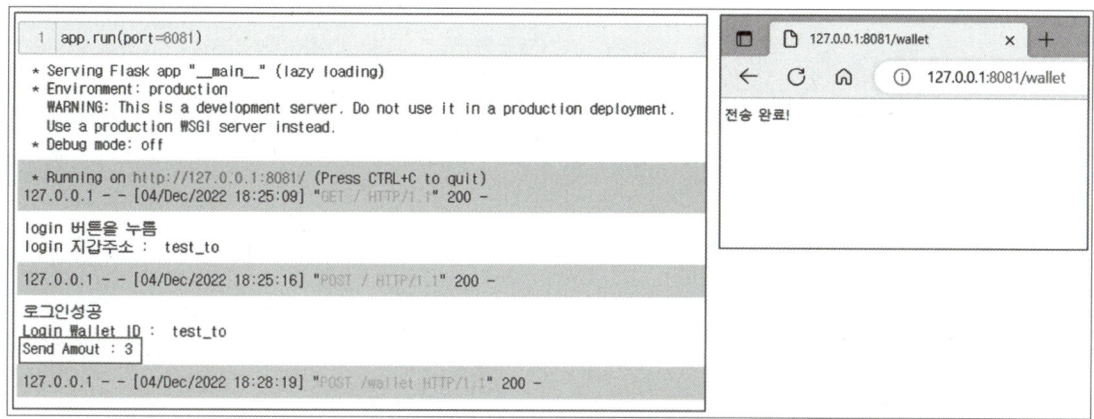

[그림 3-4-5] 지갑에서 pyBTC 송금 결과

이후 거래 내역이 블록에 저장되도록 '3장 1-2 블록체인 운영 중인 노드에 실행 명령하기'(one_node_command.ipynb)에서 진행했던 채굴 명령을 진행한 뒤 확인해 보면 [그림 3-4-6]과 같이 지갑 사이트 및 블록 스캔 사이트에 거래 내역이 저장된 것을 확인할 수 있다.

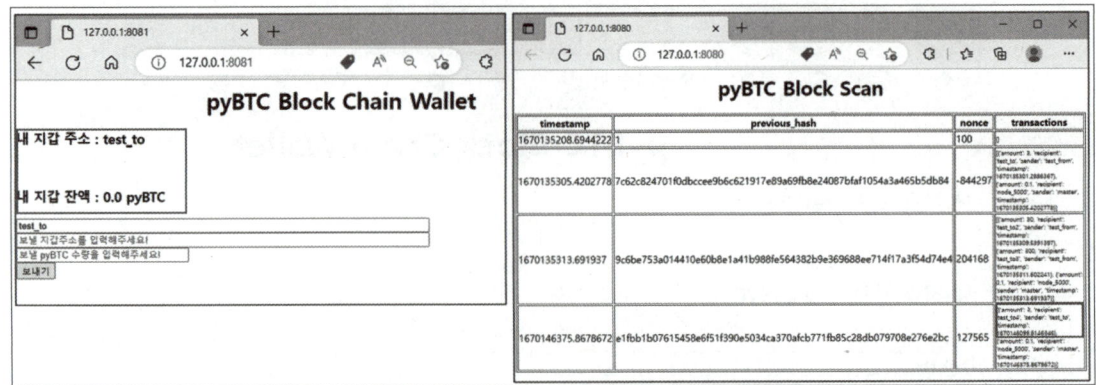

[그림 3-4-6] 송금 후 잔액 변화 및 pyBTC 블록 스캔에 저장된 내역

5.
여러 개의 노드 연결하기

블록 체인 노드를 구성한 뒤 블록 스캔 사이트와 pyBTC를 주고받을 수 있는 지갑 사이트 제작을 완료하였다. 이로서 파이썬 기반의 블록체인 네트워크를 완성한 듯하지만, 지금까지 우리는 블록체인 네트워크의 가장 중요한 요소를 생략하고 진행했다. 바로 분산된 데이터 저장, 즉 '탈중앙화'라는 특징이다. 현재까지 구축된 블록체인은 one_node.ipynb 하나의 노드로 운영되기에 데이터가 분산되었다고 할 수 없다. 즉 하나의 서버에 데이터가 저장된 중앙화된 방식으로 운영되고 있는 것이다. 현재의 상태에서는 one_node.ipynb의 데이터만 알맞게 수정된다면 과거의 거래 내역이 수정될 수 있고 이에 따라 블록체인 네트워크의 '변경 및 삭제가 불가능'하다는 장점이 적용될 수 없다.

이번 장에서는 [그림 3-5-1]과 같이 탈중앙화된 pyBTC 블록체인 네트워크를 위하여 노드를 추가할 것이다. 따라서 여러 노드가 채굴 보상을 위해 경쟁하며, 알맞은 nonce값을 찾아 블록을 완성하게 될 경우 주변의 노드와 소통하여 블록 생성을 알리고, 주변의 노드들은 해당 nonce 값이 알맞은 값인지를 검증하는 과정을 반복할 것이다. 이를 통하여 탈중앙화된 블록체인 네트워크를 완성해 보자.

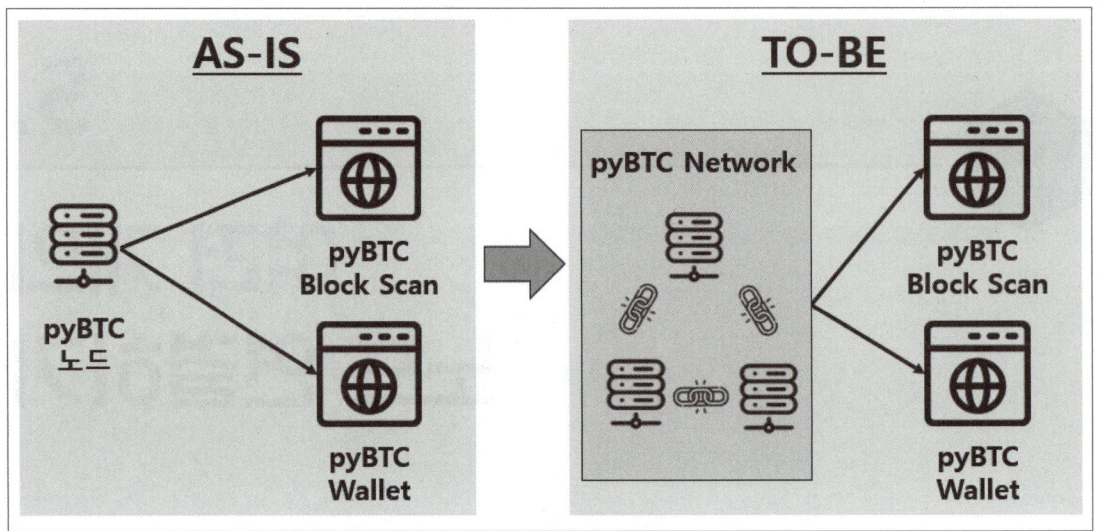

[그림 3-5-1] pyBTC의 탈중앙화

1 | 여러 노드 운영을 위한 추가 사항(node_network_1.ipynb)

- **모듈 호출(import)**: 기존 1개 노드를 운영할 때와 다르게 여러 노드와 소통하기 위해 urllib 패키지로부터 URL 파싱 기능을 하는 urlparse 패키지를 호출한다.

[코드 3-5-1] 관련 모듈 호출

```
from urllib.parse import urlparse
```

- **블록 객체(class Blockchain) 내용 추가**: 블록 객체에는 아래 2가지 기능이 추가된다.

  ① **객체 내의 노드 리스트에 다른 노드 추가하기(register_node)**: 초기 객체 선언 시(_init_) 이미 nodes라는 노드 집합(set)을 선언하였다. 하지만 기존의 하나의 노드 운영 코드에는 이 노드 집합에 추가하는 기능이 없었다. 여러 노드가 함께 운영되기 위해서는 각 블록의 객체에 다른 노드의 정보가 추가되어야 한다. 추가되는 코드는 [코드 3-5-2]와 같다.

[코드 3-5-2] 노드 등록

```
def register_node(self, address):
    parsed_url = urlparse(address)
    self.nodes.add(parsed_url.netloc)
```

② 다른 블록과 데이터를 비교하며 최신 데이터로 업데이트(resolve_conflicts): 노드가 여러 개 존재할 경우 노드 간의 데이터가 상이한 상황(conflicts)이 발생할 수 있다. 이러한 경우 이웃 노드들의 체인 정보를 받아온 뒤 해당 노드의 블록 길이와 내 노드의 블록 길이를 비교하여 더욱 긴 블록을 유효한 블록으로 간주하고 데이터를 업데이트해 준다. 이후 결과값으로 True 값을 반환한다. 내 노드의 데이터가 최신 데이터로 확인될 경우에는 별도의 작업을 하지 않고 False 값을 반환한다. 해당 내용의 코드는 [코드3-5-3]과 같다.

[코드 3-5-3] 노드의 블록 유효성 검증

```python
def resolve_conflicts(self):
    neighbours = self.nodes # 구동되는 노드들을 저장
    new_block = None

    max_length = len(self.chain) # 내 블록의 길이 저장
    for node in neighbours:
        node_url = "http://" + str(node.replace("0.0.0.0","localhost")) + '/chain' # url을 받아서 request 통해 체인 정보 저장
        response = requests.get(node_url)
        if response.status_code == 200: # 웹페이지와 정상적으로 교류가 되면 그 정보 저장
            length = response.json()['length']
            chain = response.json()['chain']
            ## 다른 노드의 길이(length)가 내 노드의 길이(max_length)보다 길고 and 내 체인이 유효한 경우
            if length > max_length and self.valid_chain(chain): # 긴 체인을 비교 >> 제일 긴 블록이 인정된다
                max_length = length
                ## 기존 노드의 정보보다 받은 정보가 최신이다. 전송받은 블록 정보를 new_block에 넣는다
                new_block = chain
                ## 다른 노드의 길이(length)가 내 노드의 길이(max_length)보다 짧거나 내 체인이 유효하지 않은 경우
            else:
                1==1 # 별도 작업 불필요
```

```
            if new_block != None:
                self.chain = new_block   # 기존 블록 정보가 잘못된 것을 인정하고 검증
된 블록 정보로 바꾼다.
                return True

        return False
```

- **블록 운영 함수의 변화**

① **운영 노드 주소 변경**: 기존 노드와 다른 주소에서 새로운 노드가 운영되어야 한다. 이번 실습의 경우 ID는 모두 localhost로 동일하며 port를 5000/5001/5002로 3개의 노드를 운영할 계획이다.

[코드 3-5-4] 노드 기본값 설정

```
blockchain = Blockchain()
my_ip = 'localhost'
my_port = '5000' #혹은 '5001' or '5002'
node_identifier = 'node_'+my_port
mine_owner = 'master'
mine_profit = 0.1
```

② **다른 노드 추가 함수(register_nodes)**: API 주소를 통하여 request의 POST 방식으로 타 노드 추가 요청이 오게 될 것이다. 그럴 경우 우선 정상 노드 주소로 요청되었는지 확인한 뒤, 해당 노드가 이미 등록된 것은 아닌지 확인하고 새로운 추가 요청으로 확인될 경우, 블록체인 객체에 새로 만들어진(register_node) 기능을 작동시켜 해당 노드를 추가한다. 그다음 본 노드가 보유하고 있던 다른 노드들에게 신규 노드가 추가되었다는 내용을 전파한다. 코드로 표현하면 [코드 3-5-5] 와 같다.

[코드 3-5-5] 노드 연결을 위해 추가되는 함수들

```
################## 노드 연결을 위해 추가되는 함수: 다른 Node 등록!
@app.route('/nodes/register', methods=['POST'])
def register_nodes():
    values = request.get_json() # json 형태로 보내면 노드가 저장됨
    print("register nodes !!! : ", values)
```

```python
    registering_node = values.get('nodes')
    if registering_node == None: # 요청된 node 값이 없다면!
        return "Error: Please supply a valid list of nodes", 400

    ## 요청받은 노드가 이미 등록된 노드와 중복인지 검사
    ## 중복인 경우
    if registering_node.split("//")[1] in blockchain.nodes:
        print("Node already registered")  # 이미 등록된 노드입니다.
        response = {
            'message' : 'Already Registered Node',
            'total_nodes' : list(blockchain.nodes),
        }


    ## 중복이 아니라면
    else:
        # 내 노드 리스트에 추가
        blockchain.register_node(registering_node)

        ## 이후 해당 노드에 내 정보 등록하기
        headers = {'Content-Type' : 'application/json; charset=utf-8'}
        data = {
            "nodes": 'http://' + my_ip + ":" + my_port
        }
        print("MY NODE INFO " , 'http://' + my_ip + ":" + my_port)
        requests.post( registering_node + "/nodes/register", headers=headers, data=json.dumps(data))

        # 이후 주변 노드들에도 새로운 노드가 등장함을 전파
        for add_node in blockchain.nodes:
            if add_node != registering_node.split("//")[1]:
                print('add_node : ', add_node)
                ## 노드 등록하기
                headers = {'Content-Type' : 'application/json; charset=utf-8'}
```

```
            data = {
                "nodes": registering_node
            }
            requests.post('http://' + add_node  + "/nodes/register", headers=headers, data=json.dumps(data))

        response = {
            'message' : 'New nodes have been added',
            'total_nodes' : list(blockchain.nodes),
        }
    return jsonify(response), 201
```

③ **거래 내역 추가 함수(new_transaction)에 일부 내용 추가**: 한 개의 노드가 운영될 때는 거래 내역이 추가된 경우 해당 노드에 저장만 하면 되었다. 하지만 노드가 여러 개 존재할 경우에는 해당 노드에 추가된 거래 내역을 저장한 후 다른 노드들에도 거래 내역이 추가된 것을 전파해야 한다. 이때 신규로 온 요청과 구별될 수 있도록 'type'을 'sharing'으로 전파한다. 내용이 추가된 최종 거래 내역 추가 함수는 [코드3-5-6]과 같다.

[코드 3-5-6] 거래 내역 추가 시 다른 노드에 전파

```
@app.route('/transactions/new', methods=['POST'])
def new_transaction():
    values = request.get_json()
    print("transactions_new!!! : ", values)
    required = ['sender', 'recipient', 'amount']

    if not all(k in values for k in required):
        return 'missing values', 400

    index = blockchain.new_transaction(values['sender'],values['recipient'], values['amount'])

    response = {'message' : 'Transaction will be added to Block {%s}' % index}
```

```
################## 노드 연결을 위해 추가되는 부분
## 본 노드에 받은 거래 내역 정보를 다른 노드들에 다같이 업데이트해 준다.

if "type" not in values:   ## 신규로 추가된 경우 type이라는 정보가 포함되어
없다. 해당 내용은 전파 필요
    for node in blockchain.nodes:   # nodes에 저장된 모든 노드에 정보를 전달
한다.
        headers = {'Content-Type' : 'application/json; charset=utf-8'}
        data = {
            "sender": values['sender'],
            "recipient": values['recipient'],
            "amount": values['amount'],
            "type" : "sharing"   # 전파이기에 sharing이라는 type이 꼭 필요
하다.
        }
        requests.post("http://" + node  + "/transactions/new",
headers=headers, data=json.dumps(data))
        print("share transaction to >>   ","http://" + node )

return jsonify(response), 201
```

④ **채굴 함수(new_transaction)에 일부 내용 추가**: 거래 내역 추가 시 추가된 내용을 다른 노드에 전파했던 것과 같이 채굴이 완료된 경우에도 채굴이 완료되었다는 것을 다른 노드들에 전파해야 한다. 해당 내용이 추가된 최종 채굴 함수는 [코드 3-5-7]과 같다.

[코드 3-5-7] 채굴 완료 시 타 노드에 전파

```
@app.route('/mine', methods=['GET'])
def mine():
    print("MINING STARTED")
    last_block = blockchain.last_block
    last_proof = last_block['nonce']
    proof = blockchain.pow(last_proof)
    blockchain.new_transaction(
```

```
        sender=mine_owner,
        recipient=node_identifier,
        amount=mine_profit # coinbase transaction
    )
     previous_hash = blockchain.hash(last_block)
    block = blockchain.new_block(proof, previous_hash)
    print("MINING FINISHED")

    ################## 노드 연결을 위해 추가되는 부분
    for node in blockchain.nodes: # nodes에 연결된 모든 노드에 작업 증명(PoW)이 완료되었음을 전파한다.
        headers = {'Content-Type' : 'application/json; charset=utf-8'}
        data = {
            "miner_node":  'http://' + my_ip + ":" + my_port,
            'new_nonce' : blockchain.last_block['nonce']
        }

        alarm_res = requests.get("http://" + node  + "/nodes/resolve", headers=headers, data =json.dumps(data) )

        if "ERROR" not in alarm_res.text : # 전파 받은 노드의 응답에 ERROR라는 이야기가 없으면(나의 PoW가 인정받으면)
            ## 정상 response
            response = {
                'message' : 'new block completed',
                'index' : block['index'],
                'transactions' : block['transactions'],
                'nonce' : block['nonce'],
                'previous_hash' : block['previous_hash']
            }

        else : # 전파받은 노드의 응답에 이상이 있음을 알린다면?
            ## 내 PoW가 이상이 있을 수 있기에 다시 PoW 진행!
```

```
            block = blockchain.new_block(proof, previous_hash)

    return jsonify(response), 200
```

⑤ **채굴 결과 검증 함수(resolve)**: 다른 노드에서 작업 증명(채굴)이 완료되었다고 전파되었을 때, 바로 그 내용을 받아들이면 안 된다. 해당 노드에서는 ① 과연 다른 노드가 완료한 작업이 알맞은 작업이었는지, ② 다른 노드의 과거 데이터에 조작이 없었는지 검증하여야 한다. 이를 위하여 새로운 블록 생성 알람에 제공된 해시와 내 노드에 저장되었던 과거 해시값에 이상이 없는지 비교해야 한다. 두 번째로는 작업 증명 완료의 결과로 산출된 nonce 값으로 작업 증명의 조건에 만족했는지 직접 확인해야 한다. 위 2가지 내용을 확인한 뒤 이상이 없을 경우 정상 작업 증명(채굴)이 되었음을 인정하고 내 블록에도 다음 블록을 연결한다. 이상이 있을 경우에는 검증 결과가 잘못되었음을 전파하고 채굴 활동을 지속한다. 코드로 표현하면 [코드 3-5-8]과 같다.

[코드 3-5-8] 타 노드의 채굴 결과 검증

```
## 타 노드에서 블록 생성 내용을 전파하였을 때 검증 작업을 진행한다.
@app.route('/nodes/resolve', methods=['GET'])
def resolve():
    requester_node_info = request.get_json()
    required = ['miner_node'] # 해당 데이터가 존재해야 함
    # 데이터가 없으면 에러를 띄움
    if not all(k in requester_node_info for k in required):
        return 'missing values', 400

    ## 그전에 우선 previous에서 바뀐 것이 있는지 점검하자!!
    my_previous_hash = blockchain.last_block['previous_hash']
    my_previous_hash

    last_proof = blockchain.last_block['nonce']

    headers = {'Content-Type' : 'application/json; charset=utf-8'}
    miner_chain_info = requests.get(requester_node_info['miner_node'] + "/chain", headers=headers)
```

```
        ## 초기 블록은 과거 이력 변조 내역을 확인할 필요가 없다.

    print("다른노드에서 요청이 온 블록, 검증 시작")
    new_block_previous_hash = json.loads(miner_chain_info.text)['chain'][-2]
['previous_hash']
    # 내 노드의 전 해시와 새로 만든 노드의 전 해시가 같을 때!!! >> 정상
    if my_previous_hash == new_block_previous_hash and \
            hashlib.sha256(str(last_proof + int(requester_node_info['new_
nonce'])).encode()).hexdigest()[:4] == "0000" :
            # 정말 PoW의 조건을 만족시켰을까? 검증하기
        print("다른노드에서 요청이 온 블록, 검증결과 정상!!!!!!")


        replaced = blockchain.resolve_conflicts() # 결과값 : True Flase / True
면 내 블록의 길이가 짧아 대체되어야 한다.


        # 체인 변경 알림 메시지
        if replaced == True:
            ## 내 체인이 짧아서 대체되어야 함
            print("REPLACED length :",len(blockchain.chain))
            response = {
                'message' : 'Our chain was replaced >> ' + my_ip + ":"+ my_
port,
                'new_chain' : blockchain.chain
            }
        else:
            ## 내 체인이 제일 길어서 권위가 있음
            response = {
                'message' : 'Our chain is authoritative',
                'chain' : blockchain.chain
            }
    #아니면 무엇인가 과거 데이터가 바뀐 것이다!!
    else:
        print("다른노드에서 요청이 온 블록, 검증결과 이상발생!!!!!!!!")
```

```
        response = {
            'message' : 'Our chain is authoritative>> ' +  my_ip + ":"+ my_port,
            'chain' : blockchain.chain
        }

    return jsonify(response), 200
```

이제 여러 개의 노드가 동시에 운영되며 탈중앙화 블록체인 네트워크를 구성할 준비가 완료되었다.

2 | 3개의 노드 운영하기(node_network_2.ipynb, node_network_3.ipynb)

이제 3개의 노드를 동시에 운영하며 기존과 마찬가지로 거래 내역을 pyBTC 블록스캔 사이트에서 확인하고 pyBTC Wallet 사이트에서 pyBTC를 주고받을 예정이다. 이를 위하여 [그림 3-5-2]와 같이 9개의 파일리스트가 활용될 예정이다. 노드를 운영하는 node_network_1/2/3의 경우 코드 내용은 동일하며 단지 포트 정보만 다르게 병렬로 운영될 것이다. html 파일의 경우는 기존 한 개의 노드를 운영할 때와 동일한 코드로 변경되는 사항이 없을 것이며 Back-end 파일인 chainScan 및 Wallet에서는 3개의 노드 중 하나를 랜덤으로 접속하도록 변화될 것이며 마지막으로 운영 노드에 명령을 보내는 node_network_command.ipynb의 경우 한 노드에 다른 노드 정보를 추가하는 간단한 내용이 추가될 것이다.

☐ 📄 node_network_1.ipynb		Running 2분 전	26.4 kB
☐ 📄 node_network_2.ipynb		Running 40분 전	24 kB
☐ 📄 node_network_3.ipynb		Running 39분 전	23.9 kB
☐ 📄 node_network_chainScan.ipynb		Running 1분 전	8.12 kB
☐ 📄 node_network_command.ipynb		Running 40분 전	54.8 kB
☐ 📄 node_network_Wallet.ipynb		Running 하루 전	36.4 kB
☐ 📄 login.html		2일 전	323 B
☐ 📄 node_network_scan.html		9시간 전	547 B
☐ 📄 wallet.html		7일 전	786 B

[그림 3-5-2] 여러 노드 운영하기

① **노드 운영(node_network_X.ipynb):** 이번 실습의 ID는 모두 localhost로 동일하며 port는 5000/5001/5002로 3개의 노드를 운영할 계획이다. [그림 3-5-3]과 같이 1번 파일은 5000번 포트, 2번 파일은 5001번 포트, 3번 파일은 5002번 포트에서 운영될 예정이다.

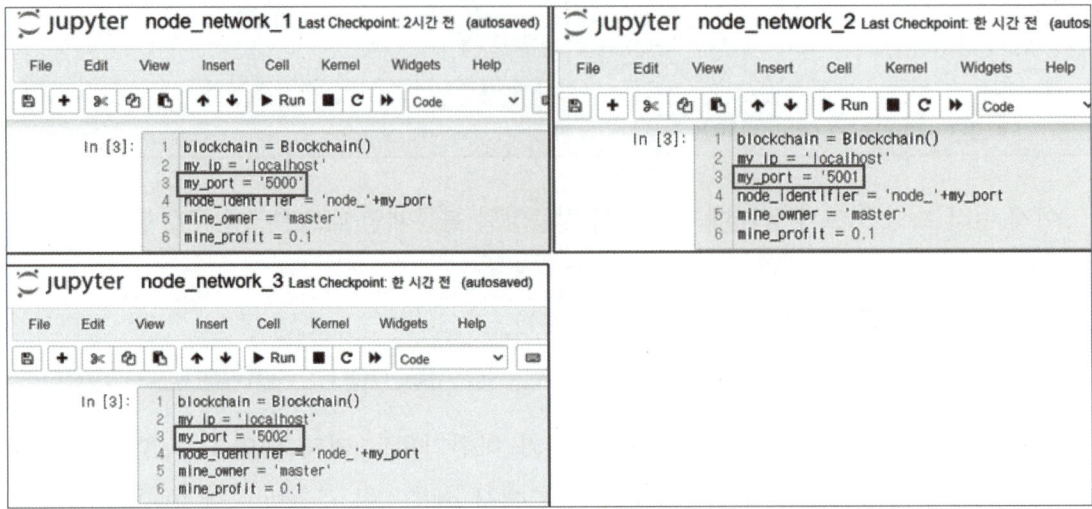

[그림 3-5-3] 3개의 노드 주소

② **pyBTC Scan 및 pyBTC Wallet 운영:** 이 두 사이트의 경우 한 개의 노드를 운영할 때와 바뀌는 점이 없어도 실제 운영에는 문제가 없을 것이다. 하지만 그럴 경우 해당 사이트들이 지속적으로 하나의 노드만 활용하기에 여러 노드를 임의로 선정하여 데이터를 불러오도록 개선할 예정이다. 이를 위하여 [코드 3-5-9]와 같이 random 패키지를 호출한 뒤 노드 리스트 기준으로 데이터를 request할 노드를 임의로 선택할 예정이다.

[코드 3-5-9] Wallet에서의 노드 선정

```
import random
node_port_list = ['5000','5001','5002']


node_id = random.choice(node_port_list)
```

[코드 3-5-9]의 내용을 기반으로 운영될 블록 스캔 및 지갑의 Back-end 코드는 [코드 3-5-10]과 같다.

- 블록 스캔 Back-end : node_network_chainScan.ipynb

[코드 3-5-10] 여러 노드에 분산 요청하는 블록 스캔 back-end

```python
from flask import Flask
from datetime import datetime
from flask import render_template
import requests
import os
import json
import pandas as pd
import random

app = Flask(__name__, template_folder=os.getcwd())

node_port_list = ['5000','5001','5002']

@app.route('/')
def index():
    headers = {'Content-Type' : 'application/json; charset=utf-8'}
        # 블록체인 내 블록 정보를 제공하는 url(http://localhost:5000/chain)에 request 방식으로 데이터를 요청
    node_id = random.choice(node_port_list)
    res = requests.get("http://localhost:" + node_id + "/chain", headers=headers)
    print("Selected Node : ", node_id)
    # 요청 결과 데이터(res.text)를 json으로 로드
    status_json = json.loads(res.text)
    # 결과 데이터를 pandas의 dataframe(df_scan)으로 정리
    df_scan = pd.DataFrame(status_json['chain'] )
     # Front 구성 내용이 담길 html(one_node_scan.html) 파일에 데이터프레임 정보(df_scan)와 블록의 길이(block_len)를 제공
    return render_template('/node_network_scan.html', df_scan = df_scan, block_len = len(df_scan))

app.run(port=8080)
```

- 블록 지갑 Back-end: node_network_Wallet.ipynb

[코드 3-5-11] 여러 노드에 분산 요청하는 블록 Wallet back-end

```python
from flask import Flask
from datetime import datetime
from flask import render_template
from flask import request
from flask import url_for
from flask import redirect

import requests
import json
import os
import pandas as pd
import random

app = Flask(__name__, template_folder=os.getcwd())
node_port_list = ['5000','5001','5002']

@app.route('/', methods=['GET', 'POST'])
def login():
    
    if request.method=='POST':
        print("login 버튼을 누름")
        input_value = request.form.to_dict(flat=False)
        print("login 지갑주소 : " , input_value)
        
        ## 노드 주소 랜덤 선정
        node_id = random.choice(node_port_list)
        
        ### 기존 user 정보 확인
        headers = {'Content-Type' : 'application/json; charset=utf-8'}
        ## 선정된 노드 주소로 데이터 요청
        res = requests.get("http://localhost:" +node_id + "/chain",
```

```
headers=headers)
        print("*"*8)
        status_json = json.loads(res.text)
        status_json['chain']
        tx_amount_l = []
        tx_sender_l = []
        tx_reciv_l  = []
        tx_time_l   = []

        for chain_index in range(len(status_json['chain'])):
            chain_tx = status_json['chain'][chain_index]['transactions']
            for each_tx in range(len(chain_tx)):
                tx_amount_l.append(chain_tx[each_tx]['amount'])
                tx_sender_l.append(chain_tx[each_tx]['sender'])
                tx_reciv_l.append(chain_tx[each_tx]['recipient'])
                tx_time_l.append(chain_tx[each_tx]['timestamp'])

        df_tx = pd.DataFrame()
        df_tx['timestamp'] = tx_time_l
        df_tx['sender'] = tx_sender_l
        df_tx['recipient'] = tx_reciv_l
        df_tx['amount'] = tx_amount_l

        df_sended = pd.DataFrame(df_tx.groupby('sender')['amount'].sum()).reset_index()
        df_sended.columns = ['user','sended_amount']
        df_received= pd.DataFrame(df_tx.groupby('recipient')['amount'].sum()).reset_index()
        df_received.columns = ['user','received_amount']
        df_received

        df_status = pd.merge(df_received,df_sended, on ='user', how='outer').fillna(0)
```

```python
            df_status['balance'] = df_status['received_amount'] - df_status['sended_amount']

        if (df_status['user']==input_value['wallet_id'][0] ).sum() == 1:
            print("로그인성공")
            return render_template("wallet.html", wallet_id = input_value['wallet_id'][0],
                                                  wallet_value = df_status[df_status['user']== df_status['user'].iloc[0]]['balance'].iloc[0])
        else:
            return "잘못된 지갑주소입니다."

    return render_template('login.html')

@app.route('/wallet', methods=['GET', 'POST'])
def wallet():
    if request.method=='POST':
        send_value = int(request.form.to_dict(flat=False)['send_value'][0] )
        send_target = request.form.to_dict(flat=False)['send_target'][0]
        send_from = request.form.to_dict(flat=False)['send_from'][0]

        if send_value > 0:
            print(send_value)
            ## transaction 입력하기
            headers = {'Content-Type' : 'application/json; charset=utf-8'}

            ## 노드 주소 랜덤 선정
            data = {
                "sender": send_from,
                "recipient": send_target,
                "amount": send_value,
            }
            ## 선정된 노드 주소로 데이터 요청
```

```
            requests.post("http://localhost:" +node_id + "/transactions/new",
headers=headers, data=json.dumps(data)).content
            return "전송 완료!"
        else:
            return "0 pyBTC 이상 보내주세요!"
    return render_template('wallet.html')
app.run(port=8081)
```

③ **블록체인 운영 노드들에 실행 명령**: 이제 여러 노드에 서로의 노드 정보를 등록하고, 거래 내역을 저장하고 채굴하고 검증하는 등 실행 명령어를 운영해 보자. 우선 기존과 동일하게 필요한 패키지들을 호출한다.

[코드 3-5-12] 관련 모듈 호출

```
import requests
import json
import pandas as pd
import hashlib # hash 함수용 sha256 사용할 라이브러리
import random
```

다음으로 [그림 3-5-4]와 같이 3개의 노드에 각각 블록 정보를 조회하며 정상적으로 노드가 동작하고 있는지 확인한다. 3개의 노드 모두 첫 블록이 생성된 이후 아무 거래가 없었음을 확인할 수 있다. 다음으로 아래 코드와 같이 1번 노드(5000번 포트)에 2번 노드(5001번 포트)의 정보를 등록해 보자.

[코드 3-5-13] 타 노드 등록

```
## 노드 등록하기
headers = {'Content-Type' : 'application/json; charset=utf-8'}
data = {
    "nodes": 'http://localhost:5001'
}
requests.post("http://localhost:5000/nodes/register", headers=headers,
data=json.dumps(data)).content
```

그 결과 [그림 3-5-5]와 같이 정상적으로 노드가 추가되었다는 결과값을 확인할 수 있으며 node_network_1.ipynb에서 1번 노드에 2번 노드가 추가되었음을 그리고 [그림 3-5-6]과 같이 node_network_2.ipynb에도 1번 노드가 추가된 것을 확인할 수 있다.

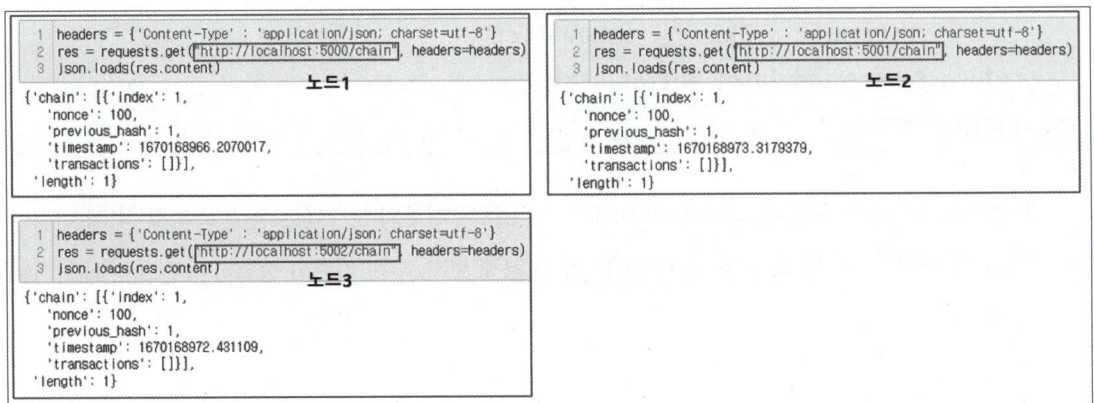

[그림 3-5-4] 3개의 노드 상태 확인

[그림 3-5-5] 1번 노드에 등록된 2번 노드

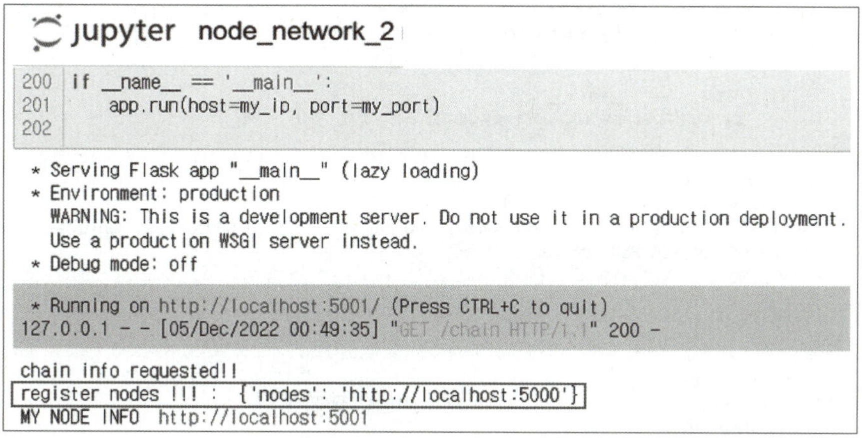

```
200  if __name__ == '__main__':
201      app.run(host=my_ip, port=my_port)
202
 * Serving Flask app "__main__" (lazy loading)
 * Environment: production
   WARNING: This is a development server. Do not use it in a production deployment.
   Use a production WSGI server instead.
 * Debug mode: off

 * Running on http://localhost:5001/ (Press CTRL+C to quit)
127.0.0.1 - - [05/Dec/2022 00:49:35] "GET /chain HTTP/1.1" 200 -
chain info requested!!
register nodes !!! :  {'nodes': 'http://localhost:5000'}
MY NODE INFO   http://localhost:5001
```

[그림 3-5-6] 2번 노드에 등록된 1번 노드

이번에는 세 번째 노드(5002번 포트)를 등록해 보자.

[코드 3-5-14] 세 번째 노드 등록

```
## 노드 등록하기
headers = {'Content-Type' : 'application/json; charset=utf-8'}
data = {
    "nodes": 'http://localhost:5002'
}
requests.post("http://localhost:5000/nodes/register", headers=headers,
data=json.dumps(data)).content
```

결과로 방금 전과 동일하게 1번 노드와 3번 노드가 추가된 것을 확인할 수 있다. 이에 더하여 실제 등록을 요청하지 않았던 2번 노드에도 3번 노드가 추가된 것을 로그로 확인할 수 있다.

```
  jupyter  node_network_2

200  if __name__ == '__main__':
201      app.run(host=my_ip, port=my_port)
202

* Serving Flask app "__main__" (lazy loading)
* Environment: production
  WARNING: This is a development server. Do not use it in a production deployment.
  Use a production WSGI server instead.
* Debug mode: off

* Running on http://localhost:5001/ (Press CTRL+C to quit)
127.0.0.1 - - [05/Dec/2022 00:49:35] "GET /chain HTTP/1.1" 200 -

chain info requested!!
register nodes !!! :  {'nodes': 'http://localhost:5000'}
MY NODE INFO   http://localhost:5001

127.0.0.1 - - [05/Dec/2022 00:49:43] "POST /nodes/register HTTP/1.1" 201 -

register nodes !!! :  {'nodes': 'http://localhost:5002'}
MY NODE INFO   http://localhost:5001
```

[그림 3-5-7] 2번 노드에 등록된 3번 노드

이제 거래 내역을 추가해 보자. 아래 코드와 같이 1번 노드의 test_from으로부터 test_to에게 3개의 pyBTC가 전파되었다는 내용을 입력한다.

[코드 3-5-15] pyBTC 전달 내용 입력

```
headers = {'Content-Type' : 'application/json; charset=utf-8'}
data = {
        "sender": "test_from",
        "recipient": "test_to",
    "amount": 3,
}
requests.post("http://localhost:5000/transactions/new", headers=headers,
data=json.dumps(data)).content
```

위 내용을 기반으로 운영될 블록 스캔 및 지갑의 back-end 코드는 아래와 같다. 그 결과 [그림3-5-8]과 같이 1번 노드에 정상 등록되었을 뿐만 아니라 'type' : 'sharing'으로 2번과 3번 노드에도 거래 내역이 정상 전파된 것을 확인할 수 있다.

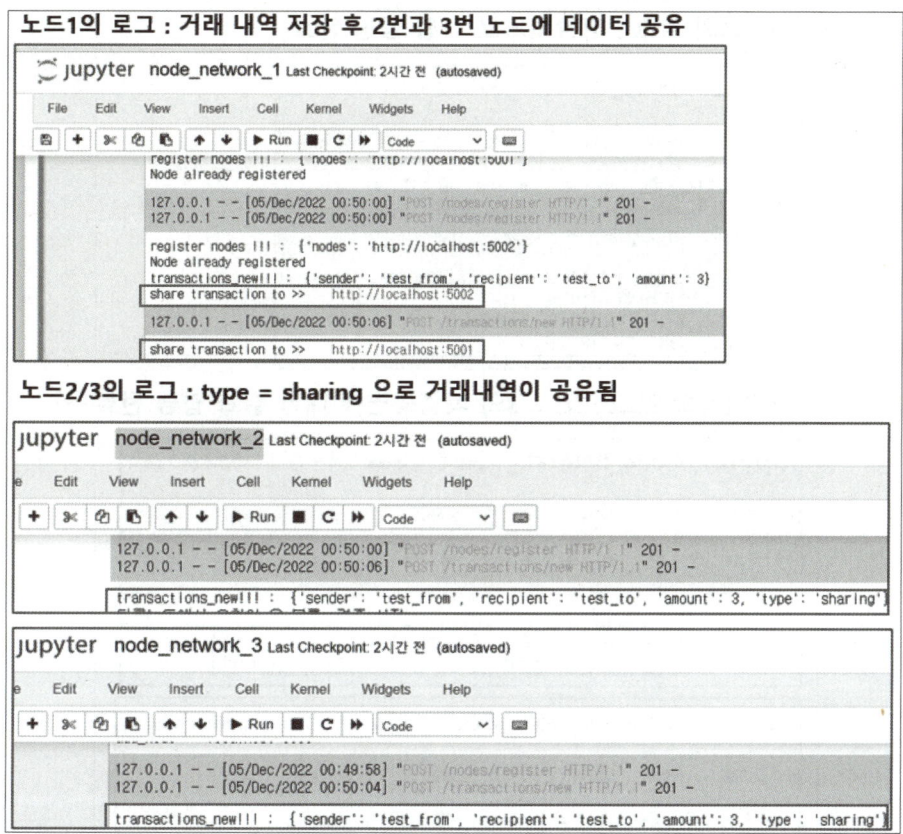

[그림 3-5-8] 각 노드에 정상 저장된 거래 내역

거래 내역이 저장된 후에는 블록에 기록되기 위하여 채굴이 진행되어야 한다. 여러 노드 중 어떤 노드에 명령을 내려도 문제없다. 이번에는 [코드 3-5-16]과 같이 3번 노드에 채굴 명령을 내린다.

[코드 3-5-16] 3번 노드의 채굴 시작

```
headers = {'Content-Type' : 'application/json; charset=utf-8'}
res = requests.get("http://localhost:5002/mine")
print(res)
```

그 결과 [그림 3-5-9]와 같이 3번 노드에서 작업 증명(채굴)이 작동하였으며 다른 노드들에서도 3번 노드의 nonce 값을 검증하여 정상 작업임을 인정하였고 모든 노드의 블록에 같은 내역의 데이터가 저장되었음을 확인할 수 있다. 3번 노드에서 채굴이 일어났기에 채굴 보상 또한 3번 노드로 지급되었다.

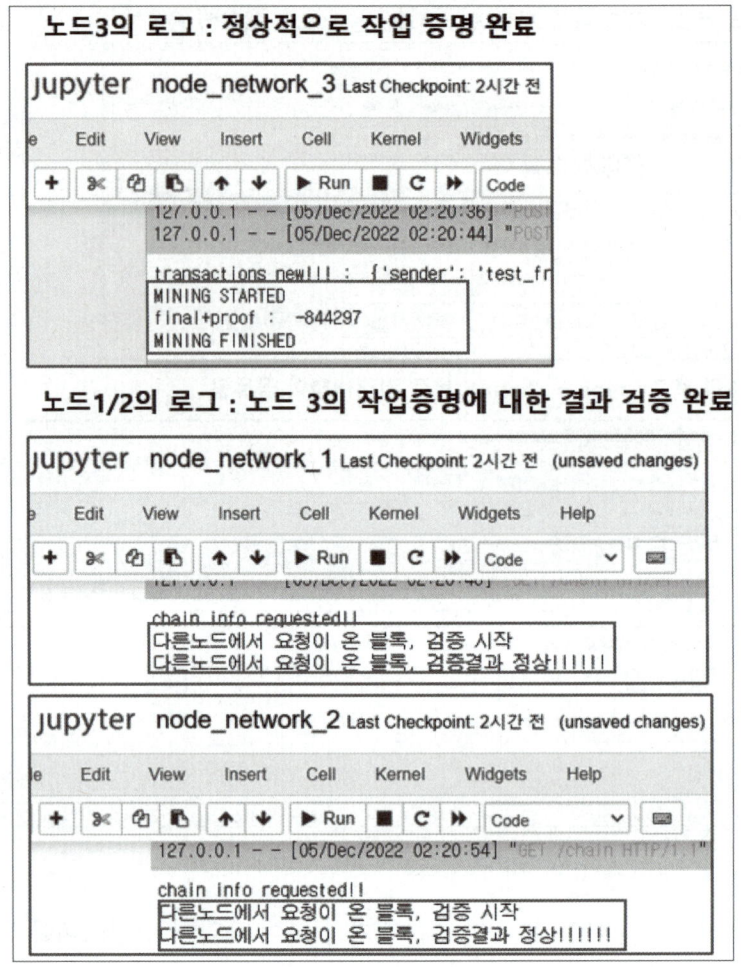

[그림 3-5-9] 각 노드에 정상적으로 생성된 블록

    pyBTC 블록 스캔 사이트(127.0.0.1:8080)에 접속하면 1번, 2번, 3번 노드 등 임의의 노드를 선택하여 블록의 정보를 호출하여 보여 주는데 모두 동일한 결과를 보여 주는 것을 확인할 수 있다.

    지금까지의 과정을 통하여 파이썬 환경에서 가동되는 블록체인 원장인 "pyBTC"를 구축하고, 분산되어 데이터가 저장되는 탈중앙화를 실현하기 위하여 여러 노드를 만들고 노드들 간의 소통이 될 수 있도록 하여 구축된 블록체인 네트워크인 pyBTC에 거래 내역이 저장되고, PoW 기반으로 블록이 생성(채굴)되는 명령어를 실행해 보았다. 또한 블록 스캔 사이트인 pyBTC Scan을 제작하여 블록체인 네트워크로부터 데이터를 읽어 와 블록체인의 거래 내역이 투명하게 공개되도록 하였으며 마지막으로 사용자가 편리하게 pyBTC를 주고받을 수 있는 pyBTC Wallet 사이트를 만들었다.

위 과정에서 노드를 localhost가 아닌 실제 외부 IP로 배포한다면 모두가 접근할 수 있는 블록체인 네트워크로 운영할 수 있을 것이다. 다만, 실제 운영을 위해서는 pyBTC에 존재하는 취약점들(pyBTC의 잔고가 0이어도 (-)가 되며 송금이 가능한 점, 계정의 패스워드가 없어 ID만 알면 모두 접속할 수 있는 점 등)을 개선해야 한다.

더 알아보기 pyBTC와 비트코인의 차이점

우리가 직접 구현한 블록체인 네트워크인 pyBTC와 전 세계의 대표적인 블록체인 BTC. 2008년 시작되어 800명 이상의 프로젝트 공동 책임자가 있고 3만 번 이상 커밋된 비트코인과 블록체인의 원리를 이해하기 위해 제작된 pyBTC는 수많은 차이점이 존재할 것이다. BTC와 pyBTC의 대표적인 차이점 3가지를 알아보자.

1 개발 언어 및 데이터베이스

pyBTC는 컴파일러가 필요 없는 인터프리터 언어 파이썬 즉, 배우기 쉬운 프로그래밍 언어인 파이썬으로 구성되었다. 잔액 조회를 할 때마다 과거의 모든 거래 내역을 산출하여 계산한 데이터를 기반으로 잔액을 산출한다. 그렇기에 거래 내역이 증가할수록 잔액 조회에 필요한 리소스가 기하급수적으로 증가한다.

반면 비트코인은 [그림 3-6-1]과 같이 897명의 공동 개발자에 의하여 개발되고 있으며 개발 언어는 객체지향 언어인 C++(67.1%)와 파이썬(19.7%), C(8.5%) 등의 언어로 구성되어 있다. 또한 이더리움을 개발한 언어인 GO로도 비트코인 노드를 운영할 수 있도록 공개되어 있다(https://github.com/btcsuite/btcd). 한편 비트코인 네트워크에서는 하루에만 수십 만 개의 거래가 발생하며 지금까지 8억 번 이상의 거래 내역이 저장되어 있다. 그렇기에 각 지갑의 잔액(UTXO, Unspent Transaction Output)을 계산할 때마다 pyBTC처럼 모든 거래 내역을 불러오는 것은 불가능하다. 따라서 BTC의 경우 지갑별 잔액 정보를 저장하기 위한 데이터베이스를 활용하고 있으며 그 데이터베이스는 Google의 개발자들이 제작한 NoSQL 기반의 DB인 LevelDB를 활용하고 있다.

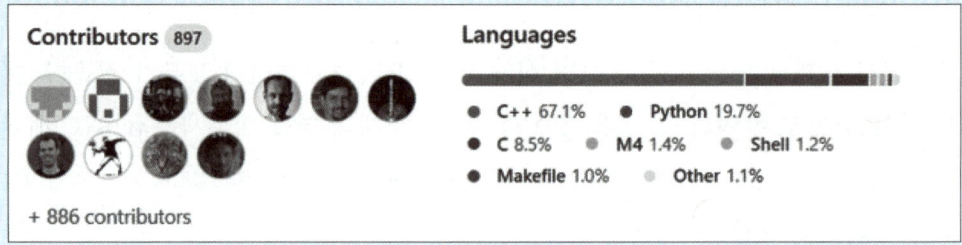

[그림 3-6-1] 비트코인(BTC)의 개발 정보

2 운영 정책(채굴 난이도, 발행량, 총 발행량)

우리는 앞선 코드들을 통하여 pyBTC는 작업을 증명한, 즉 채굴을 성공한 노드들에게 mine_porfit에 설정된 변수인 0.1pyBTC를 제공하였다. 또한 작업 증명을 위하여 필요한 문제는 해시암호를 통하여 그 값의 앞의 네 자리가 "0000"인 어떠한 값을 찾는 것으로 난이도가 고정되어 있었다. 또한 pyBTC의 발행량에는 별도의 제한이 없어 노드들이 운영된다면 끝없이 pyBTC가 채굴 보상으로 제공되는 구조였다.

 반면 BTC는 이와 다른 구조를 지니고 있다. 2022년 12월 현재 비트코인의 채굴 보상은 6.25BTC로 2020년 5월 12일 12.5BTC에서 반으로 감소한 뒤 유지되고 있으며 현재의 수준이라면 2024년 5월 정도에 다시 한번 그 보상값이 3.125BTC로 감소할 것으로 예상된다. 즉 pyBTC와 다르게 작업 증명에 대한 보상 값이 일정하지 않으며 생성된 블록의 총 개수에 따라 그 보상값이 정해진다. 이 원리에 따라 비트코인의 총 발행량은 2100만 개로 제한된다. 또한 BTC의 채굴 난이도는 일정하지 않다. 비트코인의 블록 생성 주기는 채굴하는 노드가 많을 때나 적을 때나 약 10분으로 일정하게 유지된다. 채굴 노드가 많을 경우에는 난이도를 높이고 노드가 적을 때는 난이도를 낮추는 방식을 적용하여 블록 생성 시기를 일정하게 유지하는 것이다.

3 보안

pyBTC는 보안에 매우 취약하다. 거래 내역 데이터가 저장되고, 해당 내용이 해시암호화 되어 체인으로 연결되는 블록체인 기반의 분산원장이기에 거래 내역을 조작하는 것이 쉽지 않다는 특징이 있지만 계정 관리에 있어서는 취약한 편이다. 신규 지갑 생성을 위한 별도의 프로세스가 없고 타 지갑으로부터 송금을 받게 되면 바로 지갑이 진행된다. 그렇기에 지갑의 암호가 없다. 불특정 사용자가 타 지갑 주소(사용자 ID)만 안다면 바로 그 지갑에 접속하여 잔액을 다른 지갑에 보낼 수 있다.

반면 몇 백 조의 시가총액을 자랑하는 비트코인의 보안은 철저하다. 무제한에 가까운 지갑 생성이 가능하며 생성 시에는 해시 값과 유사한 패턴의 지갑 주소와 개인 키를 제공한다. 이 개인 키는 해킹이 불가능한 수준으로 관리되고 있다. (비트코인 해킹이 발생하는 경우는 대부분 이 개인 키를 저장한 데이터베이스가 해킹당하며 발생하는 경우다. 개인 키를 알고 있는 개인이 사망하거나 개인 키를 분실할 경우 해당 지갑의 비트코인을 찾는 것은 불가능하다). 비트코인을 저장하는 지갑은 실시간 거래 가능한 거래소의 통합 지갑이나 여러 웹 서비스 지갑 들에 보관하는 핫 월렛(Hot Wallet) 방식과 인터넷이 연결되지 않은 USB 등의 저장 장치에 보관하는 콜드 월렛(Cold Wallet) 방식이 존재한다.

chapter 04

파이썬으로 만드는
이더리움(스마트 컨트랙트)

1. 스마트 컨트랙트로 블록체인 노드 구축
2. 스마트 컨트랙트와 함께하는 다양한 기능(node_command_SmartContract.ipynb)
3. 스마트 컨트랙트 기반 DApp 만들기(node_command_DApp.ipynb)

1.
스마트 컨트랙트로 블록체인 노드 구축

　1장의 여섯 번째 챕터 "비트코인 vs 이더리움"에서 우리는 스마트 컨트랙트에 대하여 알아보았다. 스마트 컨트랙트란 기존 블록체인 거래 내역의 구성요소에 추가 항목으로 저장되는 것으로 [그림 4-1-1]과 같이 기존 pyBTC에서는 거래 내역에 보내는 사람, 받는 사람, 보내는 수량, 거래 시간만 저장되었다면 스마트 컨트랙트가 적용된 블록체인 네트워크에서는 매 거래에서 보내는 사람, 받는 사람, 보내는 수량에 더하여 스마트 컨트랙트가 저장되는 것이다. 이를 통해서 단순한 거래 내역 외에 추가로 저장할 수 있는 부분이 생긴다. 이더리움은 이 스마트 컨트랙트 부분에 솔리디티(Solidity) 기반으로 계약 내용을 코드화하여 저장하며 이후 이 코드를 호출하여 계약을 실행하고 점검한다.

　이번 장에서는 ① 스마트 컨트랙트 구현을 위하여 필요한 파이썬의 기능들을 알아볼 것이며 ② 3장에서 구현하였던 pyBTC의 거래 내역 구성 요소에 스마트 컨트랙트를 추가하여 pyETH 네트워크를 구축하고 이 스마트 컨트랙트에 파이썬 기반으로 계약 내역을 저장하여 단순 출력하는 계약으로부터 토큰 제작, NFT 제작 등의 기능을 구현해 볼 것이다. 마지막으로는 ③ 스마트 컨트랙트를 기반으로 간단한 DApp인 계산기, 복권, DeFi 등을 구현해 보고자 한다.

- 보내는 사람 (ex. 지갑1 주소)
- 보내는 수량 (pyBTC 2개)
- 받는 사람 (ex. 지갑2 주소)
- 거래 시간 (ex. X년 X월 X일 Y시 Y분 Y초)

pyBTC의 거래내역

- 보내는 사람 (ex. 지갑1 주소)
- 보내는 수량 (pyBTC 2개)
- 받는 사람 (ex. 지갑2 주소)
- 거래 시간 (ex. X년 X월 X일 Y시 Y분 Y초)
- 스마트 컨트랙트 (ex. 계약내용)

pyETH의 거래내역

[그림 4-1-1] pyBTC vs pyETH의 거래 내역 정보

1 | 블록체인 객체 만들기(node.ipynb)

3장에서 우리는 POW(Proof of Work, 작업 증명) 기반의 블록체인 노드를 구축해 보았다. 이번 4장 또한 동일한 구조의 블록체인 노드를 구축할 예정이며 스마트 컨트랙트가 추가되며 바뀌는 사항에 대하여 집중적으로 알아보자.

- **객체 생성(_init_):** 첫 블록 생성이기 때문에 스마트 컨트랙트가 저장되는 거래 내역에는 빈 값으로 생성된다. 이에 따라 블록의 객체 생성은 기존의 pyBTC와 똑같다.

[코드 4-1-1] 블록체인 객체 생성

```python
class Blockchain(object):
    def __init__(self):
        self.chain = []
        self.current_transaction = []
        self.nodes = set()
self.new_block(previous_hash=1, proof=100)
```

- **해시화(hash):** 기존 pyBTC와 동일하게 sha256 방식으로 해시암호화 된다.

[코드 4-1-2] 해시암호화 함수

```python
@staticmethod
def hash(block):
    block_string = json.dumps(block, sort_keys=True).encode()
    return hashlib.sha256(block_string).hexdigest()
```

- **블록체인의 마지막 블록 호출:** 스마트 컨트랙트가 생성되는 Transaction 내역과 동일하기에 변화가 없다.

[코드 4-1-3] 마지막 블록 호출 함수

```
@property
def last_block(self):
    return self.chain[-1]
```

- **PoW(Proof of Work) 채굴 및 검증(valid_proof):** 스마트 컨트랙트가 추가되는 pyETH의 경우 pyBTC와 동일하게 PoW 방식으로 운영되기에 작업 증명 및 검증 과정에서의 변화는 없다.

[코드 4-1-4] 작업 증명(POW) 및 채굴 검증

```
def pow(self, last_proof):
    proof = random.randint(-1000000,1000000)
    while self.valid_proof(last_proof, proof) is False:
        proof = random.randint(-1000000,1000000)
    return proof


@staticmethod
def valid_proof(last_proof, proof):
    guess = str(last_proof + proof).encode()
    guess_hash = hashlib.sha256(guess).hexdigest()
    return guess_hash[:4] == "0000"
```

- **거래 내역 추가(new_transaction):** pyBTC와의 차이인 스마트 컨트랙트가 저장되는 핵심 부분이다. 기존 거래 내역에는 송신자(sender), 수신자(recipient), 금액(amount), 시간(timestamp)만 존재했다면 pyETC의 거래 내역 추가에는 스마트 컨트랙트(smart_contract) key가 추가된다.

[코드 4-1-5] 거래 내역 추가 함수

```
Def new_transaction(self, sender, recipient, amount, smart_contract):
    self.current_transaction.append(
        {
            'sender' : sender, # 송신자
```

```
                'recipient' : recipient, # 수신자
                'amount' : amount, # 금액
                'timestamp':time(),
                'smart_contract' : smart_contract
            }
        )
        return self.last_block['index'] + 1
```

- **블록 추가(new_block)**: 스마트 컨트랙트가 저장된 current_transaction이 PoW 작업을 통하여 유효한 nonce 값이 찾아짐에 따라 신규 블록으로 생성되는 것이다. 다만 기존 pyBTC의 5가지 인자(블록 번호, 생성 시간, 거래 내역, nonce 값, 전 블록의 해시값)에 블록체인의 안정성을 더하기 위하여 현 블록의 요소를 해시하여 저장하는 요소가 추가되었다.

[코드 4-1-6] 블록 추가 함수

```
def new_block(self, proof, previous_hash=None):
    block = {
        'index' : len(self.chain)+1,
        'timestamp' : time(), # timestamp from 1970
        'transactions' : self.current_transaction,
        'nonce' : proof,
        'previous_hash' : previous_hash or self.hash(self.chain[-1]),
    }
    block['hash'] = self.hash(block)
    self.current_transaction = []
    self.chain.append(block)
    return block
```

- **블록 검증(valid_chain)**: 알맞은 블록이 생성되었는지 검증되는 과정이다. 블록체인의 보안성 강화를 위하여 블록 추가(new_block) 시에 해시 요소가 추가되었기에 블록 검증에서 또한 현 블록의 해시를 뺀 요소들을 해시암호화하면 현 hash에 저장된 값과 같은 값인지를 확인한다.

[코드 4-1-7] 블록 검증 함수

```python
def valid_chain(self, chain):
    last_block = chain[0]
    current_index = 1

    while current_index < len(chain):
        block = chain[current_index]

        print('%s' % last_block)
        print('%s' % block)
        print("\n--------\n")
        if block['previous_hash'] != self.hash(last_block):
            return False

        block_copy = block.copy()
        block_copy.pop('hash')
        if block['hash'] != self.hash(block_copy):
            return False

        last_block = block
        current_index += 1
    return True
```

최종 완성된 pyETH의 블록체인 객체 코드는 아래와 같다.

[코드 4-1-8] pyETH의 블록 객체 함수

```python
class Blockchain(object):
    def __init__(self):
        self.chain = []                # 체인에 여러 블록들 들어옴
        self.current_transaction = []  # 임시 transaction 넣어 줌
        self.nodes = set()             # Node 목록을 보관
        self.new_block(previous_hash=1, proof=100)  # genesis block 생성

    @staticmethod
```

```python
def hash(block):
    block_string = json.dumps(block, sort_keys=True).encode()
    return hashlib.sha256(block_string).hexdigest()
@property
def last_block(self):
    return self.chain[-1]   # 체인의 마지막 블록 가져오기!!

@staticmethod
def valid_proof(last_proof, proof):
    guess = str(last_proof + proof).encode()
    guess_hash = hashlib.sha256(guess).hexdigest()   # 이 해시 값 저장
    return guess_hash[:4] == "0000"

def pow(self, last_proof):
    proof = random.randint(-1000000,1000000)
    while self.valid_proof(last_proof, proof) is False:
        proof = random.randint(-1000000,1000000)
    return proof

def new_transaction(self, sender, recipient, amount, smart_contract):
    self.current_transaction.append(
        {
            'sender' : sender, # 송신자
            'recipient' : recipient, # 수신자
            'amount' : amount, # 금액
            'timestamp':time(),
            'smart_contract' : smart_contract
        }
    )
    return self.last_block['index'] + 1

def new_block(self, proof, previous_hash=None):
    block = {
```

```python
            'index' : len(self.chain)+1,
            'timestamp' : time(), # timestamp from 1970
            'transactions' : self.current_transaction,
            'nonce' : proof,
            'previous_hash' : previous_hash or self.hash(self.chain[-1]),
        }
        block['hash'] = self.hash(block)
        self.current_transaction = []
        self.chain.append(block)
        return block

def valid_chain(self, chain):
        last_block = chain[0]
        current_index = 1
        while current_index < len(chain):
            block = chain[current_index]
            if block['previous_hash'] != self.hash(last_block):
                return False
            block_copy = block.copy()
            block_copy.pop('hash')
if block['hash'] != self.hash(block_copy):
            return False
            last_block = block
            current_index += 1
        return True
```

2 | 블록체인 기반의 노드 만들기(node.ipynb)

pyBTC와 마찬가지로 앞에서 생성된 블록체인 객체를 기반으로 블록체인 노드 구축을 진행한다. 본 파트 또한 스마트 컨트랙트로 인하여 변화한 부분을 중점적으로 알아볼 것이다.

- 노드 기본 정보 설정 및 블록 정보 호출: pyBTC와 동일하다. 블록체인 객체 호출, IP 주소와 포트 주소 선언, 노드의 key 생성, 채굴 보상용 주소(mine_owner) 및 채굴 보상 값(mine_profit) 선언을 진

행하며(노드 기본정보 설정) 블록 정보 호출의 경우 블록 객체에 저장된 모든 정보를 JSON 방식으로 리턴한다.

[코드 4-1-9] 노드의 기본정보 설정

```python
blockchain = Blockchain()
my_ip = '0.0.0.0'
my_port = '5000'
node_identifier = 'node_'+my_port
mine_owner = 'master'
mine_profit = 0.1

@app.route('/chain', methods=['GET'])
def full_chain():
    print("chain info requested!!")
    response = {
        'chain' : blockchain.chain,
        'length' : len(blockchain.chain),
    }
    return jsonify(response), 200
```

- 신규 거래 추가(new_transaction): 블록의 객체 생성 부분에서 스마트 컨트랙트로 인하여 가장 큰 변화가 있던 부분이 거래 내역이었다. 노드에 거래 내역을 추가하는 본 함수 또한 마찬가지다. 우선 pyBTC의 신규 거래 요청 시에는 송신자(sender), 수신자(recipient), 금액(amount)의 존재 여부만 확인했다면, pyETH에서는 이에 더하여 스마트 컨트랙트의 존재 여부 또한 확인한다. 이후 해당 요소들이 모두 존재할 경우 스마트 컨트랙트에 대한 컨트랙트 주소(contract_address)를 부여한다. pyETH에서는 거래 내역 추가 요청 시간을 해시암호화한 값을 컨트랙트 주소로 부여한다.

[코드 4-1-10] 신규 거래 내역 추가

```python
@app.route('/transactions/new', methods=['POST'])
def new_transaction():
    values = request.get_json()
    print("transactions_new!!! : ", values)
    required = ['sender', 'recipient', 'amount','smart_contract']
```

```python
    if not all(k in values for k in required):
        return 'missing values', 400
    contract_address = hashlib.sha256(str(datetime.datetime.now()).encode()).hexdigest()
    values['smart_contract']["contract_address"] = contract_address

    index = blockchain.new_transaction(values['sender'],values['recipient'], values['amount'], values['smart_contract'])

    response = {'message' : 'Transaction will be added to Block {%s}' % index, "contract_address":contract_address}
    return jsonify(response), 201
```

- 채굴(mine) 및 노드 운영: pyETH의 객체 생성 부분에서 확인했듯, pyBTC와 pyETH의 가장 큰 차이점은 스마트 컨트랙트와 관련된 부분으로, 작업 증명 방식의 채굴 부분에서는 차이가 없다. 다만 pyETH에서는 블록체인의 안정성 향상을 위하여 블록의 해시 값을 키에 추가하여, 해당 부분이 마찬가지로 추가된다. 노드 운영 코드 또한 변경 없이 동일하다.

[코드 4-1-11] 채굴 함수와 노드 운영

```python
@app.route('/mine', methods=['GET'])
def mine():
    print("MINING STARTED")
    last_block = blockchain.last_block
    last_proof = last_block['nonce']
    proof = blockchain.pow(last_proof)

    blockchain.new_transaction(
        sender=mine_owner,
        recipient=node_identifier,
        amount=mine_profit # coinbase transaction
    )

    previous_hash = blockchain.hash(last_block)
```

```
    block = blockchain.new_block(proof, previous_hash)
    print("MINING FINISHED")

    response = {
        'message' : 'new block found',
        'index' : block['index'],
        'transactions' : block['transactions'],
        'nonce' : block['nonce'],
        'previous_hash' : block['previous_hash'],
        'hash' : block['hash']
    }

    return jsonify(response), 200

app = Flask(__name__)
if __name__ == '__main__':
    app.run(host=my_ip, port=my_port)
```

최종 완성된 블록체인 노드 실행 코드는 다음과 같다.

[코드 4-1-12] 블록 노드 실행 함수

```
blockchain = Blockchain()
my_ip = '0.0.0.0'
my_port = '5000'
node_identifier = 'node_'+my_port
mine_owner = 'master'
mine_profit = 0.1


app = Flask(__name__)


@app.route('/chain', methods=['GET'])
def full_chain():
    print("chain info requested!!")
```

```python
    response = {
        'chain' : blockchain.chain,
        'length' : len(blockchain.chain),
    }
    return jsonify(response), 200

@app.route('/transactions/new', methods=['POST'])
def new_transaction():
    values = request.get_json()
    print("transactions_new!!! : ", values)
    required = ['sender', 'recipient', 'amount','smart_contract']
    if not all(k in values for k in required):
        return 'missing values', 400
 contract_address = hashlib.sha256(str(datetime.datetime.now()).encode()
).hexdigest()
    values['smart_contract']["contract_address"] = contract_address


    index = blockchain.new_transaction(values['sender'],values['recipient'],
values['amount'], values['smart_contract'])
response = {'message' : 'Transaction will be added to Block {%s}' % index}
return jsonify(response), 201

@app.route('/mine', methods=['GET'])
def mine():
    print("MINING STARTED")
    last_block = blockchain.last_block
    last_proof = last_block['nonce']
    proof = blockchain.pow(last_proof)

    blockchain.new_transaction(
        sender=mine_owner,
        recipient=node_identifier,
```

```python
            amount=mine_profit # coinbase transaction
        )

        previous_hash = blockchain.hash(last_block)
        block = blockchain.new_block(proof, previous_hash)
        print("MINING FINISHED")

        response = {
            'message' : 'new block found',
            'index' : block['index'],
            'transactions' : block['transactions'],
            'nonce' : block['nonce'],
            'previous_hash' : block['previous_hash']
        }
        return jsonify(response), 200

if __name__ == '__main__':
    app.run(host=my_ip, port=my_port)
```

pyBTC와 동일하게 위 코드들을 실행하면 블록체인 내의 _init_ 함수가 실행, 첫 블록(genesis block)이 생성된 후 [그림 4-1-2]와 같이 블록체인 네트워크가 시작됨을 확인할 수 있다.

```
56  if __name__ == '__main__':
57      app.run(host=my_ip, port=my_port)
58
```

```
* Serving Flask app "__main__" (lazy loading)
* Environment: production
  WARNING: This is a development server. Do not use it in a production deployment.
  Use a production WSGI server instead.
* Debug mode: off
* Running on http://0.0.0.0:5000/ (Press CTRL+C to quit)
```

[그림 4-1-2] 블록체인 네트워크의 시작

3 | 스마트 컨트랙트를 위한 파이썬 함수(exec) 및 블록 스캔 사이트

- **exec 함수(Python_exec.ipynb):** 파이썬에는 절대값(abs), 유형 변환(int, float) 등 기본적으로 필요한 다양한 함수들이 내장되어 있다. 우리는 스마트 컨트랙트 내에 파이썬 기반의 스마트 컨트랙트를 텍스트 형식으로 저장할 것이며 이후 스마트 컨트랙트의 주소로 해당 스마트 컨트랙트를 실행시켜야 한다. 이때 이 텍스트를 코드로 인식하여 실행해야 하는데 이 상황에서 exec 함수가 동작한다. [그림 4-1-3]의 간단한 예시를 통하여 알아보자.

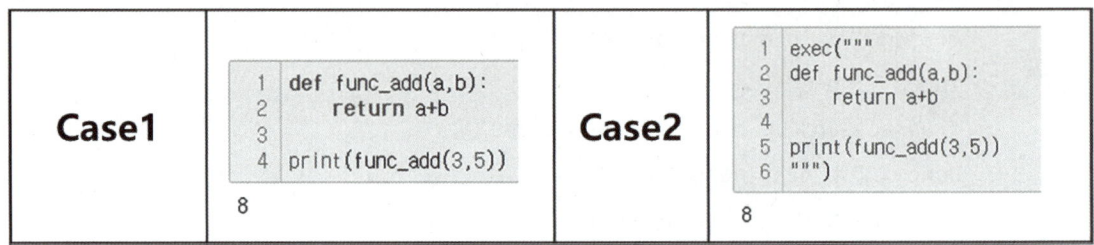

[그림 4-1-3] exec 함수의 예시

Case1은 기본적으로 파이썬을 활용하는 방식으로 a, b의 인자를 받으며 a와 b를 더한 값을 리턴하는 func_add라는 함수를 선언하고, 3과 5를 인자로 넣어서 실행시키는 것이다. 한편 Case2는 텍스트로 저장된 Case1과 동일한 코드들을 exec 함수를 통하여 실행시키는 것으로 최종적으로는 Case1과 동일한 값을 산출한다. 이처럼 텍스트로 저장된 코드들을 실행시키는 역할을 하는 exec 함수를 활용하여 [그림 4-1-4]와 같이 거래 내역 내에 저장된 스마트 컨트랙트 계약 코드를 실행시켜 defi, NFT 등 다양한 DApp 서비스를 운영해 보도록 하자.

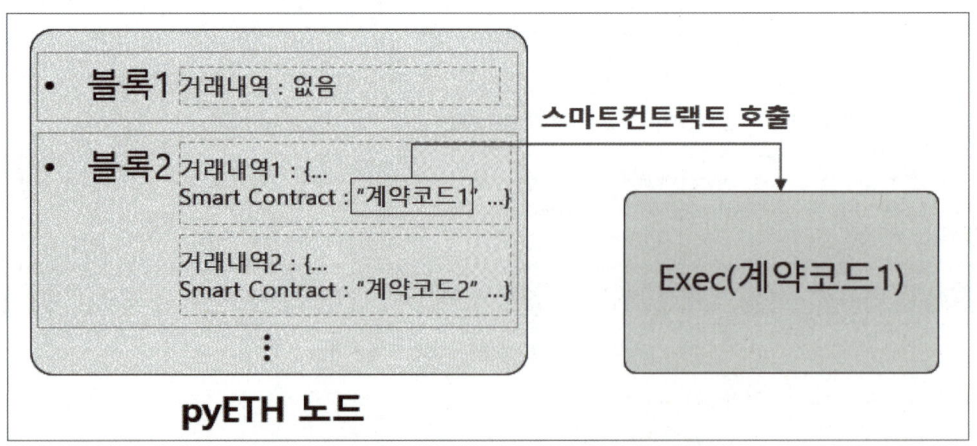

[그림 4-1-4] exec 함수를 통해 실행하는 스마트 컨트랙트 코드

- **블록 스캔 사이트와 Block Wallet 사이트:** 블록의 생성과 해당 블록에 저장된 거래 내역들을 시간대별로 확인할 수 있는 블록 스캔 사이트와 사용자 간에 pyBTC를 주고받을 수 있다. PyETH는 기존 pyBTC에 스마트 컨트랙트 기능만 포함된 것이기에 기존 코드들을 활용하여(html에서 pyBTC만 pyETH로 바꾸어 주도록 하자) 이 사이트들을 유지할 수 있다. 차이점은 [그림 4-1-5]와 같이 거래 내역에 기존 송신자(sender), 수신자(recipient), 금액(amount) 정보에 스마트 컨트랙트 관련 데이터가 추가되는 것이다.

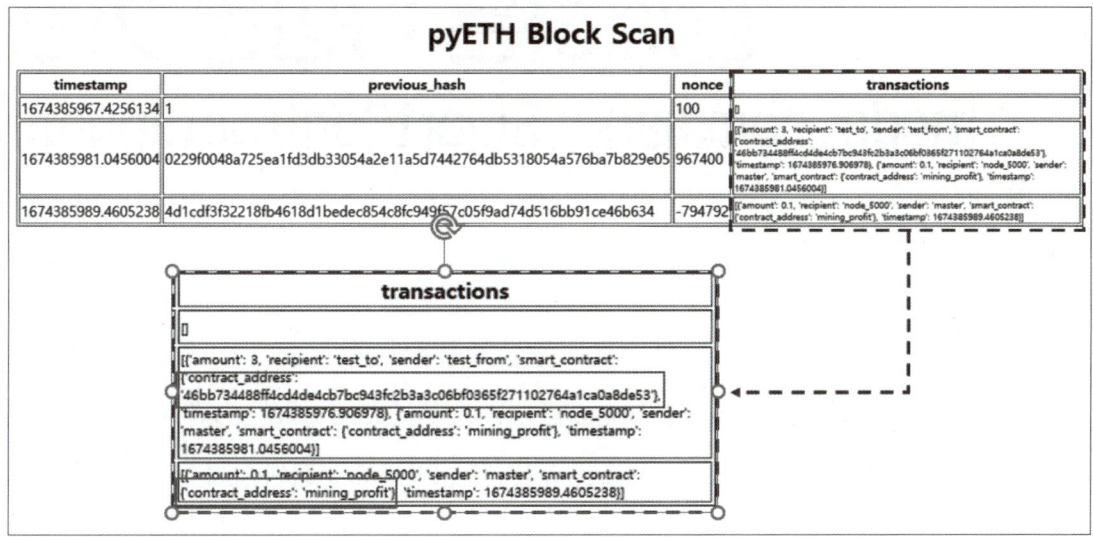

[그림 4-1-5] pyETH의 블록 스캔 사이트

2. 스마트 컨트랙트와 함께하는 다양한 기능 (node_command_SmartContract.ipynb)

1 | 'Hello Smart-Contract' 프린트

이제 본격적으로 pyETH의 스마트 컨트랙트 기능을 활용해 보자. 먼저 스마트 컨트랙트가 'Hello Smart-Contract'라는 텍스트를 프린트하도록 저장하고 구현해 보자.

거래 내역 내 스마트 컨트랙트 코드를 저장하는 과정은 다음과 같다.

기존의 pyBTC와 동일하게 송신자(sender), 수신자(recipient), 금액(amount)의 정보를 입력한다. 이때, 스마트 컨트랙트를 위한 거래에서는 송신자 지갑의 소유자가 될 것이며 수신자는 일반 지갑의 아이디가 아닌, 스마트 컨트랙트의 주소가 될 것이다. 본 케이스에서는 smart_contract라는 수신자로 설정하였다. 또한 거래가 주 목적이 아니기에 보내는 수량은 0으로 저장된다. 그리고, 추가된 smart_contract 값에 우리가 필요로 하는 컨트랙트 코드를 입력한다. 실행하고자 하는 내용은 'Hello Smart-Contract'라는 텍스트를 프린트하는 것이다. 해당 요청을 받으면 노드 부위(node.ipynb)의 거래 내역 추가 유닛(new_transaction)에서는 거래 내역에 필요한 4가지 요소(sender, recipient, amount, smart_contract)의 존재 여부를 확인한 뒤 해당 스마트 컨트랙트에 컨트랙트 주소(contract_address)를 부여해 준다. 이에 따라 [그림 4-2-1]과 같이 스마트 컨트랙트의 주소를 리턴해 주며 그 주소를 이후 스마트 컨트랙트 구동을 위하여 'contract_address'라는 변수에 저장하도록 한다.

```
1  headers = {'Content-Type' : 'application/json; charset=utf-8'}
2  data = {
3          "sender": "test_from",
4          "recipient": "smart_contract",
5          "amount": 0,
6          "smart_contract": {"contract_code":"print('Hello Smart-Contract')"}
7  }
8  result = requests.post("http://localhost:5000/transactions/new", headers=headers, data=json.dumps(data))
9  json.loads(result.content)
```
{'contract_address': '7dd1b58438d0ad17f7c8351a31ae92a0f068897e4c1566ba4adb9012f7bc2d60',
 'message': 'Transaction will be added to Block {3}'}

[그림 4-2-1] 스마트 컨트랙트 추가-1

그리고 이 스마트 컨트랙트가 포함된 거래 내역이 블록에 정상적으로 저장되도록 채굴을 진행한다.

[코드 4-2-1] 블록 정보 조회

```
headers = {'Content-Type' : 'application/json; charset=utf-8'}
res = requests.get("http://localhost:5000/mine")
print(res)
```

이후 [코드 4-2-1]과 같이 블록 정보를 조회하면 [그림 4-2-2]와 같이 스마트 컨트랙트가 잘 저장된 것을 확인할 수 있다.

노드의 블록정보 확인 - 3

```
1  headers = {'Content-Type' : 'application/json; charset=utf-8'}
2  res = requests.get("http://localhost:5000/chain", headers=headers)
3  json.loads(res.content)
```
       'smart_contract': {'contract_address': 'mining_profit'},
       'timestamp': 1674387961.6523788}]},
    {'hash': '1ba4c2a0804609bf1dab908b0e304cdf3d6ecb0cc751e6836604edc060319489',
     'index': 3,
     'nonce': 321822,
     'previous_hash': '757b165b16e4e808d906fe410c442b8cc8b1c4ab17948381f35d1237018eda7c',
     'timestamp': 1674387989.4610748,
     'transactions': [{'amount': 0,
       'recipient': 'smart_contract',
       'sender': 'test_from',
       'smart_contract': {'contract_address': '37b5ff713a8fd5f7a7d9b81b21325d58042b96602e0fb364e897743060d3d92f',
       'contract_code': "print('Hello Smart-Contract')"},
       'timestamp': 1674387965.781558},
      {'amount': 0.1,
       'recipient': 'node_5000',
       'sender': 'master',
       'smart_contract': {'contract_address': 'mining_profit'},
       'timestamp': 1674387989.4610748}]}],
 'length': 3}

[그림 4-2-2] 블록에서 스마트 컨트랙트 확인

이제 저장된 스마트 컨트랙트 코드를 실행시켜 보자. 우선 블록체인의 정보를 모두 불러온 뒤 해당 블록 내에서 우리가 저장한 스마트 컨트랙트의 주소(contract_address)의 스마트 컨트랙트 코드를 찾은 뒤 해당 코드를 exec 함수를 통하여 실행시킨다.

[코드 4-2-2] 스마트 컨트랙트의 실행

```python
headers = {'Content-Type' : 'application/json; charset=utf-8'}
res = requests.get("http://localhost:5000/chain", headers=headers)
res_json = json.loads(res.content)

for _block in res_json['chain']:
    for _tx in _block['transactions']:
        if _tx['smart_contract']['contract_address'] == contract_address:
            exec( _tx['smart_contract']['contract_code'])
```

그 결과 [그림 4-2-3]과 같이 스마트 컨트랙트 코드가 실행되며 의도한 대로 'Hello Smart-Contract'라는 텍스트가 프린트된다.

```
1  headers = {'Content-Type' : 'application/json; charset=utf-8'}
2  res = requests.get("http://localhost:5000/chain", headers=headers)
3  res_json = json.loads(res.content)

1  for _block in res_json['chain']:
2      for _tx in _block['transactions']:
3          if _tx['smart_contract']['contract_address'] == contract_address:
4              exec( _tx['smart_contract']['contract_code'])
Hello Smart-Contract
```

[그림 4-2-3] 스마트 컨트랙트의 실행

2 | NFT 제작하기

1장의 "비트코인 vs 이더리움"에서 언급했듯이 NFT는 스마트 컨트랙트 내에 NFT의 이름과 NFT 이미지가 저장된다. 실제 블록체인 네트워크에서의 NFT는 이미지 정보가 저장되는 것 외에 NFT 소유자의 정보, 민트 후의 NFT 이미지 변경, NFT 주고받기 등의 기능이 존재하지만, 여기서는 처음 소개한 것처럼 NFT의 단순한 기능만 적용해 보자.

[코드 4-2-3] NFT 제작

```
headers = {'Content-Type' : 'application/json; charset=utf-8'}
data = {
        "sender": "test_from",
        "recipient": "smart_contract",
        "amount": 0,
        "smart_contract": {"contract_code":"""
myNFT = {'NFT_NAME':'SMARTCONTRACT_NFT',
        'NFT_URL': 'https://www.google.com/images/branding/googlelogo/1x/
googlelogo_color_272x92dp.png'}
"""}
}
result = requests.post("http://localhost:5000/transactions/new",
headers=headers, data=json.dumps(data)).content
contract_address = json.loads(result)['contract_address']
```

스마트 컨트랙트 내에 저장되는 정보는 [코드 4-2-3]을 통해 알 수 있다. myNFT라는 사전형 변수 내에 'NFT_NAME'과 'NFT_URL'이 각각 입력된다. 그리고 해당 스마트 컨트랙트 주소를 호출하면 [그림 4-2-4]와 같이 NFT 정보를 알려 준다.

```
1   # 블록 정보 호출
2   headers = {'Content-Type' : 'application/json; charset=utf-8'}
3   res = requests.get("http://localhost:5000/chain", headers=headers)
4   res_json = json.loads(res.content)
5
6   ## 스마트 컨트랙트를 호출 및 실행
7   for _block in res_json['chain']:
8       for _tx in _block['transactions']:
9           if _tx['smart_contract']['contract_address'] == contract_address:
10              exec( _tx['smart_contract']['contract_code'])
11  myNFT

{'NFT_NAME': 'SMARTCONTRACT_NFT',
 'NFT_URL': 'https://www.google.com/images/branding/googlelogo/1x/googlelogo_color_272x92dp.png'}
```

[그림 4-2-4] 스마트 컨트랙트에 저장된 NFT 정보

이제 NFT 지갑 사이트를 통하여 해당 NFT가 정상적으로 작동하는지 확인해 보자. 기존 사이트들과 동일하게 Flask 방식으로 운영되며 NFT_Wallet_login.html과 NFT_Wallet.html 두 개의 html 파일로 구성된다. 우선 Flask로 운영하는 Back-end의 코드는 다음과 같다.

[코드 4-2-4] NFT 지갑의 back-end 코드

```python
from flask import Flask
from flask import render_template
from flask import request

import requests
import json
import os

# Flask app 선언
app = Flask(__name__, template_folder=os.getcwd())

## NFT의 스마트 컨트랙트 주소 login을 통해 확인 가능
@app.route('/', methods=['GET', 'POST'])
def login():
    if request.method=='POST':

        contract_address = request.form.to_dict(flat=False)['smart_contract_addr'][0]
        print(contract_address)
        # 블록 정보 호출
        headers = {'Content-Type' : 'application/json; charset=utf-8'}
        res = requests.get("http://localhost:5000/chain", headers=headers)
        res_json = json.loads(res.content)
        nft_TF = False
        ## 스마트 컨트랙트 호출 및 실행
        for _block in res_json['chain']:
            for _tx in _block['transactions']:
                if _tx['smart_contract']['contract_address'] == contract_address:
                    exec( _tx['smart_contract']['contract_code'])
                    nft_TF = True
                    break
        if nft_TF:
```

```python
#            print(myNFT)
            return render_template("NFT_Wallet.html",
                                nft_name = _tx['smart_contract']['contract_code'].split("'")[3],
                                nft_img_url = _tx['smart_contract']['contract_code'].split("'")[7],
                                nft_addresss = contract_address
                                )
        else:
            return "잘못된 지갑주소입니다."


    return render_template('NFT_Wallet_login.html')
## flask 실행
app.run(port=8082)
```

Flask의 주요 코드 내용은 주요 패키지(flask, json, os)를 호출한 뒤 NFT Wallet 사이트에 사용자가 처음 접속했을 경우 NFT_Wallet_login.html 파일을 랜더링하여 [그림 4-2-5]와 같이 로그인 페이지를 보여 주는 것이다.

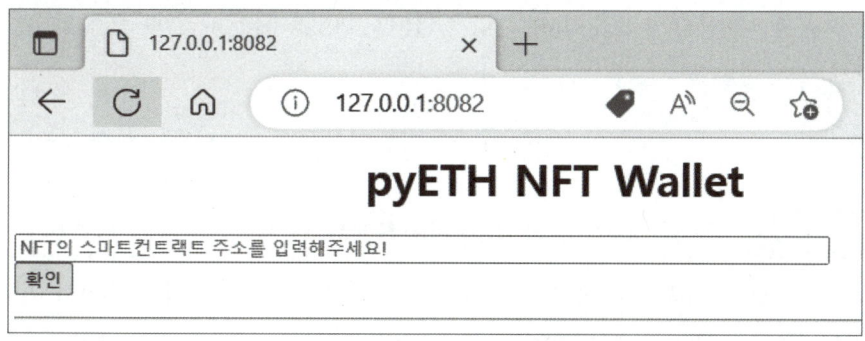

[그림 4-2-5] NFT 지갑 로그인 페이지

이후 사용자가 NFT가 저장된 스마트 컨트랙트 주소를 입력하면 POST 방식으로 NFT의 스마트 컨트랙트 주소가 입력된다. 잘못된 지갑 주소일 경우에는 스마트 컨트랙트 주소가 잘못됐다는 에러 메시지 띄우며 알맞은 지갑 주소일 경우 NFT_Wallet.html 파일을 랜더링하며 [그림 4-2-6]과 같이 NFT 이미지, 제목, 스마트 컨트랙트 주소를 보여 준다. 이번 NFT 제작에는 구글의 이미지가 저장되었음을 확인할 수 있다.

[그림 4-2-6] NFT 지갑 실행

[그림 4-2-6]과 같은 결과를 만드는 NFT_Wallet.html은 [코드4-2-5]와 같이 <div> 3개의 간단한 코드로 구성되어 있다.

[코드4-2-5] NFT Wallet의 html

```
<h1><center> pyETH NFT Wallet </center> </h1>
    <div>
        <div align="center">NFT NAME : {{nft_name}}</div><br>
        <div align="center">NFT Address : {{nft_addresss}}</div><br>
        <div align="center"><img src = {{nft_img_url}} align="center"></div>
    </div>
<hr>
```

더 알아보기   IPFS(InterPlanetary File System, 분산형 파일 시스템)

지금까지의 예시를 통하여 우리는 간단한 NFT를 제작할 수 있었다. 이 NFT에서 이미지는 실제 이미지의 정보가 저장되는 것이 아니라 이미지가 저장된 URL을 기억하여 NFT 사용 시 해당 URL의 이미지를 띄워 주는 것이었다. 실제 이더리움 네트워크, 바이낸스 체인 등 다양한 블록체인 네트워크에서는 이와 동일하게 NFT 이미지의 URL 정보를 스마트 컨트랙트에 저장하는데, 실제 이미지의 바이트 정보를 저장하게 될 경우 그 데이터가 과도하게 커서 많은 가스비를 지불하게 되거나 블록체인 네트워크의 속도를 지연시킬 수 있기 때문이다. 여기서 문제가 발생한다.

탈중앙화된 네트워크의 대체 불가능한 토큰(Non-fungible token) NFT가 중앙화된 서버에 저장된 이미지 URL을 저장하게 된다. 그렇다면 아무리 탈중앙화된 시스템으로 운영하더라도 URL 내의 이미지가 중앙화된 권력에 의하여 바뀌게 된다면 의미가 없어진다. 이에 파일을 저장하는 시스템 또한 탈중앙화된 방식으로 등장하는데 그것이 바로 IPFS 즉, 분산형 파일 시스템이다.

IFPS는 비트코인 등 블록체인 네트워크와 마찬가지로 다양한 참여자들이 노드로서 저장 리소스를 제공하며 IFPS에는 해당 리소스의 데이터를 저장한다. 그리고 이 리소스 사용에 대한 대가로 IFPS의 토큰을 지급한다. 대표적인 코인으로는 파일코인이 있다. 그리고 실제 이미지를 탈중앙화된 IFPS에 저장하여 안전하게 NFT를 운영하도록 IPFS를 서비스로 제공하는 회사들이 존재한다. 대표적인 기업으로는 피나타(https://www.pinata.cloud/)가 있다. 가장 유명한 NFT 프로젝트 중 하나인 BAYC에서도 해당 서비스를 이용하고 있다. 100개의 이미지까지는 무료이며 그 이상의 이미지를 저장할 경우 비용을 지불해야 한다.

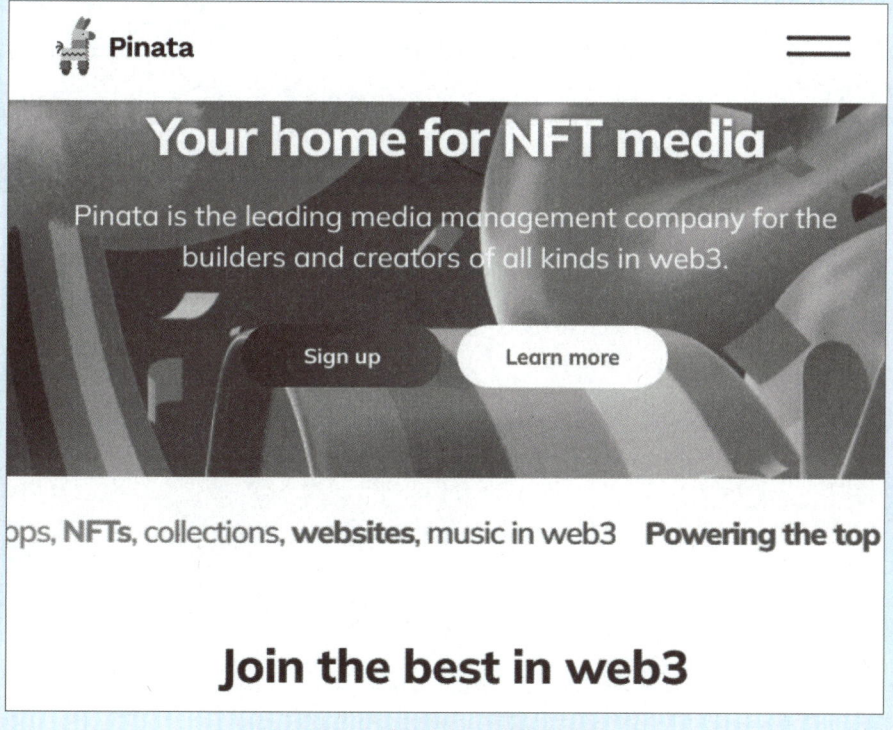

[그림 4-2-7] 대표적 IPFS 서비스, 피나타

3 | 토큰(Layer2 코인) 만들기

여러 가상자산 거래소에서 거래되는 코인의 개수는 현존하는 블록체인 네트워크보다 많을 것이다. 그 이유는 두 번째 장 "토큰(Layer2 이상)"에서 소개했다. 다시 정리해 보자면 기존의 블록체인 네트워크(Layer1)를 바탕으로 해당 네트워크 위에 스마트 컨트랙트를 활용한 토큰(Layer2 혹은 그 이상)을 제작한 것이었다. pyETH의 블록체인 네트워크를 활용하여 Layer2 토큰을 만들어 보자. 먼저 거래 기능이 없는 단순한 토큰을 제작해 볼 것이다. 토큰의 이름은 pyTOKEN, 발행 개수는 10만 개로 하자. 그렇다면 스마트 컨트랙트에 저장될 내용은 [코드 4-2-6]과 같다.

[코드4-2-6] 스마트 컨트랙트에 추가되는 토큰 정보

```
"smart_contract": {
                "contract_code" :"token_name = 'pyTOKEN' \ntoken_total_volume = 100000"
                                }
```

[그림 4-2-8]과 같이 이 스마트 컨트랙트를 반영한 거래와 채굴을 진행하면 블록체인 네트워크에 pyTOKEN 10만 개가 저장되는 것을 확인할 수 있다. NFT 제작에서 실습했던 것과 동일하게 간단한 코드로 토큰 10만 개가 생성되었다.

```
1  headers = {'Content-Type' : 'application/json; charset=utf-8'}
2  data = {
3          "sender": "test_from",
4          "recipient": "smart_contract",
5          "amount": 0,
6          "smart_contract": {
7                      "contract_code" :"token_name = 'pyTOKEN' \ntoken_total_volume = 100000"
8                  }
9          }
10 result = requests.post("http://localhost:5000/transactions/new", headers=headers, data=json.dumps(data)).content
11 contract_address = json.loads(result)['contract_address']
12
13 headers = {'Content-Type' : 'application/json; charset=utf-8'}
14 res = requests.get("http://localhost:5000/mine")
15 print(res)
```

<Response [200]>

```
1  contract_address
```
'832cbf2f5852d3c86d9f56508e8e8ca11c36b727e471a7d01e207f6c8a997f3d'

```
1  # 블록 정보 호출
2  headers = {'Content-Type' : 'application/json; charset=utf-8'}
3  res = requests.get("http://localhost:5000/chain", headers=headers)
4  res_json = json.loads(res.content)
5
6  ## 스마트 컨트랙트를 호출 및 실행
7  for _block in res_json['chain']:
8      for _tx in _block['transactions']:
9          if _tx['smart_contract']['contract_address'] == contract_address:
10             exec( _tx['smart_contract']['contract_code'])
11             break
12 print(token_name , "/ ", token_total_volume )
```
pyTOKEN / 100000

[그림 4-2-8] Layer2 토큰, pytoken 만들기

4 | 거래 가능한 토큰 만들기

앞서 NFT와 Layer2 토큰을 제작해 보았다. 하지만 두 과정은 모두 이미지 혹은 토큰의 정보를 스마트 컨트랙트에 저장한 것으로 실제 NFT와 토큰의 기능과는 거리가 멀다. 이번에는 pyETH 블록체인 네트워크상에서 실제 거래가 가능한 Layer2 토큰을 제작해 보자. 이를 위해 스마트 컨트랙트에 저장될 내용은 [코드4-2-7]과 같다.

[코드4-2-7] 스마트 컨트랙트에 추가되는 Layer2 토큰 저장

```
"contract_code" :"token_name = 'pyTOKEN' \ntoken_total_volume = 100000\ntoken_
owner = {'token_maker' : 10000}",
"contract_function_getBalance" :"""
    def get_balance(user_id):
        print('{} Balance is : '.format(user_id), token_owner[user_id])
        return token_owner[user_id]
""",
```

```
"contract_function_sendToken" :"""
    def send_token(sender,recipient,amount):
        if sender in token_owner.keys():
            if get_balance(sender) > amount:
                token_owner[sender]  = token_owner[sender] - amount
                if recipient in token_owner.keys():
                    token_owner[recipient]  = token_owner[recipient] + amount
                else :
                    token_owner[recipient]  =  amount
                print("Transaction Completed")
                get_balance(sender)
                get_balance(recipient)

            else:
                return "Insufficient Balance"
        else:
            return "Unavailable Sender id"
"""
```

해당 스마트 컨트랙트는 2개의 부분으로 구성된다. 우선 첫 번째 부분인 'contract_code' 는 기존 Layer2 토큰 만들기에서와 동일하게 토큰의 명칭을 pyToken, 토큰의 발행량을 10만 개로 설정했다. 그리고 토큰 소유주 정보(token_owner)를 입력하는데, token_maker가 1만 개의 토큰을 소유하는 것으로 설정되었다. 두 번째 부분은 이 토큰을 주고받는 함수를 정의하는 부분이다. 위 코드는 잔액 조회(function_getBalance)와 토큰 보내기(function_sendToken) 함수를 선언했다. 잔액 조회 함수의 경우 user_id를 받으면 token_owner에서 해당 user_id의 정보를 조회하여 보여 준다. 토큰 보내기 함수는 수신자, 발신자, 보내는 금액의 정보를 입력하면 발신자가 보내는 금액 이상의 토큰을 소유할 경우 수신자에게 해당 토큰을 보내는 것으로 그 기능을 한다. [그림 4-2-9]와 같이 해당 스마트 컨트랙트를 기반으로 하는 거래 내역을 블록에 추가하고 채굴을 통하여 블록체인 네트워크에 해당 내용을 저장한다. 이에 [그림 4-2-10]과 같이 토큰 이름은 pyTOKEN, 총 발행량은 10만 개로 설정되었음을 알 수 있고 function_getBalance 기능으로 token_maker의 토큰 보유량을 조회하여 1만 개의 토큰을 보유하고 있음을 확인할 수 있다.

```python
1  headers = {'Content-Type' : 'application/json; charset=utf-8'}
2  data = {
3          "sender": "test_from",
4          "recipient": "test_to",
5          "amount": 3,
6          "smart_contract": {
7                          "contract_code" :"token_name = 'pyTOKEN' \ntoken_total_volume = 10000\ntoken_owner = {'token_maker' : 10000
8                          "contract_function_getBalance" :"""
9  def get_balance(user_id):
10     print('{} Balance is : '.format(user_id), token_owner[user_id])
11     return token_owner[user_id]
12 """,
13                         "contract_function_sendToken" :"""
14 def send_token(sender,recipient,amount):
15     if sender in token_owner.keys():
16         if get_balance(sender) > amount:
17             token_owner[sender]   = token_owner[sender] - amount
18             if recipent in token_owner.keys():
19                 token_owner[recipent] = token_owner[recipent] + amount
20             else :
21                 token_owner[recipent] = amount
22             print("Transaction Completed")
23             get_balance(sender)
24             get_balance(recipent)
25
26         else:
27             return "Insufficient Balance"
28     else:
29         return "Unavailable Sender id"
30 """
31
32
33                         }
34         }
35 result = requests.post("http://localhost:5000/transactions/new", headers=headers, data=json.dumps(data)).content
36 contract_address = json.loads(result)['contract_address']
37
38
39 headers = {'Content-Type' : 'application/json; charset=utf-8'}
40 res = requests.get("http://localhost:5000/mine")
41 print(res)
```

<Response [200]>

[그림 4-2-9] 거래 가능한 Layer2 토큰 만들기

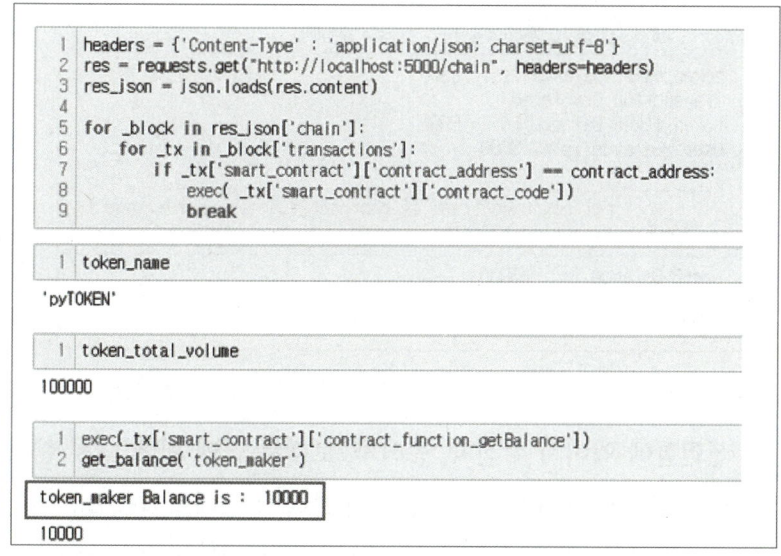

[그림 4-2-10] Layer2 조회 및 token_maker 잔액 조회

다음은 새로운 사용자에게 토큰을 보내는 기능을 구현해 보자. Token_maker는 토큰 생성 시에 1만 개의 토큰을 부여받았다. 그리고 [그림 4-2-11]과 같이 function_sendToken을 통해 토큰 보내기 함수를 선언하고 user에게 50개의 토큰을 보냈다. 그 결과 token_maker는 토큰 잔고가 9950개, user는 50개로 저장되는 것을 확인할 수 있다. 다시 [그림 4-2-12]와 같이 user2에게도 토큰 보내기를 시도해 보면 정상적으로 전송되고 그에 따라 잔고에 저장된다.

```
1  exec(_tx['smart_contract']['contract_function_getBalance'])
2  get_balance('token_maker')
```
token_maker Balance is : 10000

10000

```
1  exec(_tx['smart_contract']['contract_function_sendToken'])
2  send_token('token_maker','user',50)
```
token_maker Balance is : 10000
Transaction Completed
token_maker Balance is : 9950
user Balance is : 50

[그림 4-2-11] Layer2 토큰 보내기

```
1  exec(_tx['smart_contract']['contract_function_sendToken'])
2  send_token('token_maker','user',50)
```
token_maker Balance is : 9950
Transaction Completed
token_maker Balance is : 9900
user Balance is : 100

```
1  send_token('token_maker','user2',3000)
```
token_maker Balance is : 9900
Transaction Completed
token_maker Balance is : 6900
user2 Balance is : 3000

```
1  exec(_tx['smart_contract']['contract_function_getBalance'])
2  get_balance('user2')
```
user2 Balance is : 3000

3000

[그림 4-2-12] Layer2 토큰 보내기-2

이렇게 토큰을 선언함에 있어서 수신자, 송신자, 보내는 금액 외에 다시 한번 스마트 컨트랙트 요소를 추가하면 어떻게 될까? 그렇게 된다면 블록체인 네트워크(Layer1)의 스마트 컨트랙트를 호출하고(Layer2) 다시 해당 스마트 컨트랙트의 토큰 거래 내역 내에서 스마트 컨트랙트를 호출(Layer3)하게 된다. 이를 통해서 Layer를 늘려 나가며 다양한 기능이 토큰들을 만들어 갈 것이다. 이에 대한 장점으로는 블록체인 네트워크에 직접 접근하지 않고 스마트 컨트랙트에 저장된 내용을 활용하기에 수수료 비용을 줄일 수 있고, 토큰의 설정에 따라 더 빠르게 운영될 수 있다. 하지만 한 번 선언되면 수정이 불가능한 블록체인의 특성상 스마트 컨트랙트의 취약점이 발견될 경우 순식간에 모든 레이어가 붕괴될 수 있으며 이에 따라 완벽한 코드를 구현하기에 어려움이 있을 것이다.

더 알아보기 | 이더리움 네트워크상에서 Layer2 토큰을 만드는 솔리디티 코드

지금까지 우리가 학습한 내용이 맞는 것일까? 실제 이더리움에서 Layer2 토큰을 제작하는 솔리디티 코드를 참고해 보면 그 유사성을 확인해 볼 수 있다. 아래의 코드는 이더리움 네트워크상에서 Layer2 토큰을 만들 수 있도록 해 주는 솔리디티 코드이다. Constructor를 통하여 실제 발행할 토큰의 명칭과 발행량을 선언하고 잔고 조회(balanceOf), 거래(transferFrom) 내용을 정의하는 것을 확인할 수 있다. 아래와 같은 솔리디티 코드를 활용하면 누구나 이더리움 네트워크에서 토큰 발행자가 될 수 있다. 현재 거래소에서 유통되고 있는 토큰들의 경우 아래의 내용에 각 토큰별 콘셉트에 맞는 다양한 함수들을 추가하여 그 미래 발전 가능성을 홍보하고 있다. 이상적인 투자자라면 해당 토큰의 스마트 컨트랙트 코드를 점검해 보며 취약점은 없는지, 토큰의 공식 설명서인 백서(White Paper)와 다르게 구현된 코드는 없는지 확인할 수 있어야 할 것이다.

[코드4-2-8] 솔리디티 코드 예시

```
pragma solidity ^0.4.24;


/**
ERC Token Standard #20 Interface
https://github.com/ethereum/EIPs/blob/master/EIPS/eip-20-token-standard.md
*/

contract ERC20Interface {
    function totalSupply() public constant returns (uint);
    function balanceOf(address tokenOwner) public constant returns (uint
```

```
balance);
    function allowance(address tokenOwner, address spender) public constant 
returns (uint remaining);
    function transfer(address to, uint tokens) public returns (bool 
success);
    function approve(address spender, uint tokens) public returns (bool 
success);
    function transferFrom(address from, address to, uint tokens) public 
returns (bool success);

    event Transfer(address indexed from, address indexed to, uint tokens);
    event Approval(address indexed tokenOwner, address indexed spender, 
uint tokens);
}

contract ApproveAndCallFallBack {
    function receiveApproval(address from, uint256 tokens, address token, 
bytes data) public;
}

contract pyTOKEN is ERC20Interface, SafeMath {
    string public symbol;
    string public  name;
    uint8 public decimals;
    uint public _totalSupply;

    mapping(address => uint) balances;
    mapping(address => mapping(address => uint)) allowed;

    // ----------------------------------------------------------------
    // 토큰의 명칭 및 총 발행량 선언
    // ----------------------------------------------------------------
```

```
    constructor() public {
        symbol = "pyTOKEN";
        name = "Python Token";
        decimals = 2;
        _totalSupply = 100000;
        balances[0xAd61C057eD2cE6BB81f10eeC0192e3a7DEC848dc] = _totalSupply;
        emit Transfer(address(0), 0xAd61C057eD2cE6BB81f10eeC0192e3a7DEC848dc, _totalSupply);
    }

    // ---------------------------------------------------------------------
    // T총 발행량 설정
    // ---------------------------------------------------------------------
    function totalSupply() public constant returns (uint) {
        return _totalSupply  - balances[address(0)];
    }


    // ---------------------------------------------------------------------
    // 잔액 조회 함수
    // ---------------------------------------------------------------------
    function balanceOf(address tokenOwner) public constant returns (uint balance) {
        return balances[tokenOwner];
    }

    // ---------------------------------------------------------------------
```

```
    // 토큰 보내기 함수1
    // --------------------------------------------------------------------
    function transfer(address to, uint tokens) public returns (bool success) {
        balances[msg.sender] = safeSub(balances[msg.sender], tokens);
        balances[to] = safeAdd(balances[to], tokens);
        emit Transfer(msg.sender, to, tokens);
        return true;
    }


    // --------------------------------------------------------------------
    // 잔고 조회 후 토큰 보내기 기능 승인
    // --------------------------------------------------------------------
    function approve(address spender, uint tokens) public returns (bool success) {
        allowed[msg.sender][spender] = tokens;
        emit Approval(msg.sender, spender, tokens);
        return true;
    }


    // --------------------------------------------------------------------
    // 토큰 보내기 함수2
    // --------------------------------------------------------------------
    function transferFrom(address from, address to, uint tokens) public returns (bool success) {
        balances[from] = safeSub(balances[from], tokens);
        allowed[from][msg.sender] = safeSub(allowed[from][msg.sender],
```

```
tokens);
        balances[to] = safeAdd(balances[to], tokens);
        emit Transfer(from, to, tokens);
        return true;
    }


    // ------------------------------------------------------------------------
    // 토큰을 보낼 수 있는지 잔고 조회 확인
    // ------------------------------------------------------------------------
    function allowance(address tokenOwner, address spender) public constant returns (uint remaining) {
        return allowed[tokenOwner][spender];
    }
}
```

3. 스마트 컨트랙트 기반 DApp 만들기
(node_command_DApp.ipynb)

챕터 1-7 '블록체인과 가상자산 그리고 DApp'에서 다양한 블록체인 네트워크에서 구동되는 DApp들을 알아보았다. DApp은 탈중앙화 애플리케이션(Decentralized Application)으로 중앙화된 서버로 구동되는 것이 아니라 탈중앙화된 블록체인 네트워크 중 스마트 컨트랙트에 핵심 운영 코드를 보관한다. 즉, 중앙화된 서비스가 아니라 동작 내용이 객관적으로 보증된 탈중앙화된 서비스를 제공하는 것이다. 이번 장에서는 3개의 DApp(계산기, 복권, Defi)을 구현해 보며 스마트 컨트랙트에서의 애플리케이션 작동 원리를 이해해 보자.

1 | 계산기

컴퓨터의 등장 이전부터 계산기는 지속적으로 활용되어 왔다. 기능이 단순한 일명 '쌀집 계산기'부터 공학계산기, 재무 계산기 등 다양한 종류의 계산기가 존재한다. 스마트폰과 인터넷이 발달한 현재는 계산기를 들고 다니지 않고 웹서비스상의 계산기 서비스를 이용한다. 대표적으로 구글에서도 계산기 서비스를 제공한다. 그렇다면 이 계산기의 계산 결과는 어떻게 나오게 되는 것일까? [그림 4-3-1]과 같이 사용자가 계산하고자 하는 내용을 입력할 경우 찰나의 시간에 해당 계산 내용이 구글의 서버로 요청되고 서버에서 계산된 결과값이 사용자에게 전송되어 계산의 결과값을 확인할 수 있다. 그런데 만약 구글의 담당자가 실수로 혹은 악의적으로 그 계산 방식을 바꾼다면 사용자는 잘못 계산된 결과를 받을 수밖에 없다. 여기서 구글의 중앙화 서버의 문제점을 해결하고자 탈중앙화 애플리케이션 DApp이 제안된 것이다. DApp의 운영 방식은 [그림 4-3-2]와 같이 계산기의 구동 원리가 코드화되어 블록체인 네트워크의 스마트 컨트랙트상에 저장되고, 사용자가 계산 결과를 요청할 때 해당 계산은 스마트 컨트랙트 내의 함수를 호출하여 진행하게 된다. 블록체인 네트워크상에 저장된 스마트 컨트랙트 코드는 블록체인의 특성에 따라 이후 수정이 불가능하다. 그렇기 때문에 사용자는 탈중앙화된 블록체인 내에서 믿을 수 있는 계산기 서비스를 이용할 수 있는 것이다.

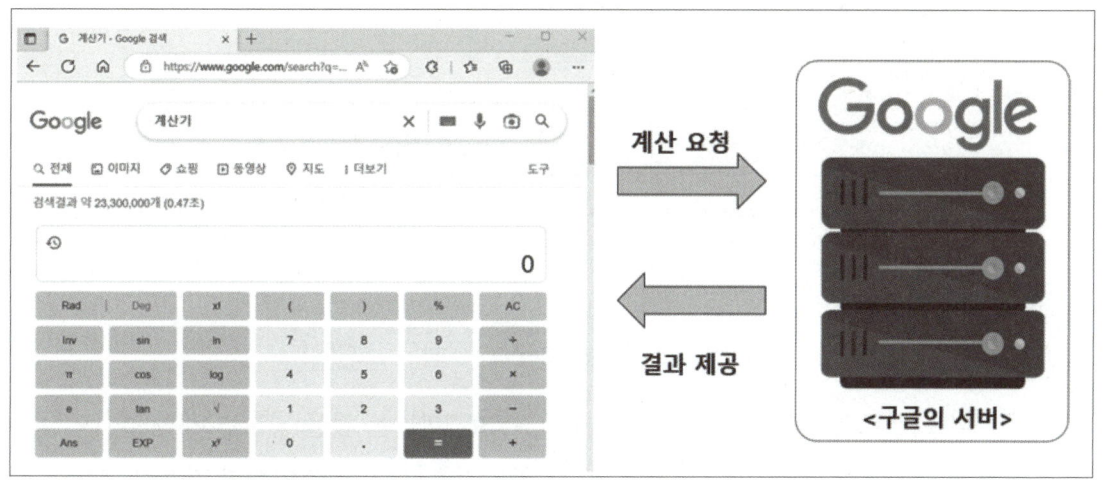

[그림 4-3-1] 구글의 계산기

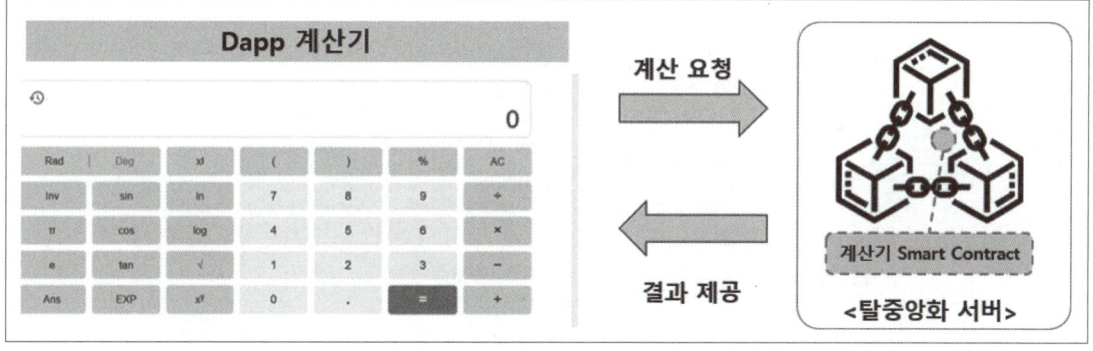

[그림 4-3-2] DApp 계산기의 원리

이제 우리가 구축한 pyETH 네트워크상에 계산기 DApp을 제작해 보자. 우선 스마트 컨트랙트에 저장될 계산기의 동작 코드는 다음과 같다. calculate_result라는 변수에 2개의 숫자와 계산 부호가 들어가고 그 결과를 저장하게 된다.

[코드4-3-1] 계산기 DApp의 스마트 컨트랙트

```
"contract_code" : "calculate_result = {}{}{}"
```

[그림 4-3-3]과 같이 스마트 컨트랙트를 반영한 거래를 진행하여 계산기의 코드가 pyETH 의 거래 내역상에 저장되도록 한다. 그리고 그 스마트 컨트랙트의 주소를 contract_address 에 저장한다.

```
DApp 제작 -1 계산기
1  headers = {'Content-Type' : 'application/json; charset=utf-8'}
2  data = {
3      "sender": "test_from",
4      "recipient": "smart_contract",
5      "amount": 0,
6      "smart_contract": {
7          "contract_code" : "calculate_result = {}{}{}"
8  }
9  result = requests.post("http://localhost:5000/transactions/new", headers=headers, data=json.dumps(data)).content
10 contract_address = json.loads(result)['contract_address']
11
12 headers = {'Content-Type' : 'application/json; charset=utf-8'}
13 res = requests.get("http://localhost:5000/mine")
14 print(res)
<Response [200]>
```

[그림 4-3-3] pyETH에 저장된 계산기 스마트 컨트랙트

해당 스마트 컨트랙트 주소를 호출한 뒤 120, +, 360이라는 값을 넣으면 계산 결과인 480 이 호출된다. 이와 같은 방식으로 더하기, 빼기, 곱하기, 나누기 사칙연산이 가능한 간단한 계산기 DApp이 제작되었다.

```
1  headers = {'Content-Type' : 'application/json; charset=utf-8'}
2  res = requests.get("http://localhost:5000/chain", headers=headers)
3  res_json = json.loads(res.content)
4
5  for _block in res_json['chain']:
6      for _tx in _block['transactions']:
7          if _tx['smart_contract']['contract_address'] ==contract_address:
8              exec( _tx['smart_contract']['contract_code'].format(120,"+",360))
9              break
10 print(calculate_result)
480
```

[그림 4-3-4] pyETH 계산기의 결과

2 | 복권

로또 복권 구매자는 1에서 45까지의 숫자 중에서 6개의 숫자를 고른다. 그리고 일주일에 한 번, 무작위로 6개의 숫자를 추출하여 해당 숫자를 고른 당첨자가 거액의 수령금을 받게 된다.

복권 당첨자는 어떻게 산출될까? IT 시대, 간단한 프로그램 몇 줄만으로 45개 숫자 중 6개 숫자를 임의로 산출할 수 있다. 하지만 이 방식으로 당첨 숫자가 산출된다면 많은 사람이 숫자 선정 기준을 의심할 것이다. 이에 [그림 4-3-5]와 같이 45개의 번호가 적힌 공을 큰 플라스틱 통 안에 보관하고 기계적인 방식으로 6개의 공을 뽑아 내며, 그 과정은 생중계된다. 심지어 비너스 추첨 시스템이라 불리우는 해당 기계는 프랑스 AKANIS TECHNOLOGIES사의 제품으로 전 세계에 수출되고 있다고 한다. 만약 블록체인 기술이 상용화되고, 스마트 컨트랙트를 모두가 이해하는 사회라면 어떨까? 그때는 아마 로또 숫자 선정 기계를 만들 필요 없이 6개의 번호를 산출하는 코드를 스마트 컨트랙트에 저장할 것이다. 그럼 복권 구매자들은 복권 스마트 컨트랙트의 코드를 확인하여 그 공정성을 검증할 수 있고, 복권 운영자는 매주 해당 스마트 컨트랙트를 가동시켜 6개의 선정 번호를 뽑아낼 수 있을 것이다.

[그림 4-3-5] 로또 번호 선정

이제 직접 구축한 pyETH 네트워크상에 로또 번호 추첨 DApp을 제작해 보자. 우선 스마트 컨트랙트에 저장될 동작 코드는 다음과 같다.

[코드4-3-2] 복권 DApp의 스마트 컨트랙트

```
"contract_code" : """
def Lottery():
    lottery_number = random.sample(range(1,46),6)
```

```
lottery_number = sorted(lottery_number, key=lambda x: x)
lottery_number
print(lottery_number)
return lottery_number
```

Lottery()라는 복권 당첨 번호 산출 함수를 만들고, 파이썬의 random 패키지를 활용하여 1 이상 46 미만인 숫자 중 6개의 자연수를 임의로 산출한다. 그리고 파이썬에 내장된 sorted 함수를 활용, 6개의 숫자를 오름차순으로 정렬한 뒤 그 값을 lottery_number 값에 저장하고 리턴한다. 이 스마트 컨트랙트를 반영한 거래를 진행하여 로또 번호를 뽑는 코드가 pyETH 의 거래 내역상에 저장되도록 한다. 그리고 그 스마트 컨트랙트의 주소를 contract_address 에 저장한다. 이후 로또 당첨 번호가 필요할 때 contract_address를 기준으로 해당 코드를 호출하면 [그림 4-3-6]과 같이 선정된 6개의 번호를 확인할 수 있다.

```
1  headers = {'Content-Type' : 'application/json; charset=utf-8'}
2  data = {
3          "sender": "test_from",
4          "recipient": "smart_contract",
5          "amount": 0,
6          "smart_contract": {
7                      "contract_code" : """
8  def Lottery():
9      lottery_number = random.sample(range(1,46),6)
10     lottery_number = sorted(lottery_number, key=lambda x: x)
11     lottery_number
12     print(lottery_number)
13     return lottery_number
14                      """}
15 }
16 result = requests.post("http://localhost:5000/transactions/new", headers=headers, data=json.dumps(data)).content
17 contract_address = json.loads(result)['contract_address']
18
19 headers = {'Content-Type' : 'application/json; charset=utf-8'}
20 res = requests.get("http://localhost:5000/mine")
21 print(res)
```
<Response [200]>

```
1  headers = {'Content-Type' : 'application/json; charset=utf-8'}
2  res = requests.get("http://localhost:5000/chain", headers=headers)
3  res_json = json.loads(res.content)
4
5  for _block in res_json['chain']:
6      for _tx in _block['transactions']:
7          if _tx['smart_contract']['contract_address'] ==contract_address:
8              exec( _tx['smart_contract']['contract_code'])
9              break
10 print(Lottery())
```
[1, 9, 18, 31, 42, 43]
[1, 9, 18, 31, 42, 43]

[그림 4-3-6] 로또 번호 선정 DApp의 결과

실제 이런 복권 선정 로직을 스마트 컨트랙트에 올려 공개하고, 사용자에게 서비스를 제공하는 DApp들이 존재한다(https://www.lotteryonchains.com/). 이런 서비스들은 단순히 선정 번호를 고르는 것이 아니라 사용자에게 토큰으로 복권을 판매하고, 공정한 절차로 복권 당첨자를 선정하여 당첨자에게 당첨금을 토큰으로 제공하고 있다. [그림 4-3-7]과 같이 바이낸스 체인 스캔 사이트에서 운영 원리를 솔리디티 코드로 확인할 수 있다.

```
contract Lottery is ILottery, Ownable {
    /// @dev (Open) -> closeGame -> (Close) -> endGame -> (Open)
    /// @dev Game can be closed only if the time is over,
    /// @dev at this point players can't buy a new tickets
    /// @dev So this time is used to generate a random number,
    /// @dev thereby choose a winner ticket.
    /// @dev Once it is done state changes to Close
    enum State {
        Open,
        Close
    }
    State public state = State.Open;

    // Contains all game parameters and rules
    struct Game {
        // Ticket price in wei
        uint256 ticketPrice;
        // Game time period
        uint256 gameTime;
        // The percentage of sales returned to the players in the form of prize
        uint256 prizePayout;
        // The money from sales that will be used to pay prize
        uint256 prizePool;
        // Prediction fee
```

[그림 4-3-7] 복권 DApp의 솔리디티 코드

3 | DeFi

세계 2위 규모의 가상자산거래소 FTX가 파산했다. 적어도 1백만 명 이상의 사람이 FTX 거래소에 자금을 예치하여 거래하고 있었는데, 그 원금을 찾을 수 없을 것이라 한다. 놀랍게도 사용자들은 실물을 거래한 것이 아니라 FTX의 장부(book)상에서만 거래하고 있었다. 실제 그들의 자산은 FTX의 여러 계열사에 투자되는 등 부적절하게 활용되고 있었다고 한다. FTX의 사례는 중앙화된 금융 서비스의 단점을 여실히 드러낸다. 그 외에도 2008년 미국의 4대 투자은행이었던 거대 금융그룹 리먼 브라더스의 파산, 2023년 글로벌 IB인 크레딧 스위스의 파산 등 중앙화 금융 시스템의 다양한 사건 사고들은 계속 발생해 왔다.

이런 중앙화 금융 서비스의 문제점을 해결하고자 탈중앙화 금융 서비스들이 등장했다. DApp을 널리 알리는 역할을 하기도 한 Defi, 즉 탈중앙 금융(Decentralized Finance) 서비스다. Defi의 대표적인 서비스로는 스시 스왑(Sushi Swap), 클레이 스왑(Klay Swap) 등이 있다. 이들은 기존 금융 서비스에서 제공하던 통화 스왑(둘 이상의 거래 기관이 사전에 정해진 만기와 환율에 의해 다른 통화로 서로 교환하는 외환 거래)에서 아이디어를 착안, 서로 다른 가상 자산 간의 스왑 서비스를 제공하고 있다. 그 외에도 대출, 거래소 등 다양한 서비스를 제공하고 있다. (탈중앙화된 금융 서비스이기 때문에 기존의 금융 서비스와 다르게 시스템적으로 투명하게 운영될 것이라 기대되었지만 다양한 사건 사고를 일으키며 많은 Defi 서비스가 유동성, 코드 취약성 등의 문제로 파산하기도 했다.)

구축 pyETH 네트워크상에 자금을 예치하면 일정 이자를 지급하는 예치(Staking) Defi 서비스를 만들어 보자. 해당 Defi의 동작 코드는 크게 3가지 부분으로 구성된다.

- **Staking Token 정의:** Defi에서 사용될 Token을 제작해야 한다. 해당 토큰의 명칭은 'pySTAKINGTOKEN'이며 총 10만 개의 토큰이 발행될 예정이다. 발행자는 1만 개의 토큰을 생성과 동시에 소유하게 된다. 기존 pyTOKEN과 다르게 예치한 사용자의 정보를 저장하기 위한 staking_status라는 사전형 변수가 추가로 정의된다.

[코드4-3-3] Staking Token을 정의하는 스마트 컨트랙트

```
token_name = 'pySTAKINGTOKEN'
token_total_volume = 100000
token_owner = {'token_maker' : 10000}
staking_status = {}
```

- **Token의 기본 기능 설정:** pyTOKEN에서 구현했던 것과 동일하게 스마트 컨트랙트 내에 사용자별 pySTAKINGTOKEN의 잔액 조회, 송금 기능들을 정의한다.

[코드4-3-4] 토큰의 잔액 조회 및 송금 기능 스마트 컨트랙트

```
def get_balance(user_id):
    print('{} Balance is : '.format(user_id), token_owner[user_id])
    return token_owner[user_id]

def send_token(sender,recipent,amount):
    if sender in token_owner.keys():
        if get_balance(sender) > amount:
            token_owner[sender]  = token_owner[sender] - amount
            if recipent in token_owner.keys():
```

```
                token_owner[recipent] = token_owner[recipent] + amount
            else :
                token_owner[recipent] =  amount
            print("Transaction Completed")
            get_balance(sender)
            get_balance(recipent)
        else:
            return "Insufficient Balance"
    else:
        return "Unavailable Sender id"
```

- 토큰 예치(Staking) 기능 설정: pySTAKINGTOKEN의 이자 지급 관련 Defi의 핵심 부분이다. 'token_staking'이라는 함수명으로 예치자 정보, 예치 금액이 입력되면 해당 예치자가 실제로 존재하는 사용자인지, 그리고 존재하는 사용자일 경우 예치 금액보다 많은 잔액을 보유 중인지 확인한다. 확인이 완료된 후에는 사전형 변수인 예치 정보(staking_status)에 예치자(staker)의 예치 내역을 저장한다. 그리고 'staking_yield'라는 함수명으로 정의된 예치 이자 지급 함수를 정의한다. 이 함수가 가동될 때마다 예치 정보(staking_status)에 저장된 사용자들의 예치금에 10%의 예치 이자가 지급된다.

[코드4-3-5] 토큰의 예치 기능 스마트 컨트랙트

```
def token_staking(staker,amount):
    if staker in token_owner.keys():
        if get_balance(staker) > amount:
            token_owner[staker] = token_owner[staker] - amount
            staking_status [len(staking_status)] = {'staker':staker,'amount':amount}
            print("Staing Completed")
            get_balance(staker)
        else:
            return "Insufficient Balance"
    else:
        return "Unavailable Staker id"

def staking_yield(staking_status):
```

```
    for t in staking_status:
        print(staking_status[t])
        staking_status[t]['amount'] = staking_status[t]['amount'] * (1+0.1)
    return staking_status
```

이 3가지 부분의 Defi 코드를 모두 반영하여 블록의 거래 내역 중 스마트 컨트랙트에 저장하고, 블록 채굴을 통하여 해당 내용을 블록에 저장하며, contract_address라는 변수에 해당 스마트 컨트랙트의 주소를 저장하는 전체 코드는 [코드4-3-6]과 같다.

[코드4-3-6] 디파이(Defi) DApp의 스마트 컨트랙트

```
headers = {'Content-Type' : 'application/json; charset=utf-8'}
data = {
        "sender": "test_from",
        "recipient": "test_to",
        "amount": 3,
        "smart_contract": {
                        "contract_code" :"token_name = 'pySTAKINGTOKEN'
\ntoken_total_volume = 100000\ntoken_owner = {'token_maker' : 10000}\nstaking_status = {}",
                        "contract_function_getBalance" :"""
def get_balance(user_id):
    print('{} Balance is : '.format(user_id), token_owner[user_id])
    return token_owner[user_id]
""",
                        "contract_function_sendToken" :"""
def send_token(sender,recipent,amount):
    if sender in token_owner.keys():
        if get_balance(sender) > amount:
            token_owner[sender] = token_owner[sender] - amount
            if recipent in token_owner.keys():
                token_owner[recipent] = token_owner[recipent] + amount
            else :
                token_owner[recipent] = amount
```

```
            print("Transaction Completed")
            get_balance(sender)
            get_balance(recipent)

        else:
            return "Insufficient Balance"
    else:
        return "Unavailable Sender id"
""",
                        "contract_function_token_staking" :"""
def token_staking(staker,amount):
    if staker in token_owner.keys():
        if get_balance(staker) > amount:
            token_owner[staker]  = token_owner[staker] - amount
            staking_status [len(staking_status)] =  {'staker':staker,'amount':amount}
            print("Staing Completed")
            get_balance(staker)

        else:
            return "Insufficient Balance"
    else:
        return "Unavailable Staker id"
""",
                        "contract_function_staking_yield" :"""
def staking_yield(staking_status):
    for t in staking_status:
        print(staking_status[t])
        staking_status[t]['amount'] = staking_status[t]['amount'] * (1+0.1)
    return staking_status
"""
}}
```

```
result = requests.post("http://localhost:5000/transactions/new",
headers=headers, data=json.dumps(data)).content
contract_address = json.loads(result)['contract_address']

headers = {'Content-Type' : 'application/json; charset=utf-8'}
res = requests.get("http://localhost:5000/mine")
```

이후 [그림 4-3-8]과 같이 pySTAKINGTOKEN이 10만 개의 발행 수량으로 생성되었으며, token_maker에게 1만 개의 토큰이 지급되었다.

```
headers = {'Content-Type' : 'application/json; charset=utf-8'}
res = requests.get("http://localhost:5000/chain", headers=headers)
res_json = json.loads(res.content)

for _block in res_json['chain']:
    for _tx in _block['transactions']:
        if _tx['smart_contract']['contract_address'] == contract_address:
            exec( _tx['smart_contract']['contract_code'])
            break
```

token_name

'pySTAKINGTOKEN'

token_total_volume

100000

exec(_tx['smart_contract']['contract_function_getBalance'])
get_balance('token_maker')

token_maker Balance is :   10000

10000

[그림 4-3-8] 생성된 pySTAKINGTOKEN

다음으로 token_maker가 기존에 정의된 'token_staking' 함수에 의하여 [그림 4-3-9]와 같이 100개의 토큰을 예치(Staking)한다.

```
exec(_tx['smart_contract']['contract_function_token_staking'])
token_staking('token_maker',100)

token_maker Balance is :   10000
Staing Completed
token_maker Balance is :   9900
```

[그림 4-3-9] 100개의 pySTAKINGTOKEN 예치

마지막으로 'staking_yield' 함수에 따라 예치 이자를 지급하면 [그림 4-3-10]과 같이 매번 10%의 이자가 지급된다. 총 3회 이자를 지급하면 예치되었던 100개의 토큰은 최종적으로 133.1개로 증가하게 된다.

```
exec(_tx['smart_contract']['contract_function_staking_yield'])
    staking_yield(staking_status)

{'staker': 'token_maker', 'amount': 100}
{0: {'staker': 'token_maker', 'amount': 110.00000000000001}}

exec(_tx['smart_contract']['contract_function_staking_yield'])
staking_yield(staking_status)

{'staker': 'token_maker', 'amount': 110.00000000000001}
{0: {'staker': 'token_maker', 'amount': 121.00000000000003}}

exec(_tx['smart_contract']['contract_function_staking_yield'])
staking_yield(staking_status)

{'staker': 'token_maker', 'amount': 121.00000000000003}
{0: {'staker': 'token_maker', 'amount': 133.10000000000005}}
```

[그림 4-3-10] 예치 이자 지급

더 알아보기 — 이더리움 가상머신(EVM)과 옵코드(Opcode)

이더리움 네트워크상에는 약 4천 개의 DApp이 존재한다. 이 DApp들은 어떤 방식으로 가동되는 것일까? DApp 사용자들은 스마트폰 애플리케이션 혹은 웹서비스 형태로 그 기능을 이용할 수 있다. (그리고 서비스의 설계 구조에 따라 일부 내용들은 각 DApp의 백엔드(Back-end) 서버에서 가동된다.) 한편 DApp 서비스의 핵심 내용은 이더리움 블록 내에 솔리디티 코드로 스마트 컨트랙트에 저장된다. 그리고 이 스마트 컨트랙트가 호출될 때, 이더리움 네트워크가 이 스마트 컨트랙트 내의 솔리디티 코드를 실행하는 백엔드 서버로 작동하는데, 이때 이 백엔드 서버의 역할을 하는 것을 '이더리움 가상머신(EVM)'이라고 부른다. 실제 이더리움 네트워크를 운영하는 노드는 지속적으로 변경되지만 이런 노드들을 묶어 언제나 솔리디티 코드들이 가동될 수 있는 환경인 이더리움 가상머신 형태로 존재하는 것이다.

그럼 이 이더리움 가상머신을 운영하는 것은 무료일까? 누군가의 노드를 사용하여 그 컴퓨팅 파워를 사용하기에 그에 따른 수수료를 제공해야 하며, 이더리움상에서는 그 수수료를 가스피(Gas Fee)라고 부른다. 수수료인 가스피의 금액을 책정할 때 [그림 4-3-11]과 같이 이더리움의 옵코드(Opcode) 기준에 따라 그 가격이 책정된다. 이더리움 가상머신은 이제 DApp 가동이 필요하여 해당 솔리디티 코드가 호출될 때, 솔리디티 코드를 기계어(이진수의 집합)로 변환할 수 있는 중간 단계인 어셈블리어로 변환해 준다. 이 어셈블리어가 바로 옵코드다. 각각의 옵코드는 이더리움 가상머신에 적용되어 해당 순서로 시스템을 실행시킨다. 예를 들어 스마트 컨트랙트에서 (3+5)*2라는 계산을 수행할 경우에는 ADD,MUL이라는 순서로 옵코드가 작동할 것이며 이에 따라 3(Opcode Add의 가스비) +5(Opcode MUL의 가스비)로 총 8가스피가 책정될 것이다. 마지막으로, 그럼 이 9가스피는 얼마일까? 가스피를 이더리움 가격으로 전환하는 환율이 존재하는데, 이 환율은 이더리움 네트워크의 부하 정도에 따라 변한다. 평일, 그리고 새벽 시간에 가스피가 더 저렴하다. 일반적으로 19.31Gwei~125.48Gwei의 수준 내에서 움직인다. 1gwei는 0.000000001ETH와 동일하며 가스비가 20gwei일 경우 (3+5)*2는 0.00000002 * 9로 0.00000018ETH의 비용이 소모된다.

Stack	Name	Gas	Initial Stack	Resulting S
00	STOP	0		
01	ADD	3	a, b	a + b
02	MUL	5	a, b	a * b
03	SUB	3	a, b	a - b
04	DIV	5	a, b	a // b
05	SDIV	5	a, b	a // b
06	MOD	5	a, b	a % b
07	SMOD	5	a, b	a % b
08	ADDMOD	8	a, b, N	(a + b) % N
09	MULMOD	8	a, b, N	(a * b) % N

[그림 4-3-11] 이더리움의 옵코드

chapter

05

파이썬으로 만드는
이더리움 2(PoS)

1. 이더리움의 발전
2. PoW vs PoS
3. 파이썬으로 만드는 PoS 블록체인 노드

1. 이더리움의 발전

> "내가 어젯밤 꿈에 나비가 되어 날개를 저으며 꽃 사이를 즐겁게 날아다녔는데, 너무도 기분이 좋아서 내가 나인지도 잊어버렸다. 그러다 불현듯 꿈에서 깨고 보니 나는 나비가 아니라 '장자'가 아닌가? 그렇다면 지금의 나는 나비가 된 꿈에서 깬 나인가, 아니면 나비가 꿈에서 내가 된 것인가? 지금의 나는 과연 진정한 나인가? 아니면 나비가 나로 변한 것인가?"

세상 모든 것은 변한다. 호접지몽 고사로 유명한 장자는 나비로 변하는 꿈을 꾸며 '내가 나비가 될 수 있고, 나비도 내가 될 수 있구나!'라는 깨달음을 얻었다. 이후 '세상의 모든 것은 변한다'는 것이 장자의 핵심 사상으로 발전하였다. 파이썬으로 블록체인을 학습하는 중 봉창 두드리는 것 같지만, 연관되는 내용이 맞다. 장자가 세상의 모든 것이 변한다고 말했듯 블록체인 관련 기술도 빠르게 변화하고 있다. 지금은 이미 PC(개인용 컴퓨터)의 표준이 되어 버린 MS Windows 또한 [그림 5-1-1]과 같이 지속적으로 변화해 왔다. 이 업데이트와 함께 다양한 기능이 추가되어 사용자들도 지속적으로 그 변화를 인지하고 경험하며 새로운 Windows 기능을 익히고 있다.

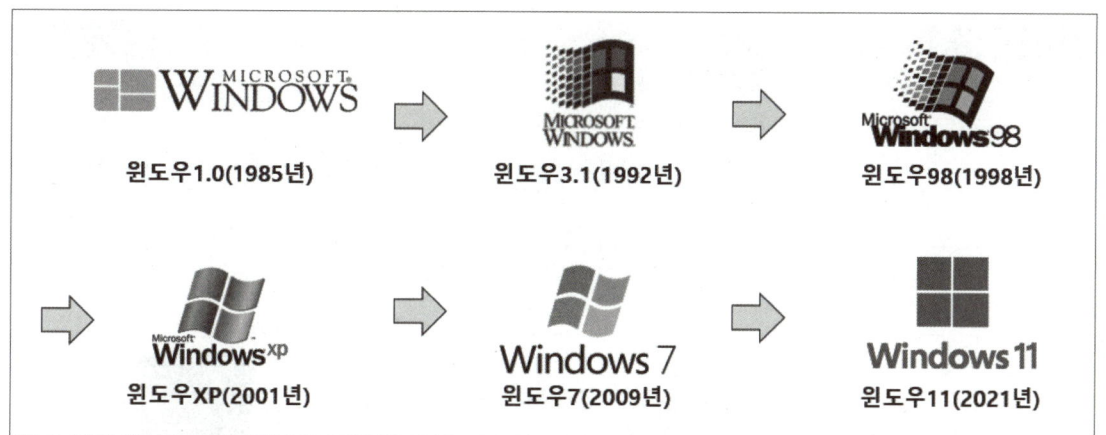

[그림 5-1-1] MS Windows의 발전

한 달이면 강산이 변하는 것 같이 블록체인 기술의 변화는 더 빠르다. 블록체인 네트워크의 대표주자인 비트코인의 경우 미상의 개발자 사토시 나가모토가 2009년 첫 채굴을 시작한 이후 다양한 개발자가 함께 지속적으로 발전시키고 있지만 개발자의 신분이 명확하지 않고 개발자의 활동 여부가 불분명해 보안 차원에서의 업데이트만 지원되고 큰 틀에서의 변화는 나타나지 않고 있다.

반면 블록체인계의 혁명가로 불리우는 비탈릭 부테린에 의하여 개발된 이더리움은 2013년 백서(White Paper), 2014년 황서(Yellow Paper)가 공개되고 2015년 첫 버전 'Frontier'가 배포된 이후 지속적으로 발전하고 있다. [그림 5-1-2]와 같이 크게 4가지 단계로 그 개발 목표가 제시되었으며 현재는 이더리움의 도시화(산업화)라는 관점에서 발전이 지속되고 있다. (자세한 내용은 이더리움의 공식 사이트에서 확인 가능하다. https://ethereum.org/en/history/) 업데이트의 명칭도 이에 맞게 비잔티움, 이스탄불, 베를린, 파리 등 도시 이름이 많다. 그중 눈여겨 볼 업데이트가 2022년 9월에 적용된 벨라트릭스(Bellatrix) 업데이트다. 이 업데이트에서는 이더리움의 증명 방식이 PoW(작업 증명)에서 PoS(지분 증명) 방식으로 전환되었다. 이에 [그림 5-1-3]과 같이 PoW에 꼭 필요했던 그래픽 카드의 가격이 폭락하고 이더리움2.0으로의 발전에 한 걸음 더 다가가게 되었다.

구분	시점	내용
Frontier	2015년 7월	새로운 블록체인 프로젝트의 개척(Frontier)
Homestead	2016년 3월	개발자, 생태계 참여자들의 경작(활동 시작)
Metropolis	2017년~현재	이더리움의 산업화 - (Byzantium, Constantinopl, IsTanbul, Berlin, **Bellatrix** 등)
Serenity	미래의 언젠가	이더리움의 안정화

[그림 5-1-2] 이더리움의 업데이트

[그림 5-1-3] 이더리움 업데이트에 따른 변화

이번 챕터에서는 지금까지 개발했던 PoW 기반의 pyETH를 PoS 기반의 pyETH2.0으로 업데이트하여 PoW 방식에서 PoS 방식으로 바뀐 이더리움을 학습할 것이다.

2. PoW vs PoS

3~4장에서 파이썬을 통하여 PoW 기반의 블록체인 네트워크를 구축하고 스마트 컨트랙트를 통한 DApp을 제작해 보았다. 이제 이 PoW(Proof Of Work, 작업 증명) 운영 방식이 PoS(Proof Of Staking, 지분 증명)로 전환됨에 따라 실제 파이썬 운영 코드들이 어떻게 바뀌는지 알아보자.

1 | 사라진 nonce, 추가된 Validator

PoW에서는 블록체인 네트워크가 제시한 문제(예: 해시암호 후 앞의 4개의 텍스트가 '0000'인 임의의 값 찾기)를 빠르게 푸는 것이 핵심이었다. 이때 이 문제는 고성능의 작업 능력이 아닌, 수많은 단순 프로세서(GPU)들의 작업을 통해서 찍기 방식으로 다양한 값들을 대입해 보는 것이었고 그렇게 조건에 만족되는 값을 찾았을 때의 답안이 nonce로서 블록에 영구 저장되었다. 이후 다른 노드들은 해당 nonce 값이 정말로 제시된 조건에 만족하는지 점검해 보며 해당 블록의 타당성을 검증하였다. 이에 따라 파이썬에서 PoW의 신규 블록이 생성될 때 아래 코드와 같이 nonce 값이 함께 블록 내에 저장되었다.

[코드 5-2-1] PoW에서의 블록 생성

```
def new_block(self, proof, previous_hash=None):
    block = {
        'index' : len(self.chain)+1,
```

```
            'timestamp' : time(), # timestamp from 1970
            'transactions' : self.current_transaction,
            'nonce' : proof,
            'previous_hash' : previous_hash or self.hash(self.chain[-1]),
        }
        self.current_transaction = []
        self.chain.append(block)
        return block
```

하지만, 수많은 계산 문제를 푸는 데 낭비되는 전력, 하드웨어의 문제를 해결하고자 등장한 PoS는 모든 노드가 믿을 수 있는 검증자(Validator)를 선정하고 그 검증자가 블록을 완성시키며 채굴 보상을 받게 된다. 이에 따라 PoW에 존재하던 nonce의 요소는 불필요하여 제거되며 검증을 진행한 검증자(Validator)의 정보가 블록 내에 저장된다.

[코드 5-2-2] PoS에서의 블록 생성

```
def new_block(self, previous_hash=None, address = ''):
    block = {
        'index' : len(self.chain)+1,
        'timestamp' : time.time(), # timestamp from 1970
        'transactions' : self.current_transaction,
        'previous_hash' : previous_hash ,
        'validator' : address
    }
    block["hash"] = self.hash(block)
    self.current_transaction = []
    self.chain.append(block)
    return block
```

2 | Proof of Work의 정확도를 검증하는 Valid_proof의 제거

PoW의 여러 노드는 작업 증명을 실시한 노드가 블록에 저장한 nonce 값이 맞는 것인지 검증을 진행했다. 이때 활용되는 함수는 'Valid_proof'였는데 PoS로 전환되며 nonce 값이 불필요해짐에 따라 해당 기능 또한 사라지게 된다.

3 | PoS의 핵심, 채굴 담당자 선정(pick_winner)

PoS에서는 각 노드에 예치된 pyETH의 비중을 기반으로 한 확률로 검증자(Validator)를 선정한다. 이 검증자를 선정하기 위해 노드들은 전체 노드의 소유 pyETH 비중 만큼 list에 노드명을 추가한 뒤 그 리스트 풀에서 랜덤으로 1개의 검증자(Validator)를 선정한다. 이 작업을 진행하는 함수가 'pick_winner'라는 이름으로 PoS의 블록체인 객체 내의 기능으로 추가된다. (여러 노드가 연결된 PoS에서는 더 복잡한 pick_winner 함수가 활용되는데, 이후 자세히 알아볼 예정이다.)

[코드 5-2-3] PoS의 핵심, 채굴 노드 선발

```python
def pick_winner(self,account_name, account_weight):
    ### 누가누가 블록 만들래!! 만들 사람 뽑기
        candidate_list = []    # POS 대상자를 뽑을 전체 풀!!
        for w in range(account_weight):  # 나의 노드들의 weight 수만큼 추가
            candidate_list.append(account_name)
        random.shuffle(candidate_list)       # 랜덤으로 섞고!
        for x in  candidate_list:             # 첫 번째 node를 winner로 선정
            winner = x
            print("WINNER SELECTED : ", winner)
            break
        return winner                         # winner 공개
```

4 | 제거되는 PoW, 그리고 추가되는 PoS

PoW 방식이 PoS 방식으로 바뀜에 따라 파이썬 코드에 존재하던 PoW 함수도 PoS 함수로 전환된다. PoW 함수의 경우 random 패키지를 활용하여 지속적으로 임의의 수를 대입해 보고 이를 통해서 proof라는 조건에 맞는 값을 찾을 때까지 while 기반의 루프가 작동했다.

[코드 5-2-4] PoW 함수

```python
def pow(self, last_proof):
        proof = random.randint(-1000000,1000000)

        while self.valid_proof(last_proof, proof) is False:
# valid proof 함수 활용(아래 나옴), 맞을 때까지 반복적으로 검증
```

```
            proof = random.randint(-1000000,1000000)
        return proof
```

PoS 함수에서 새롭게 등장한 pick_winner 함수를 기반으로 검증자를 선정해 보자.

[코드 5-2-5] PoS 함수 등장

```
def pos(self):
        winner_list = []                    # 각 노드에서 pick_winner 결과 뽑힌 winner 리스트
        time.sleep(1)
        my_winner = self.pick_winner(account_name = self.account_name, account_weight = self.account_weight)
        winner_list.append(my_winner)       # winner 리스트에 내 노드 결과 넣기
        time.sleep(1)

        final_winner = max(winner_list,key = winner_list.count)
# 각 노드의 pos 결과로 가장 많이 선정된 winner를 최종 winner로 선정
        print("final_winner selected : ", final_winner)

        return final_winner
```

5 | 노드 운영 함수의 변화

PoW 방식에서 PoS 방식으로의 전환에 따라 블록체인 객체 내에서 변화되는 4가지 내용을 살펴보았다. 노드를 운영하는 함수에서의 변화는 딱 하나다. 바로 채굴에서 블록체인 객체의 PoW 기능을 호출하던 것이 PoS 기능을 호출하는 방식으로 변환되는 것이다. 물론 기존에 사용되던 nonce 또한 함께 사라지게 된다.

[코드 5-2-6] 채굴 함수 내에서의 변화

```
@app.route('/mine', methods=['GET'])
def mine():
    print("MINING STARTED")
```

```python
    last_block = blockchain.last_block
    last_proof = last_block['nonce']
    proof = blockchain.pow(last_proof)

    blockchain.new_transaction(
        sender=mine_owner,
        recipient=node_identifier,
        amount=mine_profit # coinbase transaction
    )

    previous_hash = blockchain.hash(last_block)
    block = blockchain.new_block(proof, previous_hash)
    print("MINING FINISHED")

    response = {
        'message' : 'new block found',
        'index' : block['index'],
        'transactions' : block['transactions'],
        'nonce' : block['nonce'],
        'previous_hash' : block['previous_hash']
    }

    return jsonify(response), 200
```

이때 PoS의 결과에서 해당 노드가 검증자(Validator)로 선정되었을 경우 보상을 받은 뒤 블록을 생성하게 되며 타 노드가 검증자로 선정될 경우 바로 함수를 종료하게 된다. (PoS 기능에서 모든 노드를 호출하며 이때 검증자로 선정된 노드가 최종 채굴을 진행하고 보상을 받게 된다.)

[코드 5-2-7] 노드 운영 함수의 변화

```python
@app.route('/mine', methods=['GET'])
def mine():
    print("MINING STARTED")
```

```python
    final_winner = blockchain.pos()

    if final_winner == blockchain.account_name:
# 만약 본 노드가 winner로 선정되었으면 아래와 같이

        blockchain.new_transaction(            #   나에게 보상을 주고
            sender=mine_owner,
            recipient=node_identifier,
            amount=mine_profit, # coinbase transaction
            smart_contract={"contract_address":"mining_profit"},
        )

        previous_hash = blockchain.hash(blockchain.chain[-1])
        block = blockchain.new_block(previous_hash = previous_hash, address = mine_owner)  # 신규 블록 생성
        print("MY NODE IS SELECTED AS MINER NODE")

        response = {
            'message' : 'new block found',
            'index' : block['index'],
            'transactions' : block['transactions'],
            'nonce' : block['validator'],
            'previous_hash' : block['previous_hash'],
            'hash' : block['hash']
        }
        return jsonify(response), 200
    else : # isWinner = False : 본 노드가 winner가 아님
        print("MY NODE IS NOT SELECTED AS MINER NODE")
        response = {
            'message' : 'NOT SELECTED'
        }
        return jsonify(response), 200
```

3. 파이썬으로 만드는 PoS 블록체인 노드

1 | 블록체인 노드 만들기

블록체인 노드를 위하여 활용되는 파이썬 패키지들은 PoW에서의 패키지와 동일하다. 함수 암호화 라이브러리, 시간 설정 패키지, 랜덤 숫자 생성 패키지, 사이트 운영을 위한 플라스크 패키지 등을 사용한다.

[코드 5-2-8] 관련 모듈 호출

```
import hashlib # hash 함수용 sha256 사용할 라이브러리
import json
from time import time
import random
import requests
from flask import Flask, request, jsonify
```

이제 PoS 기반의 블록체인 객체를 생성한다. 해당 객체는 총 7개의 기능을 수행한다.

함수명	세부 기능
__init__	첫 블록체인 객체 생성 시 동작, 노드의 이름과 pyETH 소유 현황이 함께 저장된다.
hash	sha256 방식에 의한 해시암호화를 진행한다.
last_block	가장 마지막 블록의 정보를 확인한다.
pos	pick_winner 함수를 활용하여 검증자를 선정한다.
pick_winner	PoS에서 사용되는 함수. 모든 노드의 비중을 확률로 해서 검증자를 선정해 준다.
new_block	새로운 거래 내역 리스트들을 블록에 저장한다. PoW에서의 nonce가 사라지고 검증자 정보가 추가된다.
new_transaction	거래 내역 리스트에 새로운 거래 내역이 추가된다. 블록 생성 시 해당 거래 내역 리스트는 블록에 저장된 뒤 초기화된다.

최종 완성된 블록체인 객체 코드는 [코드 5-3-1]과 같다.

[코드 5-3-1] PoS의 블록체인 객체 코드

```
class Blockchain(object):

    def __init__(self, account_name, account_weight):
        self.chain = []                                      # chain에 여러 block 들어옴
        self.current_transaction = []                        # 임시 transaction 넣어 줌
        self.nodes = set()                                   # Node 목록을 보관
        self.miner_wallet = {'account_name': account_name, 'weight': account_weight}
        # 지갑 정보 생성
        self.new_block(previous_hash='genesis_block', address = account_name)
        # genesis block 생성
        self.account_name = account_name
        self.account_weight = account_weight
```

```python
    @staticmethod
    def hash(block):
        block_string = json.dumps(block, sort_keys=True).encode()
        return hashlib.sha256(block_string).hexdigest()    # hash 라이브러리로 sha256 사용

    @property
    def last_block(self):
        return self.chain[-1]                              # 체인의 마지막 블록 가져오기!!

    def pos(self):
        winner_list = []                    # 각 노드에서 pick_winner 결과 뽑힌 winner 리스트
        time.sleep(1)
        my_winner = self.pick_winner(account_name = self.account_name, account_weight = self.account_weight)
        winner_list.append(my_winner)       # winner 리스트에 내 노드 결과 넣기
        time.sleep(1)

        for target_node in blockchain.nodes:                    # 다른 노드들도 pick_winner 진행
            print(target_node)
            headers = {'Content-Type' : 'application/json; charset=utf-8'}
            res = requests.get('http://' + target_node  + "/nodes/pick_winner", headers=headers)
            winner_info = json.loads(res.content)    # 근처 노드들 선정 결과 받아와서
            print(winner_info)
            winner_list.append(winner_info['winner'])

        final_winner = max(winner_list,key = winner_list.count)   # 각 노드의 pos 결과로 가장 많이 선정된 winner를 최종 winner로 선정
```

```python
            print("final_winner selected : ", final_winner)
            return final_winner

    def pick_winner(self,account_name, account_weight):
### 누가누가 블록 만들래!! 만들 사람 뽑기
        candidate_list = []    # PoS 대상자를 뽑을 전체 풀!!

        for w in range(account_weight):    # 나의 노드들의 weight 수만큼 추가
            candidate_list.append(account_name)

        random.shuffle(candidate_list)         # 랜덤으로 섞고!
        for x in  candidate_list:              # 첫 번째 node를 winner로 선정
            winner  = x
            print("WINNER SELECTED : ", winner)
            break



        return winner                          # winner 공개

    def new_transaction(self, sender, recipient, amount, smart_contract):
        self.current_transaction.append(
            {
                'sender' : sender, # 송신자
                'recipient' : recipient, # 수신자
                'amount' : amount, # 금액
                'timestamp':time.time(),
                'smart_contract' : smart_contract
            }
        )
        return self.last_block['index'] + 1

    def new_block(self, previous_hash=None, address = ''):
        block = {
```

```
            'index' : len(self.chain)+1,
            'timestamp' : time.time(), # timestamp from 1970
            'transactions' : self.current_transaction,
            'previous_hash' : previous_hash ,
            'validator' : address
        }
        block["hash"] = self.hash(block)
        self.current_transaction = []
        self.chain.append(block)
        return block

    def valid_chain(self, chain):
        last_block = chain[0]
        current_index = 1

        while current_index < len(chain):
            block = chain[current_index]
            print('%s' % last_block)
            print('%s' % block)
            print("\n--------\n")
            if block['previous_hash'] != self.hash(last_block):
                return False
            last_block = block
            current_index += 1
        return True
```

앞에서 완성한 블록체인 객체를 생성하고 해당 객체를 기반으로 블록체인 노드를 구축하자. 노드 객체 선언 전 PoS 진행을 위하여 해당 노드의 예치(Staking) 비중 값을 함께 저장한다는 점과 채굴(mine) 부분이 변경된다는 점이 기존의 PoW 방식과의 차이점이다. 운영을 위해서는 5개 부분의 영역이 작동을 한다.

구분	세부 기능
블록 객체 선언	첫 블록체인 객체 생성, 노드의 이름과 pyETH 소유 현황을 함께 저장한다. (실제 이더리움 PoS에서는 ETH 소유 현황을 직접 입력하지 않는다.)
full_chain	사용자 요청 시 블록의 full_chain 정보 제공
new_transaction	새로운 거래 내역 수신부로 사용자들이 POST 방식으로 거래 내역을 추가한다.
mine	pick_winner 함수를 활용하는 PoS 함수를 호출하는 함수. GET 방식으로 호출되면 금번 블록의 검증자를 선정하게 된다. PoW에서는 채굴의 개념이었으나 PoS로 바뀌며 선발의 개념으로 전환되었다.
노드 운영	PoS에서 사용되는 함수. 모든 노드의 비중을 확률로 해서 검증자를 선정해 준다.

이러한 내용을 반영한 블록체인 노드 실행 코드는 아래와 같다. 1개의 노드로 먼저 운영하며 100개의 pyETH를 예치하여 시작한 것으로 가정한다.

[코드 5-3-2] PoS 노드 운영

```python
my_ip = '0.0.0.0'
my_port = '5000'
node_identifier = 'node_'+my_port
mine_owner = 'master'
mine_profit = 0.1

blockchain = Blockchain(account_name=mine_owner, account_weight= 100)

app = Flask(__name__)

@app.route('/chain', methods=['GET'])
def full_chain():
    print("chain info requested!!")
    response = {
        'chain' : blockchain.chain,
        'length' : len(blockchain.chain),
    }
```

```python
    return jsonify(response), 200

@app.route('/transactions/new', methods=['POST'])
def new_transaction():
    values = request.get_json()
    print("transactions_new!!! : ", values)
    required = ['sender', 'recipient', 'amount']
    if not all(k in values for k in required):
        return 'missing values', 400
    if 'smart_contract' not in values:
        values['smart_contract'] = 'empty'
    index = blockchain.new_transaction(values['sender'],values['recipient'], values['amount'], values['smart_contract'])

    response = {'message' : 'Transaction will be added to Block {%s}' % index}
    return jsonify(response), 201


@app.route('/mine', methods=['GET'])
def mine():
    print("MINING STARTED")
    final_winner = blockchain.pos()

    if final_winner == blockchain.account_name:     # 만약 본 노드가 winner로 선정되었으면 아래와 같이

        blockchain.new_transaction(              # 나에게 보상을 주고
            sender=mine_owner,
            recipient=node_identifier,
            amount=mine_profit, # coinbase transaction
            smart_contract={"contract_address":"mining_profit"},
        )
```

```python
        previous_hash = blockchain.hash(blockchain.chain[-1])
        block = blockchain.new_block(previous_hash = previous_hash, address = mine_owner)   # 신규 블록 생성
        print("MY NODE IS SELECTED AS MINER NODE")

        response = {
            'message' : 'new block found',
            'index' : block['index'],
            'transactions' : block['transactions'],
            'nonce' : block['validator'],
            'previous_hash' : block['previous_hash'],
            'hash' : block['hash']
        }

        return jsonify(response), 200

    else : # isWinner = False : 본 노드가 winner가 아님
        print("MY NODE IS NOT SELECTED AS MINER NODE")
        response = {
            'message' : 'NOT SELECTED'
        }
        return jsonify(response), 200

if __name__ == '__main__':
    app.run(host=my_ip, port=my_port)
```

[코드 5-3-2]를 실행하면 블록체인 내의 __init__ 함수가 실행되어 첫 블록(genesis block)이 생성된다. 그 결과 [그림 5-3-1]과 같이 블록체인 네트워크가 시작되는 것을 확인할 수 있다.

```
56  if __name__ == '__main__':
57      app.run(host=my_ip, port=my_port)
58
 * Serving Flask app "__main__" (lazy loading)
 * Environment: production
   WARNING: This is a development server. Do not use it in a production deployment.
   Use a production WSGI server instead.
 * Debug mode: off
 * Running on http://0.0.0.0:5000/ (Press CTRL+C to quit)
```

[그림 5-3-1] POS 블록체인 네트워크의 시작

이제 운영 중인 노드에 실행 명령하기(one_node_command.ipynb)를 진행해 보자. 기존 노드 구축과 유사하게 5가지 모듈을 호출할 예정이다. 거래 내역을 데이터프레임으로 확인하기 위하여 pandas가 추가로 호출된다.

[코드 5-3-3] 거래 내역 분석을 위한 모듈 호출

```
import requests
import json
import pandas as pd
import hashlib
import random
```

첫 번째로 블록을 조회해 보자. requests의 GET 방식을 통하여 블록을 조회할 수 있는 URL API(http://localhost:5000/chain)에 현재 운영되는 노드의 모든 블록 데이터를 조회한다. 정상적으로 조회되었다면 [그림 5-3-2]와 같이 노드 운영 노트북(one_node.ipynb)에 'chain info requestsed!!'라는 메시지가 프린트되는 것을 확인할 수 있다.

[코드 5-3-4] 거래 내역 조회

```
headers = {'Content-Type' : 'application/json; charset=utf-8'}
res = requests.get("http://localhost:5000/chain", headers=headers)
json.loads(res.content)
```

```
69  if __name__ == '__main__':
70      app.run(host=my_ip, port=my_port)
71

 * Serving Flask app "__main__" (lazy loading)
 * Environment: production
   WARNING: This is a development server. Do not use it in a production deployment.
   Use a production WSGI server instead.
 * Debug mode: off

 * Running on http://0.0.0.0:5000/ (Press CTRL+C to quit)
127.0.0.1 - - [29/Jan/2023 21:58:05] "GET /chain HTTP/1.1" 200 -

chain info requested!!
```

[그림 5-3-2] POS 블록체인 노드(one_node.ipynb)에서의 반응

그리고 이를 통해서 [그림5-3-3]과 같이 블록의 정보가 리턴된 것을 확인할 수 있다. 현재는 첫 블록이 생성된 이후 채굴이 이루어지지 않았기에 1개의 블록 정보만 저장되어 있는 상태다.

노드의 블록 정보 확인

```
1  headers = {'Content-Type' : 'application/json; charset=utf-8'}
2  res = requests.get("http://localhost:5000/chain", headers=headers)
3  json.loads(res.content)
```

```
{'chain': [{'hash': '603bae97a751b53aa45c42eaa5e7d66a048ebf9723bcf7b0a53fd26801bd76c2',
   'index': 1,
   'previous_hash': 'genesis_block',
   'timestamp': 1674996835.7597296,
   'transactions': [],
   'validator': 'master'}],
 'length': 1}
```

[그림 5-3-3] POS 블록체인의 블록 정보 확인

두 번째로 Transaction을 추가해 보자. requests의 POST 방식을 통하여 거래를 추가할 수 있는 API URL(http://localhost:5000/transactions/new)에 거래 내역 데이터를 보낸다. 이번 코드에서는 'test_from'이라는 지갑으로부터 'test_to'라는 지갑으로 3개의 pyETH를 보낸다.

[코드 5-3-5] pyETH 송금 명령

```
## transaction 입력하기
headers = {'Content-Type' : 'application/json; charset=utf-8'}
data = {
        "sender": "test_from",
        "recipient": "test_to",
    "amount": 3,
}
```

```
requests.post("http://localhost:5000/transactions/new", headers=headers,
data=json.dumps(data)).content
```

코드 실행 결과 [그림 5-3-4]와 같이 Transaction이 정상적으로 블록에 추가될 것이라는 메시지가 리턴된다.

```
1  ## transaction 입력하기
2  headers = {'Content-Type' : 'application/json; charset=utf-8'}
3  data = {
4       "sender": "test_from",
5       "recipient": "test_to",
6       "amount": 3,
7  }
8  requests.post("http://localhost:5000/transactions/new", headers=headers, data=json.dumps(data)).content

b'{"message":"Transaction will be added to Block {2}"}\n'
```

[그림 5-3-4] 블록체인 내 거래 내역 추가

운영 노트북(one_node.ipynb)을 확인해 보면 [그림 5-3-5]와 같이 정상적으로 신규 Transaction이 추가되었다는 로그가 발생하며 로그 내용을 확인해 보면 sender인 test_from으로부터 recipient인 test_to에게 3개의 pyETH가 보내졌음을 확인할 수 있다.

```
69  if __name__ == '__main__':
70      app.run(host=my_ip, port=my_port)
71

 * Serving Flask app "__main__" (lazy loading)
 * Environment: production
   WARNING: This is a development server. Do not use it in a production deployment.
   Use a production WSGI server instead.
 * Debug mode: off
 * Running on http://0.0.0.0:5000/ (Press CTRL+C to quit)
127.0.0.1 - - [29/Jan/2023 21:58:05] "GET /chain HTTP/1.1" 200 -
chain info requested!!!
127.0.0.1 - - [29/Jan/2023 22:03:28] "POST /transactions/new HTTP/1.1" 201 -
transactions_new!!! : {'sender': 'test_from', 'recipient': 'test_to', 'amount': 3}
```

[그림 5-3-5] 거래 내역 추가 결과 확인

PoW 과정에서 계속 학습했듯 거래 내역에 추가되었다고 블록에 거래 내역이 추가되는 것이 아니다. Mine 함수가 작동하여 채굴이 이루어져야만 해당 거래 내역들이 블록에 저장되고 초기화된다. 따라서 requests의 GET 방식을 통하여 채굴 실시를 명령하는 URL API(http://localhost:5000/mine)에 채굴 시작 신호를 준다. 채굴을 명령하는 코드는 [코드 5-3-6]과 같다.

[코드 5-3-6] pyETH 채굴 명령

```
headers = {'Content-Type' : 'application/json; charset=utf-8'}
res = requests.get("http://localhost:5000/mine")
print(res)
print(res.text)
```

그 결과 [그림 5-3-6]과 같이 정상적으로 블록체인 채굴이 발생하였음을 확인할 수 있고, [그림 5-3-7]과 같이 노드 운영 노트북(one_node.ipynb)에 "MINING STARTED" 후 WINNER SELECTED(검증자 선정)가 진행된 뒤 "MINING FINISHED"로 지분 증명이 진행되었다는 로그를 확인할 수 있다.

```
1  ## 채굴하기
2  headers = {'Content-Type' : 'application/json; charset=utf-8'}
3  res = requests.get("http://localhost:5000/mine")
4  print(res)
<Response [200]>
```

[그림 5-3-6] 블록체인 채굴

```
69  if __name__ == '__main__':
70      app.run(host=my_ip, port=my_port)
71

 * Serving Flask app "__main__" (lazy loading)
 * Environment: production
   WARNING: This is a development server. Do not use it in a production deployment.
   Use a production WSGI server instead.
 * Debug mode: off

 * Running on http://0.0.0.0:5000/ (Press CTRL+C to quit)
127.0.0.1 - - [29/Jan/2023 21:58:05] "GET /chain HTTP/1.1" 200 -

chain info requested!!

127.0.0.1 - - [29/Jan/2023 22:03:28] "POST /transactions/new HTTP/1.1" 201 -

transactions_new!!! : {'sender': 'test_from', 'recipient': 'test_to', 'amount': 3}
MINING STARTED
WINNER SELECTED : master

127.0.0.1 - - [29/Jan/2023 22:08:02] "GET /mine HTTP/1.1" 200 -

final_winner selected : master
MY NODE IS SELECTED AS MINER NODE
```

[그림 5-3-7] 노드에서의 지분 증명 결과

이제 [코드 5-3-7]과 같이 몇몇 거래 내역을 추가하고 지분 증명 과정을 진행해 보자.

[코드 5-3-7] 거래 내역 추가 및 지분 증명 실시

```
## transaction 입력하기 -2
headers = {'Content-Type' : 'application/json; charset=utf-8'}
data = {
        "sender": "test_from",
        "recipient": "test_to2",
    "amount": 30,
}
requests.post("http://localhost:5000/transactions/new", headers=headers,
data=json.dumps(data)).content

## transaction3 입력하기
headers = {'Content-Type' : 'application/json; charset=utf-8'}
data = {
        "sender": "test_from",
        "recipient": "test_to3",
    "amount": 300,
}
requests.post("http://localhost:5000/transactions/new", headers=headers,
data=json.dumps(data)).content

## 채굴하기
headers = {'Content-Type' : 'application/json; charset=utf-8'}
res = requests.get("http://localhost:5000/mine")
print(res)

## 노드의 블록 정보 확인 - 4
headers = {'Content-Type' : 'application/json; charset=utf-8'}
res = requests.get("http://localhost:5000/chain", headers=headers)
```

노드에서는 [그림 5-3-8]과 같이 여러 거래 내역을 받고 PoS 기반으로 검증자(Validator)를 선정하여 블록을 이어 간다.

```
127.0.0.1 - - [29/Jan/2023 22:10:59] "GET /mine HTTP/1.1" 200 -
final_winner selected : master
MY NODE IS SELECTED AS MINER NODE
127.0.0.1 - - [29/Jan/2023 22:11:01] "GET /chain HTTP/1.1" 200 -
chain info requested!!
127.0.0.1 - - [29/Jan/2023 22:11:03] "POST /transactions/new HTTP/1.1" 201 -
transactions_new!!! : {'sender': 'test_from', 'recipient': 'test_to2', 'amount': 30}
127.0.0.1 - - [29/Jan/2023 22:11:05] "POST /transactions/new HTTP/1.1" 201 -
transactions_new!!! : {'sender': 'test_from', 'recipient': 'test_to3', 'amount': 300}
MINING STARTED
WINNER SELECTED : master
127.0.0.1 - - [29/Jan/2023 22:11:09] "GET /mine HTTP/1.1" 200 -
final_winner selected : master
MY NODE IS SELECTED AS MINER NODE
127.0.0.1 - - [29/Jan/2023 22:11:11] "GET /chain HTTP/1.1" 200 -
chain info requested!!
```

[그림 5-3-8] 여러 거래 내역을 처리하는 POS 노드

그 결과 [그림 5-3-9]와 같이 검증자 정보와 함께 블록에 저장되었음을 확인할 수 있다.

```
1  headers = {'Content-Type' : 'application/json; charset=utf-8'}
2  res = requests.get("http://localhost:5000/chain", headers=headers)
3  json.loads(res.content)

{'chain': [{'hash': '2fc60e1ee6e87b8f4af8009b4351d7c6530ea8ce0f27e2feab2d32d1479b6a22',
   'index': 1,
   'previous_hash': 'genesis_block',
   'timestamp': 1674997846.066656,
   'transactions': [],
   'validator': 'master'},
  {'hash': 'c38c40b6c4a9285e0f0540a936e1d1e27f29ff514a3b24ecb740cb0bf53b6dbd',
   'index': 2,
   'previous_hash': '894408a33064dd78cd654426f37147a3627964246a3e2ae0c574ebd58a5baeb8',
   'timestamp': 1674997859.0681138,
   'transactions': [{'amount': 3,
     'recipient': 'test_to',
     'sender': 'test_from',
     'smart_contract': 'empty',
     'timestamp': 1674997852.9136126},
    {'amount': 0.1,
     'recipient': 'node_5000',
     'sender': 'master',
     'smart_contract': {'contract_address': 'mining_profit'},
     'timestamp': 1674997859.0681138}],
   'validator': 'master'},
  {'hash': '76894927d9ac86862522370e5554f8568e4985c1edaef183166b195e1a0d7535',
   'index': 3,
   'previous_hash': 'e671628c8f6f8567db6baa979ea235291 7b0283972f2c13389dadd767d5e78b2',
   'timestamp': 1674997869.3397465,
   'transactions': [{'amount': 30,
     'recipient': 'test_to2',
     'sender': 'test_from',
     'smart_contract': 'empty',
     'timestamp': 1674997863.2059813},
    {'amount': 300,
     'recipient': 'test_to3',
     'sender': 'test_from',
     'smart_contract': 'empty',
     'timestamp': 1674997865.2683372},
    {'amount': 0.1,
     'recipient': 'node_5000',
     'sender': 'master',
     'smart_contract': {'contract_address': 'mining_profit'},
     'timestamp': 1674997869.3397465}],
   'validator': 'master'}],
 'length': 3}
```

[그림 5-3-9] 검증자(Validator) 정보와 함께 저장된 블록

이후 pyETH의 블록 스캔 사이트, 블록체인 지갑 사이트는 기존 pyBTC와 동일한 과정으로 구축할 수 있다. 작업 증명에서 지분 증명으로 변화되며 이 사이트 구축에서는 변경되는 사항이 없기에 세부 내역은 생략한다. 3장과 동일하게 진행하면 사이트를 확인할 수 있다.

2 | 노드 연결시키기(node_network_N.ipynb)

PoW 기반의 노드와 비교하며 PoS 기반의 노드를 생성해 보았다. 이제 3-5장의 '여러 개의 노드 연결하기'와 동일한 개념으로 [그림 5-3-10]과 같이 세 개의 PoS 기반 노드를 운영하고 이 노드들이 네트워크를 구성하여 거래 내역 및 스마트 컨트랙트를 분산 저장하는 진정한 PoS 기반의 블록체인 네트워크 구축을 진행해 보자.

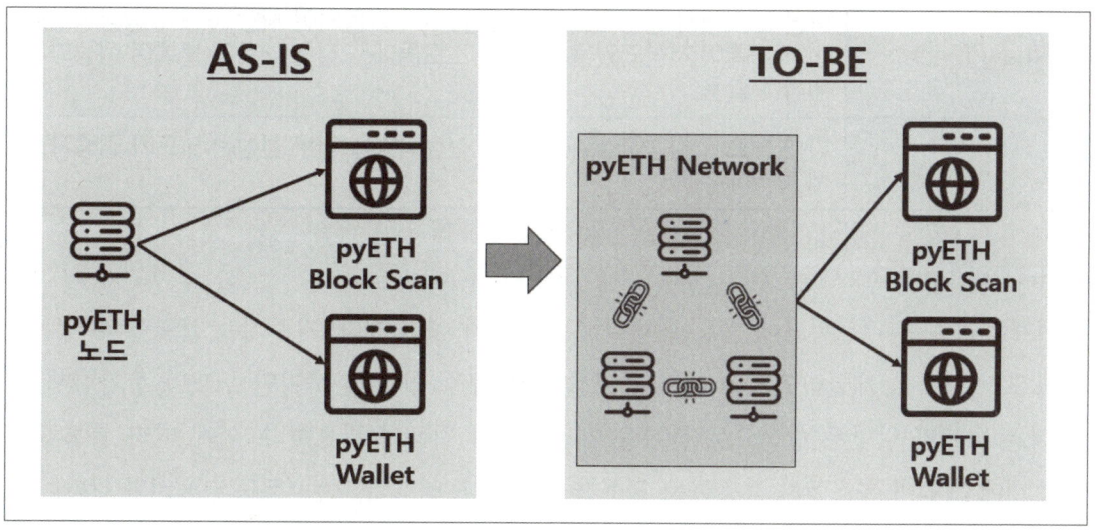

[그림 5-3-10] pyBTC의 탈중앙화

1개의 노드로 운영되던 PoS에서 달라지는 점은 각 노드에 다른 노드 추가 기능이 부여되고, 거래 내역이 추가될 경우 다른 노드에게 해당 내역을 공유하는 등 상호 간의 정보 공유 및 검증이 추가되는 것이다. 총 7개 부분이 추가 혹은 수정된다.

구분	세부 기능
is_chain_valid	가장 최근에 생성된 블록이 알맞게 생성된 것인지 검증하는 용도로 블록체인 객체 내에 추가
resolve_conflict	주변 노드와 다르게 블록 정보가 업데이트되지 않았을 경우 주변 노드로부터 블록 정보를 받아서 가장 최신 정보로 갱신
node_weight	노드가 지분 증명을 위하여 예치 중인 pyETH의 개수를 조회
pick_winner	1개 노드였을때는 본 노드만 pick_winner를 진행했지만 노드가 여러 개이므로 다른 노드들에도 pick_winner를 실행시켜 그 결과를 수집
new_transaction	노드 운영 함수 new_transaction에 신규 거래 내역이 추가되었을 때 해당 거래 내역을 sharing이라는 속성으로 다른 노드에게 공유
new_block	다른 노드에서 정상적으로 mine 함수가 가동되어 해당 노드에 정상적으로 신규 블록이 저장되었을 때, 다른 노드들에도 같은 내용의 블록이 생성되기 위하여 활용
mine	다른 노드가 검증자(Validator)로 선정되었을 경우 선정된 노드가 검증자로서 블록에 추가

a. is_chain_valid

이제 블록체인 네트워크에 블록을 체결하는 노드가 여러 개다. 기존에는 신뢰할 수 있는 1개 노드만 블록을 채굴하였기에 블록 정보를 신뢰할 수 있었다. 하지만 노드가 증가함에 따라 다른 노드가 알맞은 방식으로 블록을 체결했는지 검증이 필요하다. 이에 따라 블록체인 객체 내에 체인이 유효한지 검증하는 요소가 추가된다. 세부 코드는 [코드 5-3-8]과 같다.

[코드 5-3-8] 타 노드의 블록 검증

```
def is_chain_valid(self, chain):
    last_block = chain['chain'][-1]
    current_index = 1
    while current_index < len(chain):
        block = chain[current_index]
        print('%s' % last_block)
        print('%s' % block)
        print("\n--------\n")
        if block['previous_hash'] != self.hash(last_block):
```

```
            return False
        last_block = block
        current_index += 1

    return True
```

b. resolve_conflict

신규 노드가 뒤늦게 블록체인 네트워크에 참여하면 어떻게 될까? 기존의 블록 정보를 모두 복제하여 소유해야만 이후 정상적인 검증자로서 활동이 가능하다. 이에 자기 노드의 블록 정보와 주변 노드의 블록 정보를 비교한 뒤 자기 노드의 블록 길이가 다른 노드의 블록 길이보다 짧을 경우 가장 긴 블록 정보를 다른 노드로부터 가져와야 한다. 이때 사용되는 함수가 'resolve_conflict'이며 블록체인 내에 객체로서 추가된다.

[코드 5-3-9] 신규 참여 노드의 검증 작업

```
def resolve_conflict(self):
# 다른 노드들과 비교하며 내 노드 상태가 정상인지 검증

    for registering_node in blockchain.nodes:
# 근처 노드들의 weight 수만큼 추가
        headers = {'Content-Type' : 'application/json; charset=utf-8'}
        print(registering_node, '    /http://' + registering_node   + "/chain")
        res = requests.get('http://' + registering_node   + "/chain", headers=headers)
        target_node_info = json.loads(res.content)

        if target_node_info['length'] > len(self.chain):
# 다른 노드의 블록이 내 노드의 블록보다 길 경우
            if self.is_chain_valid(target_node_info):
# 그리고 그 노드가 valid 할 경우
                self.blockchain = target_node_info
# 내 노드를 그 노드로 덮어씌우기
```

```
            return
    return
```

c. node_weight

작업 증명(PoW)에서는 각 노드의 계산 역량이 블록 채굴자로 선정되는 데 가장 중요한 역할을 했다. 지분 증명(PoS)에서는 각 노드가 얼마만큼의 pyETH을 예치했는지가 블록 검증자로 선정되는 데 가장 중요한 역할을 한다. 따라서 노드들이 서로 pyETH 예치량을 확인할 수 있는 루트가 필요하다. 이에 노드 운영 함수에 node_weight라는 pyETH 예치금 조회 함수가 추가된다. 이후 다른 노드들은 GET 방식을 통하여 다른 노드들의 예치량을 확인한다.

[코드 5-3-10] 노드의 예치량 확인

```
@app.route('/nodes/node_weight', methods=['GET'])
def node_weight():
    print("node_weight requested!!")

    response = {
        'account_name' : blockchain.account_name,
        'account_weight' : blockchain.account_weight
    }
    return jsonify(response), 200
```

d. pick_winner

1개의 노드로 운영될 때 지분 증명 방식은 유의미하지 않다. 노드가 1개이므로 지분을 가진 노드도 1개고 임의로 노드를 선정해도 같은 노드가 계속 선정되기 때문이다. 하지만 여러 개의 노드로 구성되면 pick_winner 함수가 실질적으로 작동하게 된다. 검증자로 선정될 풀(candidate_list)에 자기 노드들의 weight 만큼 해당 노드가 추가된다. 큰 주머니에 노드의 이름이 적힌 공을 weight 수만큼 넣는 것과 같다. 그다음으로는 새롭게 추가된 node_weight 함수를 활용하여 다른 노드들이 지분 증명을 위하여 예치한 pyETH 개수를 조회한 뒤 마찬가지로 weight만큼 풀에 추가한다. 마지막으로는 해당 풀을 임의의 방법으로 정렬하고 가장 앞에 있는 winner를 선정한다.

[코드 5-3-11] 노드 채굴자 선발

```python
def pick_winner(self,account_name, account_weight):
    ### 누가누가 블록 만들래!! 만들 사람 뽑기

        candidate_list = []   # POS 대상자를 뽑을 전체 풀!!
        for w in range(account_weight):   # 나의 노드들의 weight 수만큼 추가
            candidate_list.append(account_name)

        for target_node in blockchain.nodes:
# 근처 노드들의 weight 수만큼 추가
            print(target_node)
            headers = {'Content-Type' : 'application/json; charset=utf-8'}
            res = requests.get('http://' + target_node  + "/nodes/node_weight", headers=headers)
            target_node_info = json.loads(res.content)   # 근처 노드들의 weight 정보를 받아 와서

            for repeated in range(target_node_info['account_weight']):
                candidate_list.append(target_node_info['account_name'])
# weight값 만큼  candidate_list에 추가

        random.shuffle(candidate_list)         #  랜덤으로 섞고!
        for x in  candidate_list:              #  첫 번째 node를 winner로 선정
            winner  = x
            print("WINNER SELECTED : ", winner)
            break

        return winner                          # winner 공개
```

e. new_transaction

거래 내역이 여러 노드 중 한 개의 노드에 추가되었을 때, 해당 거래 내역을 추가한 노드는 추가 내역을 분산 저장해야 하기에 저장 내역을 연결된 노드들에 전달하게 된다. 같은 내용

을 끝없이 주고받는 것을 막기 위하여 'type'이라는 변수에 'sharing'이라는 내용을 추가한다. 거래 내역이 'type=sharing'으로 추가될 경우에는 다른 노드로 해당 거래 내역을 전파하지 않는다.

[코드 5-3-12] 신규 거래 내역 저장

```
@app.route('/transactions/new', methods=['POST'])
def new_transaction():
    values = request.get_json()
    print("transactions_new!!! : ", values)
    required = ['sender', 'recipient', 'amount']

    if not all(k in values for k in required):
        return 'missing values', 400

    if 'smart_contract' not in values:
        values['smart_contract'] = 'empty'

    index = blockchain.new_transaction(values['sender'],values['recipient'],
values['amount'], values['smart_contract'])

    response = {'message' : 'Transaction will be added to Block {%s}' % index}

    if "type" not in values:
## 신규로 추가된 경우 type이라는 정보가 포함되어 없다. 해당 내용은 전파 필요
        for node in blockchain.nodes:
# nodes에 저장된 모든 노드에 정보를 전달한다.
            headers = {'Content-Type' : 'application/json; charset=utf-8'}
            data = {
                "sender": values['sender'],
                "recipient": values['recipient'],
                "amount": values['amount'],
                "type" : "sharing"    # 전파이기에 sharing이라는 type이 꼭 필요
하다.
```

```
            }
            requests.post("http://" + node  + "/transactions/new", headers=headers, data=json.dumps(data))
            print("share transaction to >>   ","http://" + node )

    return jsonify(response), 201
```

f. new_block

mine의 명령을 받은 노드에서는 지분 증명(PoS) 방식으로 검증자가 될 노드를 투표에 의하여 선정한다. 각 노드들의 선정 결과를 바탕으로 검증자 역할을 할 노드를 하나 선정한다. 선정된 노드에는 채굴 보상을 지급하고, 최종적으로 블록의 검증자 부분에 선정된 노드를 입력한 뒤 블록을 생성한다. 이렇게 생성된 블록은 주변의 다른 노드들에도 전파되어야 하며, 전파받은 노드는 그 생성된 블록을 저장해야 한다. 이때 new_block 함수를 통하여 생성된 블록 내역을 POST 방식으로 전파하며, POST 받은 노드는 해당 블록을 추가한다.

[코드 5-3-13] 신규 블록 추가

```
@app.route('/block/new', methods=['POST'])
def new_block():
    block = request.get_json()
    print("NEW BLOCK  ADDED!!! : ", values)

    blockchain.current_transaction = []
    blockchain.chain.append(block)
    response = {'message' : 'Transaction will be added to Block {%s}' % block['index']}
    return jsonify(response), 201
```

g. mine

앞선 기능들과 마찬가지로 노드들이 증가하며 mine 함수에 추가 기능이 필요하다. 바로 채굴을 진행하며 다른 노드가 최종 노드로 선정되었을 때 선정된 노드가 검증자로서 블록에 저장되고 신규 블록을 생성하는 것이다. 이때 new_block 함수를 활용하여 신규 블록 내용을 전파하며 다른 노드들에도 저장된다.

[코드 5-3-14] PoS에서의 채굴자, 검증자 선정

```python
def mine():
    print("MINING STARTED")
    final_winner = blockchain.pos()

    if final_winner == blockchain.account_name:    # 만약 본 노드가 winner로 선정되었으면 아래와 같이
        print("MY NODE IS SELECTED AS MINER NODE")



    else : # isWinner = False : 본 노드가 winner가 아님
        print("MY NODE IS NOT SELECTED AS MINER NODE")


    blockchain.new_transaction(             #   선정된 노드에게 보상을 주고
        sender="mining_profit",
        recipient=final_winner,
        amount=mine_profit, # coinbase transaction
        smart_contract={"contract_address":"mining_profit"},
    )

    previous_hash = blockchain.hash(blockchain.chain[-1])
    block = blockchain.new_block(previous_hash = previous_hash, address = final_winner)   #  신규 블록 생성
    print(final_winner," IS SELECTED AS MINER NODE")
    #####
    #다른 노드들에 전파해야 해!!!
    #####
    ################## 노드 연결을 위해 추가되는 부분
    for node in blockchain.nodes: # nodes에 연결된 모든 노드에 작업 증명(PoW)이 완료되었음을 전파한다.
        headers = {'Content-Type' : 'application/json; charset=utf-8'}
```

```
        alarm_newBlock = requests.post("http://" + node  + "/block/new", 
headers=headers, data = json.dumps(blockchain.chain[-1] ) )
        print(alarm_newBlock.content)

    response = {
        'message' : 'new block found',
        'index' : block['index'],
        'transactions' : block['transactions'],
        'validator' : block['validator'],
        'previous_hash' : block['previous_hash'],
        'hash' : block['hash']
    }



    response = {'message' : 'Mining Complete'}
    return jsonify(response), 200
```

지금까지 알아본 추가 및 수정 내용을 바탕으로 3개의 노드를 생성한다. [그림 5-3-11]과 같이 3개의 노드 노트북과 1개의 명령어 노트북으로 파일이 구성된다. Node_notebook_1.ipynb의 코드는 [코드 5-3-15]와 같다.

[코드 5-3-16] 지분 증명(PoS) 기반의 운영 노드

```
# 관련 패키지 호출
import hashlib # hash 함수용 sha256 사용할 라이브러리
import json
import time
import random
import requests
from flask import Flask, request, jsonify


from urllib.parse import urlparse


## Blockchain 객체 생성
```

```
class Blockchain(object):

    def __init__(self, account_name, account_weight):
        self.chain = []                                         # chain에 여러 block 들어옴
        self.current_transaction = []                           # 임시 transaction 넣어 줌
        self.nodes = set()                                      # Node 목록을 보관
        self.miner_wallet = {'account_name': account_name, 'weight': account_weight}  # 지갑 정보 생성
        self.new_block(previous_hash='genesis_block', address = account_name) # genesis block 생성
        self.account_name = account_name
        self.account_weight = account_weight


    @staticmethod
    def hash(block):
        block_string = json.dumps(block, sort_keys=True).encode()
        return hashlib.sha256(block_string).hexdigest()   # hash 라이브러리로 sha256 사용


    @property
    def last_block(self):
        return self.chain[-1]                                   # 체인의 마지막 블록 가져오기!!


    def pos(self):
        winner_list = []                 # 각 노드에서 pick_winner 결과 뽑힌 winner 리스트

        ## PoS가 시작되면 나뿐만 아니라 주변의 모든 노드가 함께 진행
```

```
        self.resolve_conflict()        # PoS 시작 전 노드의 정상 여부 선 검증
        time.sleep(1)

        my_winner = self.pick_winner(account_name = self.account_name,
account_weight = self.account_weight) # 본 노드에서 pick_winner 진행: 확률로 승
자 뽑기
        winner_list.append(my_winner)    # winner 리스트에 내 노드 결과 넣기
        time.sleep(1)


        for target_node in blockchain.nodes:               # 다른 노드들도 pick_
winner 진행
            print(target_node)

            headers = {'Content-Type' : 'application/json; charset=utf-8'}

            res = requests.get('http://' + target_node   + "/nodes/pick_
winner", headers=headers)

            winner_info = json.loads(res.content)  # 근처 노드들 선정 결과 받아
와서
            print(winner_info)
            winner_list.append(winner_info['winner'])


        final_winner = max(winner_list,key = winner_list.count)  # 각 노드들의
PoS 결과로 가장 많이 선정된 winner를 최종 winner로 선정
        print("final_winner selected : ", final_winner)

        return final_winner
#        if final_winner == self.account_name: # 본 노드가 final_winner
#            return True
#        else:               # 본 노드가 final_winner가 아닐 경우
```

```python
#

#            return False#   ### FALSE 값을 리턴!!!!



    def pick_winner(self,account_name, account_weight):   ### 누가누가 블록 만들래!! 만들 사람 뽑기

        candidate_list = []    # POS 대상자를 뽑을 전체 풀!!

        for w in range(account_weight):   # 나의 노드들의 weight 수만큼 추가
            candidate_list.append(account_name)

        for target_node in blockchain.nodes:   # 근처 노드들의 weight 수만큼 추가
            print(target_node)

            headers = {'Content-Type' : 'application/json; charset=utf-8'}

            res = requests.get('http://' + target_node   + "/nodes/node_weight", headers=headers)
            target_node_info = json.loads(res.content)   # 근처 노드들의 weight 정보 받아 와서

            for repeated in range(target_node_info['account_weight']):
                candidate_list.append(target_node_info['account_name'])
# weight값만큼 candidate_list에 추가

        random.shuffle(candidate_list)          #  랜덤으로 섞고!
        for x in  candidate_list:               # 첫 번째 노드를 winner로 선정
            winner = x
            print("WINNER SELECTED : ", winner)
```

```python
        break

    return winner                              # winner 공개



def new_transaction(self, sender, recipient, amount, smart_contract):
    self.current_transaction.append(
        {
            'sender' : sender, # 송신자
            'recipient' : recipient, # 수신자
            'amount' : amount, # 금액
            'timestamp':time.time(),
            'smart_contract' : smart_contract
        }
    )
    return self.last_block['index'] + 1

def new_block(self, previous_hash=None, address = ''):
    block = {
        'index' : len(self.chain)+1,
        'timestamp' : time.time(), # timestamp from 1970
        'transactions' : self.current_transaction,
        'previous_hash' : previous_hash ,
        'validator' : address
    }
    block["hash"] = self.hash(block)
    self.current_transaction = []
    self.chain.append(block)
    return block

def is_chain_valid(self, chain):
    last_block = chain['chain'][-1]
```

```
        current_index = 1

        while current_index < len(chain):
            block = chain[current_index]
            print('%s' % last_block)
            print('%s' % block)
            print("\n--------\n")
            if block['previous_hash'] != self.hash(last_block):
                return False
            last_block = block
            current_index += 1

        return True
## 네트워크로 추가된 부분
    def register_node(self, address): # url 주소를 넣게 됨
        parsed_url = urlparse(address)
        self.nodes.add(parsed_url.netloc) # set 자료 형태 안에 목록을 저장



    def resolve_conflict(self):    # 다른 노드들과 비교하며 지금 내 노드 상태가 정상인지 검증

        for registering_node in blockchain.nodes:  # 근처 노드들의 weight 수만큼 추가
            headers = {'Content-Type' : 'application/json; charset=utf-8'}
            print(registering_node, '    /http://' + registering_node   + "/chain")
            res = requests.get('http://' + registering_node   + "/chain", headers=headers)
            target_node_info = json.loads(res.content)



            if target_node_info['length'] > len(self.chain):    # 다른 노드의 블
```

록이 내 노드의 블록보다 길 경우
            if self.is_chain_valid(target_node_info):   # 그리고 그 노드가 valid 할 경우
                self.blockchain = target_node_info   # 내 노드를 그 노드로 덮어씌우기
                return
        return

```
## 노드 기본정보 설정
my_ip = 'localhost'
my_port = '5001'
node_identifier = 'node_'+my_port
mine_owner = 'validator_2'
mine_profit = 0.1


blockchain = Blockchain(account_name=mine_owner, account_weight= 3)

## flask 기반으로 노드 실행
app = Flask(__name__)


@app.route('/chain', methods=['GET'])
def full_chain():
    print("chain info requested!!")
    response = {
        'chain' : blockchain.chain,
        'length' : len(blockchain.chain),
    }
    return jsonify(response), 200

@app.route('/transactions/new', methods=['POST'])
def new_transaction():
    values = request.get_json()
    print("transactions_new!!! : ", values)
```

```
    required = ['sender', 'recipient', 'amount']

    if not all(k in values for k in required):
        return 'missing values', 400

    if 'smart_contract' not in values:
        values['smart_contract'] = 'empty'

    index = blockchain.new_transaction(values['sender'],values['recipient'],
values['amount'], values['smart_contract'])

    response = {'message' : 'Transaction will be added to Block {%s}' % index}

    if "type" not in values:  ## 신규로 추가된 경우 type이라는 정보가 포함되어
없다. 해당 내용은 전파 필요
        for node in blockchain.nodes:  # nodes에 저장된 모든 노드에 정보를 전달
한다.
            headers = {'Content-Type' : 'application/json; charset=utf-8'}
            data = {
                "sender": values['sender'],
                "recipient": values['recipient'],
                "amount": values['amount'],
                "type" : "sharing"    # 전파이기에 sharing이라는 type이 꼭 필요
하다.
            }
            requests.post("http://" + node  + "/transactions/new",
headers=headers, data=json.dumps(data))
            print("share transaction to >>   ","http://" + node )

    return jsonify(response), 201

@app.route('/block/new', methods=['POST'])
def new_block():
```

```python
    block = request.get_json()
    print("NEW BLOCK  ADDED!!! : ", block)

    blockchain.current_transaction = []
    blockchain.chain.append(block)
    response = {'message' : 'Transaction will be added to Block {%s}' % block['index']}
    return jsonify(response), 201


@app.route('/mine', methods=['GET'])
def mine():
    print("MINING STARTED")
    final_winner = blockchain.pos()

    if final_winner == blockchain.account_name:  # 만약 본 노드가 winner로 선정 되었으면 아래와 같이
        print("MY NODE IS SELECTED AS MINER NODE")


    else : # isWinner = False : 본 노드가 winner가 아님
        print("MY NODE IS NOT SELECTED AS MINER NODE")

    blockchain.new_transaction(              # 선정된 노드에게 보상을 주고
        sender="mining_profit",
        recipient=final_winner,
        amount=mine_profit, # coinbase transaction
        smart_contract={"contract_address":"mining_profit"},
    )

    previous_hash = blockchain.hash(blockchain.chain[-1])
    block = blockchain.new_block(previous_hash = previous_hash, address =
```

```
final_winner) # 신규 블록 생성
    print(final_winner," IS SELECTED AS MINER NODE")
    #####
    #다른 노드들에 전파해야 해!!!
    #####
    ################## 노드 연결을 위해 추가되는 부분
    for node in blockchain.nodes: # nodes에 연결된 모든 노드에 작업 증명(PoW)이 완료되었음을 전파한다.
        headers = {'Content-Type' : 'application/json; charset=utf-8'}

        alarm_newBlock = requests.post("http://" + node + "/block/new", headers=headers, data = json.dumps(blockchain.chain[-1] ) )
        print(alarm_newBlock.content)

    response = {
        'message' : 'new block found',
        'index' : block['index'],
        'transactions' : block['transactions'],
        'validator' : block['validator'],
        'previous_hash' : block['previous_hash'],
        'hash' : block['hash']
    }


    response = {'message' : 'Mining Complete'}
    return jsonify(response), 200



################## 노드 연결을 위해 추가되는 함수: 다른 노드 등록!
@app.route('/nodes/register', methods=['POST'])
def register_nodes():
    values = request.get_json() # json 형태로 보내면 노드가 저장됨
```

```python
    print("register nodes !!! : ", values)
    registering_node = values.get('nodes')
    if registering_node == None: # 요청된 노드 값이 없다면!
        return "Error: Please supply a valid list of nodes", 400

    ## 요청받은 노드들이 이미 등록된 노드와 중복인지 검사
    ## 중복인 경우
    if registering_node.split("//")[1] in blockchain.nodes:
        print("Node already registered") # 이미 등록된 노드입니다.
        response = {
            'message' : 'Already Registered Node',
            'total_nodes' : list(blockchain.nodes),
        }

    ## 중복이 아니라면
    else:
        # 내 노드 리스트에 추가
        blockchain.register_node(registering_node)

        ## 이후 해당 노드에 내 정보 등록하기
        headers = {'Content-Type' : 'application/json; charset=utf-8'}
        data = {
            "nodes": 'http://' + my_ip + ":" + my_port
        }
        print("MY NODE INFO " , 'http://' + my_ip + ":" + my_port)
        requests.post( registering_node + "/nodes/register", headers=headers, data=json.dumps(data))

        # 이후 주변 노드들에도 새로운 노드가 등장함을 전파
        for add_node in blockchain.nodes:
            if add_node != registering_node.split("//")[1]:
                print('add_node : ', add_node)
                ## 노드 등록하기
```

```python
            headers = {'Content-Type' : 'application/json; charset=utf-8'}
            data = {
                "nodes": registering_node
            }
            requests.post('http://' + add_node  + "/nodes/register", headers=headers, data=json.dumps(data))

        response = {
            'message' : 'New nodes have been added',
            'total_nodes' : list(blockchain.nodes),
        }
    return jsonify(response), 201


@app.route('/nodes/node_weight', methods=['GET'])
def node_weight():
    print("node_weight requested!!")

    response = {
        'account_name' : blockchain.account_name,
        'account_weight' : blockchain.account_weight
    }
    return jsonify(response), 200



@app.route('/nodes/pick_winner', methods=['GET'])
def pick_winner():
    print("pick_winner requested!!")

    candidate_list = []  # POS 대상자를 뽑을 전체 풀!!
    for w in range(blockchain.account_weight):  # 나의 노드들의 weight 수만큼 추가
        candidate_list.append(blockchain.account_name)
```

```python
    for target_node in blockchain.nodes:    # 근처 노드들의 weight 수만큼 추가
        print(target_node)

        headers = {'Content-Type' : 'application/json; charset=utf-8'}
        res = requests.get('http://' + target_node  + "/nodes/node_weight", headers=headers)
        target_node_info = json.loads(res.content)

        for repeated in range(target_node_info['account_weight']):
            candidate_list.append(target_node_info['account_name'])

    random.shuffle(candidate_list)       # 랜덤으로 섞고!
    for x in  candidate_list:            # 첫 번째 노드를 winner로 선정
        winner = x
        print("WINNER SELECTED : ", winner)
        break


    response = {
        'winner' : winner,
    }
    return jsonify(response), 200

if __name__ == '__main__':
    app.run(host=my_ip, port=my_port)
```

```
☐ 0  ▼   ■ / notebooks / pygongble / chapter5 / note_network
         ☐ ..
         ☐  ≡ node_network_1.ipynb
         ☐  ≡ node_network_2.ipynb
         ☐  ≡ node_network_3.ipynb
         ☐  ≡ node_network_command.ipynb
```

[그림 5-3-11] 3개의 PoS 노드와 1개의 명령어 노트북

이때 노드 3개의 운영 코드는 모두 동일하며 기본 설정에 차이가 발생한다. 차이점은 [그림 5-3-12]와 같다. 노드의 명칭과 주소는 기존 pyBTC와 큰 차이가 없지만 'account_weight'라는 변수가 추가된다. 이 고정된 값을 통해서 각 노드별 예치된 pyETH의 수량을 validator_1은 5개, validator_2는 3개, validator_3은 2개로 설정하였다. 실제 이더리움 네트워크에서는 예치 수량이 블록 채굴 가능성과 직접적으로 연관되기에 사용자의 이더리움 보유 수량에 따라 결정되지만 이번 pyETH 네트워크에서는 PoS의 이해가 목적이므로 예치 비율을 일정하게 고정하였다. 이제 실제 거래 내역을 추가하고 채굴을 실행하면서 실제로 선정되는 검증자의 비율이 예치 수량과 비례하는지 확인해 보자.

```
1  my_ip = 'localhost'
2  my_port = '5000'
3  node_identifier = 'node_'+my_port
4  mine_owner = 'validator_1'
5  mine_profit = 0.1
6
7  blockchain = Blockchain(account_name=mine_owner, account_weight= 5)
```

```
1  my_ip = 'localhost'
2  my_port = '5001'
3  node_identifier = 'node_'+my_port
4  mine_owner = 'validator_2'
5  mine_profit = 0.1
6
7  blockchain = Blockchain(account_name=mine_owner, account_weight= 3)
```

```
1  my_ip = 'localhost'
2  my_port = '5002'
3  node_identifier = 'node_'+my_port
4  mine_owner = 'validator_3'
5  mine_profit = 0.1
6
7  blockchain = Blockchain(account_name=mine_owner, account_weight= 2)
```

[그림 5-3-12] 각 노드별 주소 및 예치량 설정

이제 블록체인 노드들의 운영을(node_network_command.ipynb) 시작한다. 1차적으로 [그림 5-3-13]과 같이 필요 패키지들을 호출한다.

```
1  import requests
2  import json
3  import pandas as pd
4  import hashlib # hash 활수용 sha256 사용할 라이브러리
5  import random
```

[그림 5-3-13] 명령 노트북 운영을 위한 함수 호출

다음으로 [그림 5-3-14]와 같이 3개의 노드에 각각 블록 정보를 조회하여 정상적으로 노드

가 동작하고 있는지 확인한다. 3개의 노드 모두 첫 블록이 생성된 이후 아무 거래가 없었음을 확인할 수 있다.

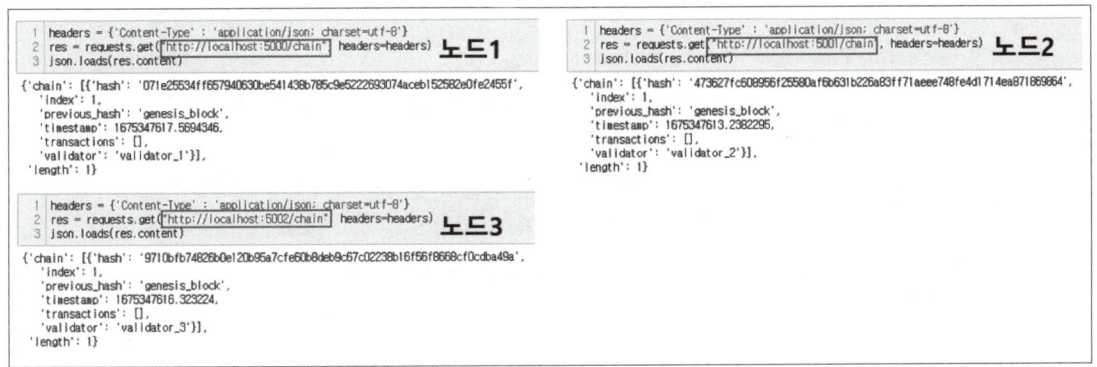

[그림 5-3-14] 3개의 노드 상태 확인

다음으로 아래 코드와 같이 1번 노드(5000번 포트)에 2번 노드(5001번 포트)의 정보를 등록해 보자.

```
## 노드 등록하기
headers = {'Content-Type' : 'application/json; charset=utf-8'}
data = {
    "nodes": 'http://localhost:5001'
}
requests.post("http://localhost:5000/nodes/register", headers=headers,
data=json.dumps(data)).content
```

그 결과 [그림 5-3-15]와 같이 정상적으로 노드가 추가되었다는 결과값을 확인할 수 있으며 node_network_1.ipynb에서도 1번 노드에 2번 노드가 추가되었음을, [그림 3-5-16]과 같이 node_network_2.ipynb에도 1번 노드가 추가된 것을 확인할 수 있다.

5장 파이썬으로 만드는 이더리움 2(PoS) **269**

```
Ⓒ jupyter   node_network_1

192  if __name__ == '__main__':
193      app.run(host=my_ip, port=my_port)
194

 * Serving Flask app "__main__" (lazy loading)
 * Environment: production
   WARNING: This is a development server. Do not use it in a production deployment.
   Use a production WSGI server instead.
 * Debug mode: off

 * Running on http://localhost:5000/ (Press CTRL+C to quit)
127.0.0.1 - - [05/Dec/2022 00:49:33] "GET /chain HTTP/1.1" 200 -
chain info requested!!
register nodes !!! :  {'nodes': 'http://localhost:5001'}
MY NODE INFO  http://localhost:5000
```

[그림 5-3-15] 1번 노드에 등록된 2번 노드

```
Ⓒ jupyter   node_network_2

200  if __name__ == '__main__':
201      app.run(host=my_ip, port=my_port)
202

 * Serving Flask app "__main__" (lazy loading)
 * Environment: production
   WARNING: This is a development server. Do not use it in a production deployment.
   Use a production WSGI server instead.
 * Debug mode: off

 * Running on http://localhost:5001/ (Press CTRL+C to quit)
127.0.0.1 - - [05/Dec/2022 00:49:35] "GET /chain HTTP/1.1" 200 -
chain info requested!!
register nodes !!! :  {'nodes': 'http://localhost:5000'}
MY NODE INFO  http://localhost:5001
```

[그림 5-3-16] 2번 노드에 등록된 1번 노드

이번에는 [코드 5-3-17]과 같이 세 번째 노드(5002번 포트)를 등록해 보자.

[코드 5-3-17] 신규 포트 등록

```python
## 노드 등록하기
headers = {'Content-Type' : 'application/json; charset=utf-8'}
data = {
    "nodes": 'http://localhost:5002'
}
requests.post("http://localhost:5000/nodes/register", headers=headers,
data=json.dumps(data)).content
```

그 결과 방금 전과 동일하게 1번 노드와 3번 노드가 추가된 것을 확인할 수 있다. 또한 [그림 5-3-17]과 같이 실제 등록을 요청하지 않았던 2번 노드에도 3번 노드가 추가된 것을 로그로 확인할 수 있다.

```
jupyter  node_network_2

200  if __name__ == '__main__':
201      app.run(host=my_ip, port=my_port)
202

* Serving Flask app "__main__" (lazy loading)
* Environment: production
  WARNING: This is a development server. Do not use it in a production deployment.
  Use a production WSGI server instead.
* Debug mode: off

* Running on http://localhost:5001/ (Press CTRL+C to quit)
127.0.0.1 - - [05/Dec/2022 00:49:35] "GET /chain HTTP/1.1" 200 -
chain info requested!!
register nodes !!! :  {'nodes': 'http://localhost:5000'}
MY NODE INFO  http://localhost:5001
127.0.0.1 - - [05/Dec/2022 00:49:43] "POST /nodes/register HTTP/1.1" 201 -
register nodes !!! :  {'nodes': 'http://localhost:5002'}
MY NODE INFO  http://localhost:5001
```

[그림 5-3-17] 2번 노드에 등록된 3번 노드

이제 거래 내역을 추가해 보자. 아래 코드와 같이 1번 노드에 test_from으로부터 test_to에게 3개의 pyETH가 전파되었다는 내용을 입력한다.

[코드 5-3-18] pyETH 송금

```
headers = {'Content-Type' : 'application/json; charset=utf-8'}
data = {
        "sender": "test_from",
        "recipient": "test_to",
    "amount": 3,
}
requests.post("http://localhost:5000/transactions/new", headers=headers,
data=json.dumps(data)).content
```

[코드 5-3-18]까지의 내용을 기반으로 운영될 블록 스캔 및 지갑의 Back-end 코드는 아래와 같다. [그림 5-3-18]과 같이 1번 노드에 정상 등록되었을 뿐만 아니라 'type' : 'sharing'으

로 2번과 3번 노드에도 거래 내역이 정상 전파되었음을 확인할 수 있다.

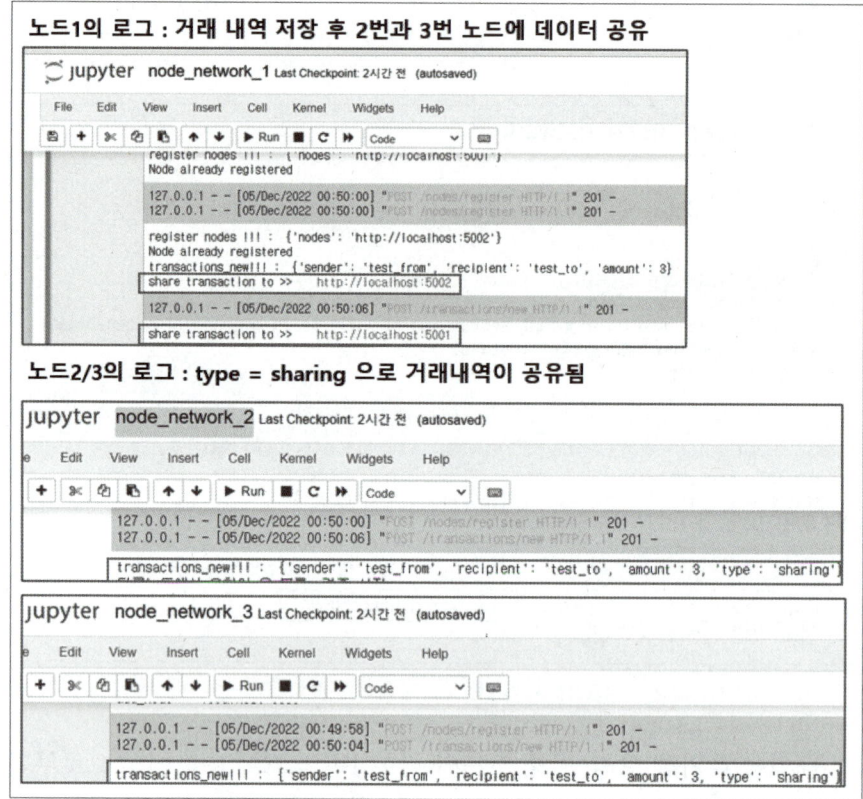

[그림 5-3-18] 각 노드에 정상 저장된 거래 내역

지금까지의 과정은 작업 증명(PoW) 방식의 pyBTC와 동일한 방식이었다. 이제 지분 증명(PoS) 방식으로서 차이점이 발생하는 채굴 부분을 확인해 보자. 저장된 거래 내역들이 블록에 기록되기 위하여 채굴이 진행되어야 한다. 여러 노드 중 어떤 노드에 명령을 내려도 모두 똑같다. [코드 5-3-19]와 같이 처음으로 5000번 노드에 채굴 명령을 내린다.

[코드 5-3-19] 채굴 명령

```
headers = {'Content-Type' : 'application/json; charset=utf-8'}
res = requests.get("http://localhost:5000/mine")
print(res)
```

그 결과 [그림 5-3-19]와 같이 1번 노드에서 지분 증명(채굴)이 작동한다. 이때 각 노드에 지분 정보를 요청하며 해당 지분 정보를 기반으로 검증자를 선정한다. [그림 5-3-19]에서는

validator_3이 최종 검증 노드로 선정되었다. 이에 3번 노드에서 채굴 보상이 지급된다.

```
chain info requested!!
MINING STARTED
localhost:5001     /http://localhost:5001/chain
localhost:5002     /http://localhost:5002/chain
localhost:5001
localhost:5002
WINNER SELECTED :  validator_3
localhost:5001

127.0.0.1 - - [02/Feb/2023 23:21:20] "GET /nodes/node_wei
node_weight requested!!
{'winner': 'validator_3'}
localhost:5002

127.0.0.1 - - [02/Feb/2023 23:21:28] "GET /nodes/node_wei
node_weight requested!!
{'winner': 'validator_3'}
final_winner selected :  validator_3
MY NODE IS NOT SELECTED AS MINER NODE
validator_3   IS SELECTED AS MINER NODE
b'{"message":"Transaction will be added to Block {2}"}\n'
```

[그림 5-3-19] PoS 기반의 채굴 진행

그리고 [그림 5-3-20]처럼 채굴을 명령받지 않은 2번과 3번 노드에서도 1번과 동일한 내용으로 블록이 추가된다.

```
127.0.0.1 - - [02/Feb/2023 23:21:32] "POST /block/new HTTP/1.1" 201 -
NEW BLOCK ADDED!!! : {'index': 2, 'timestamp': 1675347688.3595598, 'transactions': [{'sender': 'test_from', 'recipient': 'test_to', 'amount': 3, 'timestamp': 1675347653.479441, 'smart_contract': 'empty'}, {'sender': 'mining_profit', 'recipient': 'validator_3', 'amount': 0.1, 'timestamp': 1675347688.3595598, 'smart_contract': {'contract_address': 'mining_profit'}}], 'previous_hash': '57019d73864ea3cb
b48cf22e1f59d4b4cecdc18a25a134869124a35089ddf80a', 'validator': 'validator_3', 'hash': 'bf27dc59729815e8f93f6d8b8521a71315e93d952a8ddcb
facebce90ee0235c3'}
```
<2번 노드에 추가된 블록>

```
127.0.0.1 - - [02/Feb/2023 23:21:32] "POST /block/new HTTP/1.1" 201 -
NEW BLOCK ADDED!!! : {'index': 2, 'timestamp': 1675347688.3595598, 'transactions': [{'sender': 'test_from', 'recipient': 'test_to', 'amount': 3, 'timestamp': 1675347653.479441, 'smart_contract': 'empty'}, {'sender': 'mining_profit', 'recipient': 'validator_3', 'amount': 0.1, 'timestamp': 1675347688.3595598, 'smart_contract': {'contract_address': 'mining_profit'}}], 'previous_hash': '57019d73864ea3cb
b48cf22e1f59d4b4cecdc18a25a134869124a35089ddf80a', 'validator': 'validator_3', 'hash': 'bf27dc59729815e8f93f6d8b8521a71315e93d952a8ddcb
facebce90ee0235c3'}
```
<3번 노드에 추가된 블록>

[그림 5-3-20] 다른 노드에도 동일한 방식으로 블록 추가

채굴이 진행된 이후로는 어떤 노드에서 블록을 조회해도 같은 거래 내역이 조회되는 것을 확인할 수 있다. 각 노드에 모두 똑같은 검증자 정보로 블록이 저장된 것이다.

[코드 5-3-20] 여러 거래 내역 저장 및 블록 생성

```
## transaction2 입력하기
headers = {'Content-Type' : 'application/json; charset=utf-8'}
data = {
        "sender": "test_from",
        "recipient": "test_to2",
    "amount": 30,
}
requests.post("http://localhost:5000/transactions/new", headers=headers, data=json.dumps(data)).content

## 채굴하기
headers = {'Content-Type' : 'application/json; charset=utf-8'}
res = requests.get("http://localhost:5000/mine")
print(res)

## transaction3 입력하기
headers = {'Content-Type' : 'application/json; charset=utf-8'}
data = {
        "sender": "test_from",
        "recipient": "test_to3",
    "amount": 300,
}
requests.post("http://localhost:5000/transactions/new", headers=headers, data=json.dumps(data)).content

## 채굴하기
headers = {'Content-Type' : 'application/json; charset=utf-8'}
res = requests.get("http://localhost:5000/mine")
print(res)

## transaction4 입력하기
headers = {'Content-Type' : 'application/json; charset=utf-8'}
data = {
```

```python
        "sender": "test_from",
        "recipient": "test_to4",
    "amount": 300,
}
requests.post("http://localhost:5000/transactions/new", headers=headers,
data=json.dumps(data)).content

## 채굴하기
headers = {'Content-Type' : 'application/json; charset=utf-8'}
res = requests.get("http://localhost:5000/mine")
print(res)

## transaction5 입력하기
headers = {'Content-Type' : 'application/json; charset=utf-8'}
data = {
        "sender": "test_from",
        "recipient": "test_to2",
    "amount": 30,
}
requests.post("http://localhost:5000/transactions/new", headers=headers,
data=json.dumps(data)).content

## 채굴하기
headers = {'Content-Type' : 'application/json; charset=utf-8'}
res = requests.get("http://localhost:5000/mine")
print(res)

## transaction6 입력하기
headers = {'Content-Type' : 'application/json; charset=utf-8'}
data = {
        "sender": "test_from",
        "recipient": "test_to3",
    "amount": 300,
```

```
}
requests.post("http://localhost:5000/transactions/new", headers=headers,
data=json.dumps(data)).content

## 채굴하기
headers = {'Content-Type' : 'application/json; charset=utf-8'}
res = requests.get("http://localhost:5000/mine")
print(res)

## transaction7 입력하기
headers = {'Content-Type' : 'application/json; charset=utf-8'}
data = {
        "sender": "test_from",
        "recipient": "test_to4",
    "amount": 300,
}
requests.post("http://localhost:5000/transactions/new", headers=headers,
data=json.dumps(data)).content

## 채굴하기
headers = {'Content-Type' : 'application/json; charset=utf-8'}
res = requests.get("http://localhost:5000/mine")
print(res)
```

이제 [코드 5-3-20]과 같이 거래 내역을 저장하고 블록을 생성하는 것을 반복해 보자. 3개의 노드에서 로그를 확인해 보면 [그림 5-3-21]과 같이 각 노드들이 지속적으로 소통하면서 추가된 거래 내역을 공유하고, 채굴이 시행됨에 따라 블록을 완성할 검증자를 선정하고, 검증자에게 보상을 지급하고, 블록을 생성하는 것이 반복되는 것을 확인할 수 있다.

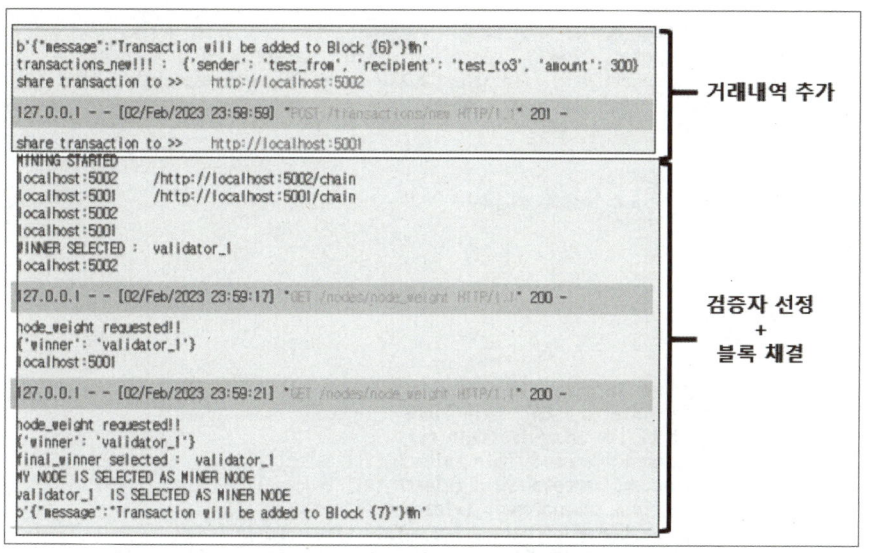

[그림 5-3-21] 지속적인 거래 내역 추가 및 채굴에 따라 발생하는 로그

마지막으로, 채굴이 지속됨에 따라 선정되는 검증자의 비율은 어떻게 될까? 우리는 초기에 validator_1:validator_2:validator_3의 비중을 5:3:2로 설정하였다. 이론적으로는 검증자로 선정된 횟수도 이 비율에 맞아야 한다. 지금까지의 코드들을 반복함에 따라 실질적으로 선정된 건수는 [그림 5-3-22]와 같이 validator_1 12건, validator_2 10건, validator_3 4건이다. 6:5:2의 비율로 비록 이론과 완전히 부합하지는 않지만, 대수의 법칙에 따라 지속적으로 채굴이 이루어진다면 이상적인 비중에 수렴할 것으로 예상할 수 있다.

```
1  ## 노드의 블록정보 확인
2  headers = {'Content-Type' : 'application/json; charset=utf-8'}
3  res = requests.get("http://localhost:5000/chain", headers=headers)
4  final_result = json.loads(res.content)
5  final_result
6
7  ## 거래내역 취합
8  status_json = json.loads(res.text)
9  status_json['chain']
10 tx_amount_l = []
11 tx_sender_l = []
12 tx_reciv_l  = []
13 tx_time_l   = []
14 validator_l = []
15
16 for chain_index in range(len(status_json['chain'])):
17     chain_tx = status_json['chain'][chain_index]['transactions']
18     for each_tx in range(len(chain_tx)):
19         tx_amount_l.append(chain_tx[each_tx]['amount'])
20         tx_sender_l.append(chain_tx[each_tx]['sender'])
21         tx_reciv_l.append(chain_tx[each_tx]['recipient'])
22         tx_time_l.append(chain_tx[each_tx]['timestamp'])
23         validator_l.append(status_json['chain'][chain_index]['validator'])
24
25 df_tx = pd.DataFrame()
26 df_tx['timestamp'] = tx_time_l
27 df_tx['validator'] = validator_l
28 df_tx['sender']    = tx_sender_l
29 df_tx['recipient'] = tx_reciv_l
30 df_tx['amount']    = tx_amount_l
31
32 #최종 결론
33 df_tx.groupby('validator')['timestamp'].count()
```

```
validator
validator_1    12
validator_2    10
validator_3     4
Name: timestamp, dtype: int64
```

[그림 5-3-22] 각 노드의 채굴 결과 검증자로 선정된 횟수

3 | PoS 네트워크에서의 스마트 컨트랙트

지금까지 여러 코드와 개념들을 따라온 독자들이라면 이제 증명 방식이 작업 증명(PoW) 혹은 지분 증명(PoS)으로 다르다 할지라도 스마트 컨트랙트는 똑같이 운영될 수 있다는 것을 이해할 것이다. 이번 장에서는 작업 증명에서 활용되었던 스마트 컨트랙트 코드를 동일하게 활용해 보며 정말 증명 방식만 바뀌었을 때에는 스마트 컨트랙트 및 DApp의 운영에 변화가 없는지 확인해 보자.

- PoS 운영 노드(node.ipynb)

기존의 PoS 운영 노드와 거의 동일하다. 기존 스마트 컨트랙트 코드와 동일하게 맞추기 위하여

datatime 모듈을 추가해 주었으며 def new_transaction():의 하단부에 smart_contract 관련 코드를 추가하여 최종적으로 [5-3-21]과 같다.

[코드 5-3-21] 스마트 컨트랙트 활용이 가능한 PoS 노드

```python
import hashlib  # hash 함수용 sha256 사용할 라이브러리
import json
import time
import random
import requests
import datetime
from flask import Flask, request, jsonify


class Blockchain(object):

    def __init__(self, account_name, account_weight):
        self.chain = []                                    # chain에 여러 block 들어옴
        self.current_transaction = []                      # 임시 transaction 넣어 줌
        self.nodes = set()                                 # Node 목록을 보관
        self.miner_wallet = {'account_name': account_name, 'weight': account_weight}  # 지갑 정보 생성
        self.new_block(previous_hash='genesis_block', address = account_name)  # genesis block 생성
        self.account_name = account_name
        self.account_weight = account_weight


    @staticmethod
    def hash(block):
        block_string = json.dumps(block, sort_keys=True).encode()
        return hashlib.sha256(block_string).hexdigest()    # hash 라이브러리로 sha256 사용
```

```python
    @property
    def last_block(self):
        return self.chain[-1]            # 체인의 마지막 블록 가져오기!!


    def pos(self):
        winner_list = []                 # 각 노드에서 pick_winner 결과 뽑힌 winner 리스트
        time.sleep(1)
        my_winner = self.pick_winner(account_name = self.account_name, account_weight = self.account_weight)
        winner_list.append(my_winner)    # winner 리스트에 내 노드 결과 넣기
        time.sleep(1)

        for target_node in blockchain.nodes:  # 다른 노드들도 pick_winner 진행
            print(target_node)
            headers = {'Content-Type' : 'application/json; charset=utf-8'}
            res = requests.get('http://' + target_node  + "/nodes/pick_winner", headers=headers)
            winner_info = json.loads(res.content)  # 근처 노드들 선정 결과 받아와서
            print(winner_info)
            winner_list.append(winner_info['winner'])

        final_winner = max(winner_list,key = winner_list.count)  # 각 노드들의 PoS 결과로 가장 많이 선정된 winner를 최종 winner로 선정
        print("final_winner selected : ", final_winner)

        return final_winner

    def pick_winner(self,account_name, account_weight):   ### 누가누가 블록 만들
```

래!! 만들 사람 뽑기

```python
        candidate_list = []    # POS 대상자를 뽑을 전체 풀!!

        for w in range(account_weight):   # 나의 노드들의 weight 수만큼 추가
            candidate_list.append(account_name)

        random.shuffle(candidate_list)         #  랜덤으로 섞고!
        for x in  candidate_list:              #  첫 번째 노드를 winner로 선정
            winner = x
            print("WINNER SELECTED : ", winner)
            break

        return winner                          # winner 공개




    def new_transaction(self, sender, recipient, amount, smart_contract):
        self.current_transaction.append(
            {
                'sender' : sender, # 송신자
                'recipient' : recipient, # 수신자
                'amount' : amount, # 금액
                'timestamp':time.time(),
                'smart_contract' : smart_contract
            }
        )
        return self.last_block['index'] + 1

    def new_block(self, previous_hash=None, address = ''):
        block = {
            'index' : len(self.chain)+1,
            'timestamp' : time.time(), # timestamp from 1970
            'transactions' : self.current_transaction,
```

```python
                'previous_hash' : previous_hash ,
                'validator' : address
            }
            block["hash"] = self.hash(block)
            self.current_transaction = []
            self.chain.append(block)
            return block

my_ip = '0.0.0.0'
my_port = '5000'
node_identifier = 'node_'+my_port
mine_owner = 'master'
mine_profit = 0.1


blockchain = Blockchain(account_name=mine_owner, account_weight= 100)

app = Flask(__name__)

@app.route('/chain', methods=['GET'])
def full_chain():
    print("chain info requested!!")
    response = {
        'chain' : blockchain.chain,
        'length' : len(blockchain.chain),
    }
    return jsonify(response), 200

@app.route('/transactions/new', methods=['POST'])
def new_transaction():
    values = request.get_json()
    print("transactions_new!!! : ", values)
    required = ['sender', 'recipient', 'amount']
```

```python
    if not all(k in values for k in required):
        return 'missing values', 400
    contract_address = hashlib.sha256(str(datetime.datetime.now()).encode()
).hexdigest()
    values['smart_contract']["contract_address"] = contract_address

    if 'smart_contract' not in values:
        values['smart_contract'] = 'empty'

    index = blockchain.new_transaction(values['sender'],values['recipient'],
values['amount'], values['smart_contract'])

    response = {'message' : 'Transaction will be added to Block {%s}' % index,
"contract_address":contract_address}
    return jsonify(response), 201


@app.route('/mine', methods=['GET'])
def mine():
    print("MINING STARTED")
    final_winner = blockchain.pos()

    if final_winner == blockchain.account_name:  # 만약 본 노드가 winner로 선정
되었으면 아래와 같이

        blockchain.new_transaction(              #  나에게 보상을 주고
            sender=mine_owner,
            recipient=node_identifier,
            amount=mine_profit, # coinbase transaction
            smart_contract={"contract_address":"mining_profit"},
        )

        previous_hash = blockchain.hash(blockchain.chain[-1])
        block = blockchain.new_block(previous_hash = previous_hash, address =
```

```
mine_owner)  #  신규 블록 생성
        print("MY NODE IS SELECTED AS MINER NODE")

        response = {
            'message' : 'new block found',
            'index' : block['index'],
            'transactions' : block['transactions'],
            'nonce' : block['validator'],
            'previous_hash' : block['previous_hash'],
            'hash' : block['hash']
        }

        return jsonify(response), 200

    else : # isWinner = False : 본 노드가 winner가 아님
        print("MY NODE IS NOT SELECTED AS MINER NODE")

        response = {
            'message' : 'NOT SELECTED'
        }

        return jsonify(response), 200

if __name__ == '__main__':
    app.run(host=my_ip, port=my_port)
```

- 스마트 컨트랙트 테스트(node_command_SmartContract.ipynb)

스마트 컨트랙트가 가능한 PoS 운영 노드에 PoW의 스마트 컨트랙트를 제작할 때 사용했던 것과 동일한 코드로 적용시켜 보았다. 그 결과 [그림 5-3-23], [그림 5-3-24], [그림 5-3-25]와 같이 PoW 방식과 동일하게 스마트 컨트랙트를 통하여 메시지를 저장하고, NFT를 만들고, 토큰을 제작할 수 있음을 확인할 수 있다.

Smart Contract transaction 입력하기

```
1  headers = {'Content-Type' : 'application/json; charset=utf-8'}
2  data = {
3      "sender": "test_from",
4      "recipient": "smart_contract",
5      "amount": 0,
6      "smart_contract": {"contract_code":"print('Hello Smart-Contract')"}
7  }
8  result = requests.post("http://localhost:5000/transactions/new", headers=headers, data=json.dumps(data)).content
9  json.loads(result)
```

{'contract_address': 'd49ca720628c56e666b226c14938b83824ad848f8410d6020bc7d39b5089763b',
 'message': 'Transaction will be added to Block {3}'}

⬇

Smart Contract 호출 -1

```
1  headers = {'Content-Type' : 'application/json; charset=utf-8'}
2  res = requests.get("http://localhost:5000/chain", headers=headers)
3  res_json = json.loads(res.content)
```

```
1  for _block in res_json['chain']:
2      for _tx in _block['transactions']:
3          if _tx['smart_contract']['contract_address'] == contract_address:
4              exec( _tx['smart_contract']['contract_code'])
```

Hello Smart-Contract

[그림 5-3-23] 스마트 컨트랙트에 메시지 저장

Smart Contract 입력하기 -2 / NFT

```
1  headers = {'Content-Type' : 'application/json; charset=utf-8'}
2  data = {
3      "sender": "test_from",
4      "recipient": "smart_contract",
5      "amount": 0,
6      "smart_contract": {"contract_code":"""
7  myNFT = {'NFT_NAME': 'SMARTCONTRACT_NFT',
8          'NFT_URL': 'https://www.google.com/images/branding/googlelogo/1x/googlelogo_color_272x92dp.png'}
9          """}
10 }
11 result = requests.post("http://localhost:5000/transactions/new", headers=headers, data=json.dumps(data)).content
12 contract_address = json.loads(result)['contract_address']
13
14 # 채굴을 통하여 거래내역을 블록에 저장한다
15 headers = {'Content-Type' : 'application/json; charset=utf-8'}
16 res = requests.get("http://localhost:5000/mine")
17 print(res)
```

<Response [200]>

⬇

```
1  # 블록 정보 호출
2  headers = {'Content-Type' : 'application/json; charset=utf-8'}
3  res = requests.get("http://localhost:5000/chain", headers=headers)
4  res_json = json.loads(res.content)
5
6  ## 스마트 컨트랙트를 호출 및 실행
7  for _block in res_json['chain']:
8      for _tx in _block['transactions']:
9          if _tx['smart_contract']['contract_address'] == contract_address:
10             exec( _tx['smart_contract']['contract_code'])
11 myNFT
```

{'NFT_NAME': 'SMARTCONTRACT_NFT',
 'NFT_URL': 'https://www.google.com/images/branding/googlelogo/1x/googlelogo_color_272x92dp.png'}

[그림 5-3-24] 스마트 컨트랙트에 NFT 저장

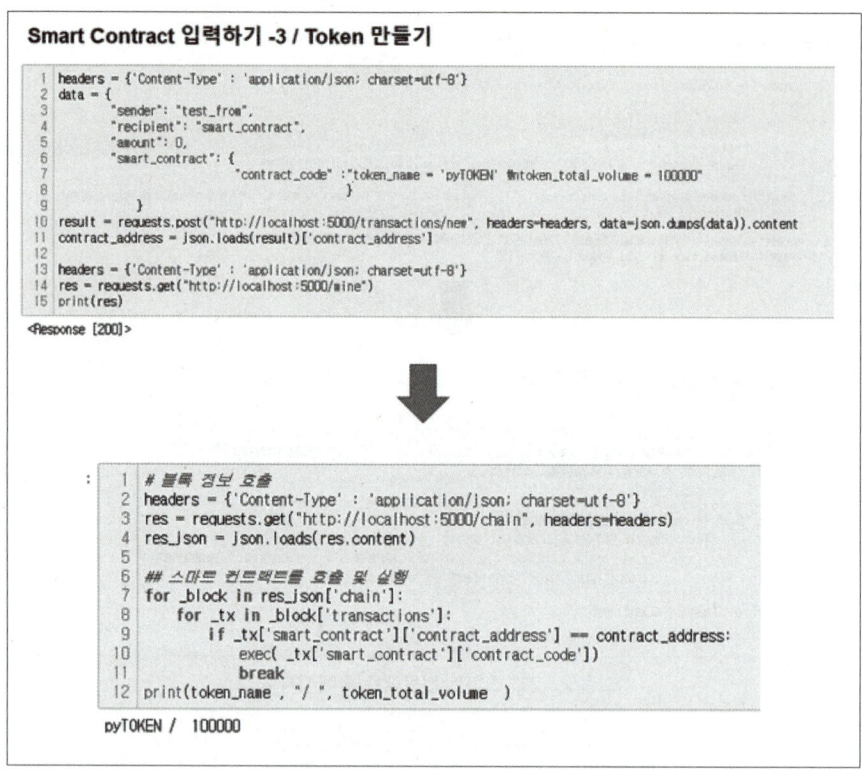

[그림 5-3-25] 스마트 컨트랙트로 토큰 제작

- **DApp 만들기(node_command_DApp.ipynb)**

작업 증명 방식에서 지분 증명 방식으로 변경되었음에도 스마트 컨트랙트가 동일하게 작동한다면 DApp 제작 또한 동일하게 작동할 것이다. [그림 5-3-26]부터 [그림 5-3-28]을 통하여 처음 DApp을 제작할 때 만들었던 계산기, 복권, Defi 애플리케이션이 정상 작동하는 것을 확인할 수 있다.

DApp 제작 -1 계산기

```
1  headers = {'Content-Type' : 'application/json; charset=utf-8'}
2  data = {
3      "sender": "test_from",
4      "recipient": "smart_contract",
5      "amount": 0,
6      "smart_contract": {
7                      "contract_code" : "calculate_result = {}{}{}"}
8  }
9  result = requests.post("http://localhost:5000/transactions/new", headers=headers, data=json.dumps(data)).content
10 contract_address = json.loads(result)['contract_address']
11
12 headers = {'Content-Type' : 'application/json; charset=utf-8'}
13 res = requests.get("http://localhost:5000/mine")
14 print(res)
```

<Response [200]>

120 + 360

```
1  headers = {'Content-Type' : 'application/json; charset=utf-8'}
2  res = requests.get("http://localhost:5000/chain", headers=headers)
3  res_json = json.loads(res.content)
4
5  for _block in res_json['chain']:
6      for _tx in _block['transactions']:
7          if _tx['smart_contract']['contract_address'] ==contract_address:
8              exec( _tx['smart_contract']['contract_code'].format(120,"+",360))
9              break
10 print(calculate_result)
```

480

[그림 5-3-26] 계산기 DApp

DApp 제작 -2 복권

```
1  headers = {'Content-Type' : 'application/json; charset=utf-8'}
2  data = {
3      "sender": "test_from",
4      "recipient": "smart_contract",
5      "amount": 0,
6      "smart_contract": {
7                      "contract_code" : """
8  def Lottery():
9      lottery_number = random.sample(range(1,46),6)
10     lottery_number = sorted(lottery_number, key=lambda x: x)
11     lottery_number
12     print(lottery_number)
13     return lottery_number
14                     """}
15 }
16 result = requests.post("http://localhost:5000/transactions/new", headers=headers, data=json.dumps(data)).content
17 contract_address = json.loads(result)['contract_address']
18
19 headers = {'Content-Type' : 'application/json; charset=utf-8'}
20 res = requests.get("http://localhost:5000/mine")
21 print(res)
```

<Response [200]>

```
1  headers = {'Content-Type' : 'application/json; charset=utf-8'}
2  res = requests.get("http://localhost:5000/chain", headers=headers)
3  res_json = json.loads(res.content)
4
5  for _block in res_json['chain']:
6      for _tx in _block['transactions']:
7          if _tx['smart_contract']['contract_address'] ==contract_address:
8              exec( _tx['smart_contract']['contract_code'])
9              break
10 print(Lottery())
```

[5, 9, 17, 21, 26, 35]
[5, 9, 17, 21, 26, 35]

[그림 5-3-27] 복권 DApp

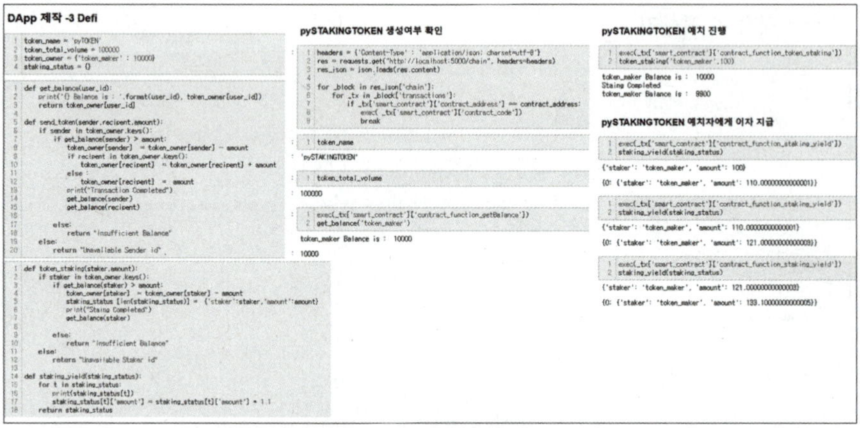

[그림 5-3-28] Defi DApp

chapter

06

블록체인 기술의 미래

블록체인
기술의 미래

블록체인 기술의 미래라 하면 비트코인의 가격이 얼마까지 치솟을까 궁금해할 것이다. 하지만 가상자산의 가격은 실제 서비스의 가치가 아니라 여러 거시적 환경, 블록체인 기술의 미래 확장성 등이 반영되기에 가치에 대하여 언급하기는 어렵다. 하지만 암호화 알고리즘을 활용하여 분산 저장된 분산형 데이터베이스로서의 블록체인 기술은 높은 수준의 보안, 개인정보 보호 및 투명성을 제공할 수 있기에 높은 잠재력을 가지고 있음이 명확하다.

한편 여러 노드로 운영되어 인프라 구축이 어렵다는 단점을 보완하기 위해 [그림 6-1-1]과 같이 AWS, 네이버클라우드 등 클라우드 회사 서비스인 SaaS(Software as a Service) 방식으로 발전할 수 있다. 이러한 클라우드 서비스가 등장하더라도 서비스를 정확하게 활용하기 위해서는 블록체인 기술에 대한 명확한 이해가 필수이기에 지속적으로 기술의 발전에 관심을 가져야 한다.

[그림 6-1-1] 클라우드 기업들이 제공하는 블록체인 서비스

미래의 블록체인 엔지니어로 활동하기 위하여 아래 6가지 관점에서 지속적으로 학습하기를 추천한다.

- 꾸준한 Computer Science 기초 학습

블록체인 엔지니어가 되기 위한 기본은 컴퓨터 과학 분야에서 탄탄한 기반을 다지는 것이다. 분산형 데이터베이스로서 Windows보다는 Ubuntu 등 리눅스 환경에서의 개발이 선호되고 있고 데이터 저장 및 DB 운영을 위한 다양한 아이디어들이 발전하고 있기에 데이터 구조, 알고리즘, 암호화 및 분산 시스템 등을 계속해서 공부해야 한다.

- 블록체인의 기본 원리에 대한 관심

작업 증명(PoW) 기반의 이더리움이 PoS로 전환되었고 새로운 지분 증명 방식들이 개발되고 있다. 이에 가장 기초가 되는 PoW부터 시작하여 다양한 유형의 블록체인, 합의 메커니즘, 스마트 계약 및 분산 애플리케이션(DApp)에 대한 학습을 지속해야 한다. 블록체인 엔지니어가 되기 위해서는 블록체인 기초를 명확히 이해해야 한다.

- 나만의 블록체인 플랫폼 선택

데이터베이스 전문가도 MySQL, Oracle 등 RDB 전문가, MongoDB, DynamoDB 등 NoSQL 전문가, elastic search 등 검색용 DB 전문가로 나뉜다. 유사하게 블록체인 네트워크 전문가로서 이더리움, 비트코인, 하이퍼레저 패브릭, 코다 등 다양한 블록체인 플랫폼을 이용할 수 있다. 자신의 관심사와 진로 목표에 따라 전문화할 블록체인 플랫폼을 선택하고 해당 블록체인 플랫폼에 특화된 프로그래밍 언어와 도구를 배우며 전문가로 성장하자.

- 블록체인 프로젝트 구축 경험

성장을 위하여 가장 추천하는 방식은 자신만의 블록체인 프로젝트를 구축하는 것이다. 이 책을 따라하고 심화하며 자신만의 파이썬 블록체인 프로젝트를 완성하는 것 혹은 geth 혹은 하이퍼렛져 프로젝트를 활용하여 자신만의 블록체인 프로젝트를 만들어 간단한 블록체인 애플리케이션이나 스마트 컨트랙트를 만드는 것부터 시작할 수 있다. 경험을 쌓으면 좀 더 복잡한 프로젝트를 수행하고 오픈 소스 블록체인 프로젝트에 기여할 수 있다.

- 블록체인 커뮤니티 참여

블록체인 기술은 하루가 다르게 발전하고 있다. 이에 여러 소셜네트워크(페이스북, 카카오톡)의 블록체인 커뮤니티에 가입하여 블록체인 기술의 최신 트렌드와 사업 모델들을 공유하며 본인의 지식을 지속적으로 업데이트해 주어야 한다. 또한 블록체인 컨퍼런스나 해커톤 등 온라인 포럼과 커뮤니티에 참여할 수 있다. ICT 이노베이션스퀘어 등 여러 사이트에서 관련 교육을 주최하고 있으므로 관심을 두었다가 수강하기를 추천한다.

- 블록체인 관련 자격증 취득

블록체인 기술 자격증을 취득하면 블록체인 엔지니어링 분야에 지원할 때 다른 후보들과 차별화될 수 있다. 해외에서는 CBD(Certified Blockchain Developer), CBSA(Certified Blockchain Solutions Architect) 등 다양한 블록체인 인증이 가능하다. 한국에서는 한국블록체인산업협회와 한국블록체인산업학회가 공동으로 시행하는 블록체인관리사(CBM: Certified Blockchain Manager) 등이 존재한다.

파이썬으로 공부하는 블록체인
파이썬으로 블록체인 네트워크 만들기

출간일	2023년 8월 1일 l 1판 1쇄
지은이	일등박사
펴낸이	김범준
기획·책임편집	권혜수, 정은지
교정교열	한이슬
편집디자인	나은경
표지디자인	이지민
발행처	(주)비제이퍼블릭
출판신고	2009년 05월 01일 제300-2009-38호
주소	서울시 중구 청계천로 100 시그니처타워 서관 9층 949호
주문·문의	02-739-0739
팩스	02-6442-0739
홈페이지	http://bjpublic.co.kr
이메일	bjpublic@bjpublic.co.kr
가 격	25,000원
ISBN	979-11-6592-235-1(93000)

한국어판 © 2023 (주)비제이퍼블릭

이 책은 저작권법에 따라 보호받는 저작물이므로 무단 전재와 무단 복제를 금지하며,
내용의 전부 또는 일부를 이용하려면 반드시 저작권자와 (주)비제이퍼블릭의 서면 동의를 받아야 합니다.

잘못된 책은 구입하신 서점에서 교환해드립니다.